Guttentag'sche Sammlung
Nr. 22a. Deutscher Reichsgesetze. Nr. 22a.
Text-Ausgaben mit Anmerkungen

Patentgesetz.

Gesetz, betreffend den Schutz von Gebrauchsmustern.

Gesetz, betreffend das Urheberrecht an Mustern und Modellen.

Nebst Ausführungsbestimmungen.

Text-Ausgabe mit Anmerkungen und Sachregister von

T. Ph. Berger, Regierungsrath.

Fortgeführt von

Dr. jur. R. Stephan,
Kaiserlicher Regierungsrath und Mitglied des Patentamts.

Vierte vermehrte Auflage
unter eingehender Berücksichtigung der Rechtsprechung des Reichsgerichts und der Praxis des Patentamts.

Berlin SW48.
Wilhelmstraße 119/120.
J. Guttentag, Verlagsbuchhandlung.
1897.

Abkürzungen.

B.G.B. — R.G.B. = Bundes- — Reichsgesetzblatt.
C.P.O. = Civil-Prozeß-Ordnung.
H.G.B. = Handelsgesetzbuch.
Kom.Bericht = Bericht der Kommission des Reichstags.
O.H.G. = Entscheidung des Reichs-Ober-Handelsgerichts.
O.T. = Entscheidung des Preuß. Ober-Tribunals.
P.A. = Entscheidung des Patentamts.
P.B. = Patentblatt = Blatt für Patent- —, Muster- und Zeichenwesen.
R.T.D. = Reichstags-Drucksachen.
St.G.B. = Strafgesetzbuch.
St.P.O. = Strafprozeßordnung.

Inhalt.

Zur Geschichte der Schutzrechte.

I.

Die Reichsverfassung verordnet im Art. 4:

Der Beaufsichtigung Seitens des Reichs und der Gesetzgebung desselben unterliegen die nachstehenden Angelegenheiten:

... 2) die ... Handelsgesetzgebung; ... 5) die Erfindungspatente; 6) der Schutz des geistigen Eigenthums; ... 13) die gemeinsame Gesetzgebung über das gesammte bürgerliche Recht, das Strafrecht und das gerichtliche Verfahren.

Hierauf gründet sich die Zuständigkeit des Reichs für die Regelung des Patent-, Muster- und Markenschutzes. Wie die Verfassung selbst die auf diesem Schutz beruhenden Rechtsverhältnisse nicht unter einen einheitlichen Gesichtspunkt zusammengefaßt hat, sie vielmehr den verschiedenen, in Art. 4 bezeichneten Rechtsgebieten einzuordnen nöthigt, so ist auch die Gesetzgebung nicht auf einmal und von einem einheitlichen Gedanken aus an die Regelung gegangen, sondern hat nur allmälig, je nach dem Andrängen der Interessen und nach den jeweilig maßgebenden Anschauungen über eine zweckmäßige Ausgestaltung, die einzelnen Schutzrechte festgestellt. Ohnehin gehört deren Inhalt nur zum Theil demselben Rechtsgebiete an. Zu dem Rechte des sogen. geistigen Eigenthums steht nur das Patent- und Musterrecht in Beziehung, während das Markenrecht mit ihm nichts gemein hat. Die übliche Verbindung der drei Schutzrechte beruht auf der Thatsache, daß ihre Bedeutung vornehmlich im gewerblichen Verkehre sich geltend macht.

II.

Ein gemeinsames deutsches Markenrecht hatte bereits das Strafgesetzbuch in §. 287 begründet. Aber der hierdurch gebotene Schutz war insofern beschränkt, als er lediglich den Firmen und Namen zu Gute kam und über jede Entschädigungspflicht hinwegging. In den gewerblichen Kreisen wurde dies umsomehr empfunden, als einzelne Landesgebiete einen weiter reichenden Schutz noch besaßen oder doch bis zur Einführung des Strafgesetzbuchs besessen hatten. Unter dem 12. Mai 73 (R.T.D. 102) wurde der Antrag in den Reichstag eingebracht,

> baldmöglichst den Entwurf zu einem Gesetze über den Schutz der Fabrik- und Waarenzeichen vorzulegen.

Der Antrag fand am 20. Mai 73 die Zustimmung des Reichstages (R.T.V. 764 ff.). Seinen Wünschen gemäß wurde unter dem 29. Oktober 74 der Entwurf eines Gesetzes über Markenschutz vorgelegt (R.T.D. 20). Der Entwurf erfuhr in den ohne Kommissionsberathungen vor sich gegangenen Verhandlungen (R.T.V. 32. ff., 79 ff., 98 ff., 127 ff.) einige Abänderungen und wurde schon unter dem 30. November 74 als Gesetz über Markenschutz veröffentlicht (R.G.B. 144). Das Gesetz dehnte den Schutz der Namen und Firmen auf Zeichen aus und ordnete neben der strafrechtlichen Seite die an den Schutz sich knüpfenden Verhältnisse des bürgerlichen Rechts. Es bezielte in erster Reihe die Sicherung der Gewerbetreibenden gegen die mißbräuchliche Ausnutzung des ihren Waaren beiwohnenden Vertrauens und nur nebenbei auch den Schutz des Publikums gegen die aus dem Mißbrauch sich ergebenden Täuschungen.

So ersprießlich auch das Gesetz insofern gewirkt hat, als es dem handel- und gewerbetreibenden Publikum durch den ihm gebotenen und von ihm zahlreich nachgesuchten Markenschutz Mittel in die Hand gab, den unter dem Schutz eines besonderen charakteristischen, bald allgemein bekannt gewordenen Geschäfts- oder Fabrikzeichens stehenden Waaren einen ebenso leichten als zuverlässigen Absatz zu verschaffen, andererseits aber namentlich Eingriffe in den durch die Eintragung geschaffenen Schutz mit Sicherheit und mit Erfolg zurückzuweisen und zu verfolgen, — so stellten sich doch in der Folgezeit bald auch allgemein empfundene Mängel ein, welche zu Beschwerden und Verbesserungsvorschlägen Anlaß gaben, denen man sich an maßgebender Stelle nicht verschließen konnte. Als ein hauptsächlicher Uebelstand wurde es fast allseitig bezeichnet, daß nur denjenigen Gewerbetreibenden, deren Firma im Handelsregister eingetragen war, und nicht vielmehr Jedermann, der ein Waaren-Geschäft irgend welcher Art betrieb, der Schutz des Gesetzes zustand, sowie daß gegenüber der Eintragung der Waarenzeichen in das Handelsregister des Gerichts der Niederlassung des Schutzsuchenden trotz der Bekanntmachung der Eintragung im Reichsanzeiger eine im Interesse der Sicherung des Schutzes liegende allgemeine Uebersicht und Kenntniß der Waarenzeichen sich nicht ermöglichte. Die Eintragung der Waarenzeichen an einer Stelle, durch die allein diesem Mangel abzuhelfen ist, war bei Erlaß des Gesetzes (1874) nicht durchführbar, da es an einer geeigneten Centralstelle ermangelte. Erst in dem mit dem Patentgesetz vom 25. Mai 77 geschaffenen Patentamt war die berufenste Amtsstelle gegeben, deren Geschäftskreis sich immer mehr auf die Verwaltung des gesammten gewerblichen Rechtsschutzes erstreckt und erstrecken wird. Als ein weiteres Bedürfniß hatte sich die unumgänglich nothwendige amtliche Prüfung der zur Anmeldung gelangenden Waarenzeichen ergeben, um denjenigen Zeichen den Schutz zu versagen, welche gegenüber ihrer allgemeinen Benutzung als Schutzzeichen nicht anzusehen sind, oder die mit anderen bereits eingetragenen übereinstimmen.

Endlich galt es auch den im gewerblichen und Handelsverkehr überhandgenommenen Uebergriffen in die Rechtssphäre der Schutzberechtigten durch mißbräuchliche Anwendung geschützter Waarenzeichen und Firmenbenennungen durch schärfere als die bisherigen Bestimmungen entgegenzutreten.

Alle diese Mängel zu beseitigen bezweckt das neue Gesetz zum Schutze der Waarenbezeichnungen vom 12. Mai 1894, welches mit dem 1. Oktober dess. Jahres in Kraft getreten.[1])

III.

Der Musterschutz[2]) war dem deutschen Rechte früher fremd, nur in einzelnen Landestheilen war er auf Grund des dort geltenden französischen Rechtes anerkannt. Ein lebhaftes Bedürfniß nach seiner Einführung erwachte erst unter der Einwirkung der neueren kunstgewerblichen Strömungen. Als im Jahre 70 bei der Berathung des Gesetzentwurfs, aus welchem das Gesetz, betreffend das Urheberrecht an Schriftwerken ꝛc., 11. Juni 70 hervorging, der auf das Recht an Kunstwerken bezügliche Abschnitt ausgeschieden und zur besonderen Regelung verwiesen wurde, drückte der Reichstag zugleich das Verlangen aus, daß bei dieser Regelung die Interessen der Kunstindustrie Berücksichtigung finden möchten (R.T.V. 888). Unter den Bemühungen der Elsässer Industrie, welche, an den Musterschutz des französischen Rechtes gewöhnt, den Mangel eines solchen Schutzes diesseits des Rheins lebhaft empfand, sowie unter den Eindrücken, welche die Entfaltung des französischen und österreichischen Kunstgewerbfleißes bei der einheimischen Industrie erzeugte, gewann die im Jahre 70 gegebene Anregung neue Nahrung. Anträge auf Einführung des Musterschutzes kamen unter den 27. Mai 73 zur Erörterung im Reichstag (R.T.D. 132) und beschleunigten den Beschluß des Bundesraths, eine Vernehmung von Sachverständigen zu veranstalten. Nachdem das Ergebniß dieser Vernehmung zu Gunsten des Musterschutzes ausgefallen war, ging dem Reichstag unter dem 1. November 75 der Entwurf eines Gesetzes, betreffend das Urheberrecht an Mustern

[1]) Das Gesetz ist aus der vorliegenden Sammlung ausgeschieden und in besonderer Erläuterung in demselben Verlage herausgegeben worden. [2]) Das ist der Schutz der sogen. Schönheits- oder Geschmacksmuster.

und Modellen zu (R.T.D. 24). Der Entwurf fand, unter Abänderung wichtiger Einzelheiten, in den durch einen schriftlichen Kommissionsbericht unterstützten Verhandlungen die Zustimmung (R.T.V. 96 ff., 604 ff., 738 ff.) und wurde unter dem 11. Januar 76 als Gesetz, betreffend das Urheberrecht an Mustern und Modellen, veröffentlicht (R.G.B. 11). In der Fassung lehnt das Gesetz sich an die Gesetzgebung vom 11. Juni 70 über das litterarische Autorrecht an und in der Regelung der aus einer Verletzung des Schutzes entspringenden civil- und strafrechtlichen Folgen steht es ganz auf deren Boden. Dagegen hat es in der Begrenzung des Schutzes, sowie in den Voraussetzungen seiner Erwerbung einen selbständigen Weg eingeschlagen und als seinen Zweck nicht allein das Interesse des Schutzberechtigten, sondern auch die Förderung des inländischen Gewerbefleißes hingestellt.

Neuerdings ist eine lebhafte Strömung hervorgetreten,[3]) auch dieses (kunst-) gewerbliche Schutzrecht nach dem Vorbilde des unter V zu erörtern sogen. Gebrauchsmusterschutzes einer einheitlichen, von einer Centralstelle ausgehenden Verwaltung zu unterwerfen, ohne daß indessen bekannt geworden ist, welchen Anklang diese Bestrebungen an maßgebender Stelle bis jetzt gefunden haben.

IV.

Der Patentschutz ist nicht wie der Musterschutz eine neue Errungenschaft unseres gewerblichen Rechts. In

---

[3]) Vgl. namentl. die Berichte und Verhandlungen der Deutsch-Oesterreichischen Gewerbeschutz-Conferenz am 12 und 13 Oktober 1896 zu Berlin. S. 73 ff.

den einzelnen Bundesstaaten war er seit lange schon theils im Wege der Landesgesetzgebung, theils vermittelst einer, freilich wenig ausgebildeten Verwaltungspraxis anerkannt. Im Gebiete des Zollvereins hatte man sogar einige Grundsätze vereinbart, welche für das Landesrecht maßgebend sein sollten. Die Frage, ob an die Stelle der unübersichtlichen Landesrechte ein reichsgesetzlicher Schutz treten solle, wurde im Reichstag im Jahre 72 zum ersten Male Gegenstand der Erörterung (R.T.D. 48); diese führte unter dem 10. Mai 72 zu dem Ersuchen,

> baldigst eine einheitliche Patentgesetzgebung herbeizuführen,

jedoch ohne eine Erklärung darüber, ob dies im Sinne des Patentschutzes geschehen solle (R.T.V. 304 ff.). Inzwischen zogen Bemühungen in den industriellen Kreisen eine lebhafte Agitation für die Einführung des Patentschutzes nach sich. Unter diesen Einflüssen sah im Jahre 75 die preußische Regierung sich veranlaßt, bei dem Bundesrathe eine Vernehmung von Sachverständigen in Antrag zu bringen. Nach Beschluß des Bundesraths fand die Vernehmung im Spätsommer 76 statt. Ihr Ergebniß war so entschieden im Sinne eines ausgebildeten Patentschutzes, daß unverweilt der Entwurf eines Patentgesetzes aufgestellt, demnächst veröffentlicht, unter Beachtung der lautgewordenen Erinnerungen umgearbeitet und unter dem 24. Febr. 77 dem Reichstag vorgelegt wurde (R.T.D. 8). In den von einem schriftlichen Kommissionsberichte (R.T.D. 144) begleiteten Verhandlungen erhielt der Entwurf, unter vielfachen

Abänderungen in Einzelheiten, die Zustimmung des Reichstags (R.T.V. 25 ff., 915 ff., 1011 ff.). Als Patentgesetz wurde er unter dem 25. Mai 77 erlassen (R.G.B. 501). Das Gesetz steht nicht auf dem Boden der Gesetzgebung vom 11. Juni 70. Es hat die Frage nach dem geistigen Eigenthum der Erfindungen umgangen, sein Schutz ist enger als der der sogen. Urheberrechte, auch sind, abweichend von diesen, seine Ziele, ohne das Interesse des Erfinders außer Betracht zu lassen, in erster Reihe doch darauf gerichtet, die Entwickelung der Industrie durch die gesteigerte Verwerthbarkeit der Erfindungen zu begünstigen.

Wenngleich das Gesetz diesen Zweck in der Folgezeit erfüllte, so wurden doch nur zu bald nach seinem Inkrafttreten angesichts des ungeahnten Aufschwungs, welchen die gerade durch das Patentgesetz zu schützende Industrie nahm, Klagen über seine Unzulänglichkeit laut. Dieselben äußerten sich namentlich dahin, daß die rechtsschutzsuchende Industrie für die Ergebnisse ihrer Forschungen nicht den genügenden Schutz seitens der zuständigen Behörde fände, auf welchem sie Anspruch erheben müsse. Thatsächlich ergab auch eine statische Erhebung, daß zwar im allgemeinen die Zahl der Patentertheilungen von Jahr zu Jahr gestiegen, daß aber, wenn auch nicht die Mehrzahl, so doch immerhin ein verhältnißmäßig großer Bruchtheil der Patentertheilungen nicht bereits in erster, sondern erst in der Beschwerdeinstanz, also erst auf Grund wiederholter, eingehender Prüfung, ertheilt wurde. Nicht zu Unrecht glaubte man aus dieser Thatsache den Schluß ziehen zu dürfen, daß sowohl die im allgemeinen für bewährt befundene Vorprüfung als auch die an dieselbe sich anschließende weitere Prüfung, erschöpfender gehandhabt werden müsse. Eine derartige Prüfung und Untersuchung der Patentanmeldung sei aber andrerseits nur durch mit derselben betraute Mitglieder der Behörde, die der letzteren nicht nebenamtlich angehörten, sondern ihren Lebensberuf mit dieser Thätigkeit erfüllten.

Die Bestrebungen und Vorschläge aus technischen und wirthschaftlichen Kreisen, welche unter anderen auch die genannten Gesichtspunkte zur Sprache brachten, veranlaßte die Reichsregierung auf Veranlassung des Bundesraths 86, eine Versammlung hervorragender Sachverständiger auf dem Gebiete der Technik, der Industrie und der Wissenschaft einzuberufen, welche die in ein bestimmtes Programm zusammengefaßten Abänderungsvorschläge, sowie eine Reihe aus ihrer Mitte selbst hervorgegangener Anregungen berieth und begutachtete. Nicht unerwähnt darf hier bleiben, daß die Versammlung sich einstimmig für Beibehaltung des Vorprüfungssystems erklärte. Unter thunlichster Berücksichtigung der Vorschläge der Enquete, andererseits auf Grund der vom Patentamt selbst entnommenen Erfahrungen wurde der Entwurf zu einem neuen Patentgesetz ausgearbeitet und im Frühjahr 90 durch Veröffentlichung im Reichsanzeiger zur öffentlichen Kenntniß gebracht. Auf diese Veröffentlichung sind seitens dem Patentwesen nahestehender Vereine und Personen zahlreiche Meinungsäußerungen erfolgt, welche wiederum gleich den Enquetevorschlägen möglichst angängige Berücksichtigung gefunden haben. Der nunmehr fertig gestellte Entwurf wurde mit der Begründung am 25. Nov. 90 dem Reichstage vorgelegt (R.T.D. 152) und von letzterem in der Sitzung am 30. dess. Mon. einer Kommission überwiesen. Diese unterwarf den Entwurf einer eingehenden Berathung, traf jedoch nur rücksichtlich des Prüfungsverfahrens einige nicht unerhebliche Abänderungen, während sie dem gesammten übrigen Theile des Entwurfes, namentlich hinsichtlich der Neugestaltung des Patentamts, rückhaltslos zustimmte.

Mit nur geringen Abänderungen wurde der Entwurf vom Reichstag und auch vom Bundesrath genehmigt und als neues Patentgesetz unter dem 7. April 91 mit Gesetzeskraft vom 1. Oktober dess. Jahr. erlassen (R.G.B. 79).

V.

Die Handhabung des ersten Patentgesetzes hatte eine Erscheinung zu Tage gefördert, der man sich auf die Dauer nicht verschließen konnte, gegen welche Abhilfe geschaffen werden mußte. Eine Reihe von Patent-Anmeldungen wurde dem Patentamt zur Prüfung und Schutzertheilung vorgelegt, deren Gegenstand zwar schutzbedürftig erschien, indessen aus dem Grunde mit dem gesetzlichen Schutz nicht umkleidet werden konnte, weil ihm gegenüber seiner Geringfügigkeit und Unbedeutendheit der Charakter einer Erfindung nicht beizulegen war. Andererseits konnte derartigen Gegenständen auch nicht der Schutz für Muster und Modelle im Sinne des Gesetzes vom 11. Januar 76 verliehen werden, weil dieselben nicht sowohl als Vorbilder für die Befriedigung des Geschmacks oder des ästhetischen Gefühls, als vielmehr als Muster für technische Zwecke oder für den praktischen Gebrauch des täglichen Lebens zu dienen bestimmt oder geeignet waren. Für Erzeugnisse dieser Art, für sogenannte kleine Erfindungen, fehlte es an dem erforderlichen, allmälig allgemein vermißten gesetzlichen Schutz, der von keinem der beiden vorgenannten Schutzgesetze herzuleiten, sondern nur durch ein eigens zu diesem Behufe zu erlassendes Gesetz zu ertheilen war.

In diesem Sinne sprach sich bereits die zur Revision des Patentgesetzes im Jahre 86 einberufene Enquetekommission aus, indem sie den Antrag stellte, daß namentlich gegenüber dem beizuhaltenden Vorprüfungsverfahren Einrichtungen getroffen würden, durch welche Erfindungen oder Neuerungen, die nur eine mechanische Formänderung eines einzelnen Gegenstandes bezwecken, unter Gewerbs- oder Musterschutz gestellt werden sollten, und gleichzeitig der Erwartung Raum gab, daß das Patentamt durch Aufstellung eines besonderen Gesetzes für den Schutz der Gebrauchsmuster in die Möglichkeit versetzt werde, nur wirklich patentfähige Gegenstände zu schützen, fragwürdige dagegen von der Patentirung von vornherein auszuschließen, um hierdurch auch sich selbst thunlichst zu entlasten. Bereits am 25. November 90 wurde ein diesen Wünschen im Allgemeinen Rechnung tragender Entwurf dem Reichstag vorgelegt und derselben Kommission zur Berathung überwiesen, welcher kurz zuvor das neue Patentgesetz zu gleichem Zwecke zugegangen war. Abgesehen von nur geringen Abänderungen wurde der

Entwurf von der Kommission und alsdann vom Reichstag und Bundesrath genehmigt und als Gesetz, betreffend den Schutz von Gebrauchsmustern, vom 1. Juni 91 erlasen (R.G.B. 290). Die Aehnlichkeit beider Arten der zu schützenden Gegenstände der Patente und der Gebrauchsmuster hat dahin geführt, das Gesetz dem Patentgesetz entsprechend zu gestalten, während etwa eine auch nur äußerliche Vereinigung des Gebrauchsmusterschutzes mit dem Schutze der Muster und Modelle angesichts der Verschiedenartigkeit der zu schützenden Gegenstände durchaus nicht angezeigt erschien. Gegenüber der Geringfügigkeit der unter Gebrauchsmusterschutz zu stellenden Gegenstände empfahl es sich aber, von einer Prüfung derselben auf Schutzfähigkeit abzusehen, solche vielmehr durch eine Veröffentlichung des angemeldeten Musters in der Rolle und im Reichsanzeiger den interessirenden Kreisen zu überlassen. Aus demselben Grunde ist auch die Schutzgebühr sowie die Schutzfrist gegenüber dem Patentrecht erheblich geringer bemessen worden. Andererseits empfahl es sich, die Anmeldungen auf eine Amtsstelle, anstatt wie im Muster- und Modellschutz auf ungezählte im ganzen Reich, zu konzentriren, und zwar auf die geeignetste, nämlich das Patentamt. Der eine eingangs erwähnte, durch das Gesetz angestrebte Erfolg, manchen Erfindungen, die nach dem Patentgesetz schutzlos bleiben müßten, gesetzlichen Schutz angedeihen zu lassen, ist offenbar schon seit dem kurzen Bestehen des Gesetzes erreicht, insofern im ersten Vierteljahre des Inkrafttretens des Gesetzes von 2095 Anmeldungen 1800, im Jahr 92 von 8926 Anmeldungen 8600 und endlich im Jahre 1896 von 19090 Anmeldungen 17525 Gebrauchsmuster eingetragen worden sind.

VI.

Der gewerbliche Rechtsschutz ist auch nach seiner endgültigen Ertheilung ein nur territorialer, d. h. er bewegt sich nur innerhalb der Grenzpfähle desjenigen Staates, welcher ihn verliehen hat. Soll daher der Schutz auch in anderen Staaten gelten, so bedarf es immer der ausdrücklichen Anerkennung und Verleihung desselben seitens der letzteren. Während im Patentrecht die internationale Gegenseitigkeit allgemein verbürgt ist, d. h. jedem Ausländer das Recht zusteht, ein Erfindungspatent nachzusuchen und zu erlangen, sofern er nur die auch für den inländischen Patentsucher vorgeschriebenen Bestimmungen erfüllt, wird der Muster- und der Marken- (Waarenzeichen) Schutz nur dann dem Ausländer gewährt, wenn auch sein Land dem Fremden den gleichen Schutz zukommen läßt. Diese Gegenseitigkeit ist denn auch in den meisten Handelsverträgen ausdrücklich verbürgt. Wie aber auf den Gebieten der Wissenschaft und der Kunst, so sind auch die Ideen, welche der Technik entströmen, international, d. h. sie beherrschen, sofern sie von epochemachender Bedeutung sind, den ganzen Erdball; es liegt daher im Interesse sowohl des Erfinders als auch der ganzen, namentlich gewerblichen Menschheit, daß die Erfindung allgemein zugänglich wird, und es erscheint billig, ihr den gebührenden Schutz allgemein zu gewähren. Um jedoch diesen Schutz zu erlangen, muß der Erfinder seine Erfindung in all' denjenigen Ländern zum

Patent anmelden, in welchen der erweiterte Schutz bestehen soll. Mit der Anmeldung muß er sich beeilen, damit ein Anderer, der dieselbe Erfindung vielleicht gleichzeitig gemacht oder ihm gar entlehnt hat, ihm nicht zuvorkomme. Andererseits kann aber die Anmeldung in dem anderen Staate entbehrlich werden, wenn die Erfindung bei ihrer ersten Prüfung aus irgend welchen Gründen für nicht oder nicht mehr patentfähig erachtet wird und der Erfinder auf jeden Patentschutz verzichten muß. Es lag daher, je mehr der Patentschutz an internationaler Bedeutung gewann, sehr nahe, internationale Bürgschaften zu schaffen, auf Grund deren dem Erfinder wenigstens das wichtigste Recht der Priorität gewährt werden sollte. Zu diesem Zwecke bedurfte es besonderer völkerrechtlicher Uebereinkommen. Hierbei sind zwei Wege einzuschlagen: entweder es werden zwischen einzelnen Staaten Sonderabkommen getroffen oder es bildet sich ein großer Staatenverband deren beider Inhalt und Zweck dahin zielt, die Angehörigen der vertragschließenden Staaten in dem andern bezw. in den übrigen Staaten des Verbandes dieselben gewerblichen Schutzrechte wie in ihrem Heimathstaate genießen zu lassen.

Welcher Weg nun von beiden der gangbarere ist, möge dahin gestellt bleiben; zweifellos bewahrt sich beim Abschluß von Sonderabkommen jeder der beiden vertragschließenden Staaten namentlich in handelspolitischer Hinsicht eine größere Freiheit und Selbständigkeit als durch den Eintritt in einen allgemeinen Staatenverband. Das deutsche Reich hat den ersteren gewählt und mit Oesterreich-Ungarn,[1]) Italien[2])

---

[1]) am 6. Dez. 91. S. 176. [2]) am 18. Jan. 92. S. 182.

und der Schweiz[1]) Sonderabkommen getroffen, während die meisten übrigen Kulturstaaten zu einem internationalen Vertrage zum Schutze des gewerblichen Eigenthums, der sogen. Union[2]) zusammengetreten sind.

Bereits gelegentlich der Wiener Weltausstellung wurde am 4. August 1873 der sog. erste internationale Patentkongreß eröffnet, an welchem u. A. Oesterreich-Ungarn, Italien, die Schweiz, Rumänien, Nordamerika, Schweden, Brasilien theilnahmen,[3]) und auf dem man sich einstimmig für die Nothwendigkeit gesetzgeberischer Gewährleistung des Erfindungsschutzes in allen Kulturstaaten aussprach. Dem ersten Kongreß folgte bald ein zweiter, und zwar wiederum in Veranlassung einer Weltausstellung, nämlich der Pariser im Jahre 1878. Derselbe tagte im September.[4]) Hier ging man schon weiter, insofern als man außer dem Erfindungsschutz auch den Muster- und Markenschutz international gesichert sehen wollte und auch bereits einen Entwurf vorlegte, der von der gleichzeitig eingesetzten „permanenten internationalen Kommission“ weiter geprüft, später auf der ersten internationalen Konferenz zum Schutze des gewerblichen Eigenthums durchberathen und als internationaler Vertrag zum Schutze des gewerblichen Eigenthums unter dem 20. März 1883 von den Vertretern Belgiens, Brasiliens, Spaniens, Frankreichs,

---

[1]) am 13. April 29. S. 192. [2]) Wortlaut der Union. S. S. 200. [3]) Der Konferenz wohnte auch der damalige Regierungsrath, jetzige Staatssekretär des Reichsjustizamts Nieberding bei. [4]) Als Delegirte Deutschlands fungirten Geh. Räthe Klostermann und Reuleaux.

Guatemalas, Italiens, der Niederlande, Portugals, San Salvadors, Serbiens und der Schweiz genehmigt und unterzeichnet wurde. Später sind der Union noch Großbritannien und Irland (17. März 84), Tunis (20. März 84), Republik San Domingo (20. Oktober 84), Schweden und Norwegen (26. Juni 85) und die Vereinigten Staaten Nordamerikas (30. Mai 87) beigetreten. Durch die späteren Konferenzen zu Rom (29. April — 11. Mai 1886), zu Paris (3.—10. August 89) und zu Madrid[1]) (14.—15. April 91) sind zu dem Unions-Vertrage theils Interpretations- theils Ausführungsbestimmungen noch aufgestellt worden.

Der Inhalt des Union-Vertrages ist in kurzen Zügen folgender: die Angehörigen der einzelnen Vertragsstaaten, als welche auch solche angesehen werden, die in letzteren auch als Ausländer nur wohnen oder eine gewerbliche oder Handelsniederlassung haben, sollen in den fremden Staaten dieselben Rechte genießen wie in ihrem Heimathstaate. Für die Anmeldung eines im Inlande ertheilten Patentes oder eines angemeldeten Muster- oder Waarenzeichens (Marke) in einem andern Vertragsstaat wird eine Prioritätsfrist von 6 bezw. 3 Monaten gewährt, die nicht durch Vorbenutzung oder Voreröffentlichung seitens eines Anderen verletzt werden kann. Jedes im Ursprungslande eingetragene Waarenzeichen (Marke) soll in jedem anderen Vertragsstaate unbeanstandet zugelassen werden. Die

[1]) Dieser Konferenz wohnte auch der damal. Präsident des Kaiserl. Patentamts v. Bojanowski im amtlichen Auftrage bei.

Handelsfirmen sind in jedem anderen Unionsstaate auch ohne dortige Eintragung geschützt. Jedes widerrechtlich mit einer Marke oder Firma versehene Erzeugniß unterliegt bei seiner Einführung in einen Unionsstaat der Beschlagnahme. Gelegentlich öffentlicher Ausstellungen ausgestellte Erfindungen, Muster oder Marken genießen zeitweiligen Schutz. Für die Verwaltung des internationalen gewerblichen Schutzes wird ein internationales Amt errichtet, welches seinen Sitz in Bern hat und der Aufsicht der schweizerischen Regierung unterstellt ist.[1])

Neuerdings sind in gewerblichen Kreisen, namentlich denen der chemischen Industrie, lebhafte Bestrebungen hervorgetreten, welche einem Anschlusse Deutschlands an die Union entschieden das Wort reden; indessen erscheint auch aus den obenangeführten Gründen die Weiterverfolgung des einmal eingeschlagenen Weges des Abschlusses besonderer Uebereinkommen mit wirthschaftlich und politisch befreundeten Staaten empfehlenswerther.

Berlin, Weihnacht 1896.

Dr. Stephan.

---

[1]) Einen dem angef. ähnlichen Unions-Vertrag haben die südamerikanischen Staaten Argentinien, Bolivia, Brasilien, Chile, Paraguay, Peru und Uruguay am 16. Januar 1889 in Montevideo abgeschlossen.

I.

(Nr. 1947.) **Patentgesetz.**

Vom 7. April 1891.

(R.G.Bl. 1891 Nr. 12, S. 79—90.)

Wir Wilhelm, von Gottes Gnaden Deutscher Kaiser, König von Preußen ꝛc.

verordnen im Namen des Reichs, nach erfolgter Zustimmung des Bundesraths und des Reichstags, was folgt:

Artikel I.

An Stelle der §§. 1 bis 40 des Patentgesetzes vom 25. Mai 1877 (Reichs-Gesetzbl. S. 501) treten folgende Bestimmungen.

Das neue Patentgesetz stellt keine Ergänzung, sondern einen Ersatz des früheren dar und ist deshalb als Novelle nicht zu bezeichnen. Hieran ändert die stillschweigende Uebergehung der §§. 41—44 des früheren Gesetzes nichts; dieselben betrafen die Behandlung der damals noch bestehenden Landespatente und haben mit dem allmäligen Erlöschen der letzteren in der Folgezeit ihre praktische Bedeutung verloren. Vgl. dazu Art III. Die Vorschriften des neuen Gesetzes erstrecken sich ohne Einschränkung auf die Behandlung auch der vor dem Inkrafttreten endgültig ertheilten Patente, namentlich auch rücksichtlich der Gebührenzahlung. Vgl. dazu §. 8 Abs. 3.)

Erster Abschnitt.

Patentrecht.

§. 1.

Patente werden ertheilt für neue Erfindungen, welche eine gewerbliche Verwerthung gestatten.

Ausgenommen sind:

1. Erfindungen, deren Verwerthung den Gesetzen oder guten Sitten zuwiderlaufen würde;
2. Erfindungen von Nahrungs-, Genuß- und Arzneimitteln, sowie von Stoffen,. welche auf chemischem Wege hergestellt werden, soweit die Erfindungen nicht ein bestimmtes Verfahren zur Herstellung der Gegenstände betreffen.

Zur Patentfähigkeit gehören eine Erfindung, Neuheit der Erfindung, Möglichkeit ihrer gewerblichen Verwerthung. Auch das frühere Patentgesetz hatte eine Bestimmung des Begriffs „Erfindung" nicht gegeben, weil eine solche nicht in das Gesetz gehöre, sondern der Wissenschaft und Rechtsprechung überlassen bleiben müsse (Motive.)

Eine Begriffsbestimmung wird etwa dahin zu geben sein: Erfindung ist die erstrebte oder auch nur zufällige Feststellung einer durch Benutzung der Naturkräfte hervorgebrachten eigenartigen Wirkung auf technischem Gebiete

Entdeckung ist die Auffindung einer neuen Eigenschaft an einem vorhandenen Körper; dieselbe erlangt die Bedeutung einer Erfindung, sobald menschliche Thätigkeit angewendet wird, um vorhandene Körper zu bearbeiten und in Folge dieser menschlichen Arbeit ein Naturgesetz in die Erscheinung tritt, welches vor der Arbeit und ohne dieselbe sich nicht bethätigte. R.G 20. März 89 (209).

Eine Erfindung liegt nicht vor, wenn „der Eintritt des beabsichtigten Erfolges nach dem Gesetze der Natur als unmöglich anzusehen ist". (Früh. Kom.-Bericht.) Nicht allein in der Lösung der technischen Aufgabe, sondern namentlich auch in der Stellung der später gelösten Aufgabe, an welche zuvor Niemand gedacht hat, bestehen die Voraussetzungen für eine Erfindung. Wird dagegen nur die Aufgabe und nicht zugleich das Mittel der Lösung angezeigt, so ist die Erfindung nicht fertig und deshalb nicht patentirbar. R.G. 15. Mai 89 (389), 30. Nov. 95 (96,5). Auch in der Kombination bereits bekannter Mittel kann eine Erfindung enthalten sein, sofern durch dieselbe ein eigenthümlicher Erfolg erzielt wird, auch wenn letzterer nur darin besteht, daß die bisherige Wirkung der Vorrichtung durch Anwendung eines bisher nicht angewendeten Mittels vollkommen erreicht wird. R.G. 17. April 80 (89). Die bloße Uebertragung einer Erfindung auf einen anderen Gebrauchsgegenstand ist keine neue Erfindung; ebensowenig ist in der bloßen Konstruktionsänderung eine Erfindung zu erblicken.

In der Uebertragung eines bekannten Verfahrens auf einen anderen Gegenstand ist eine Erfindung zu erblicken, sobald bei der Uebertragung gewisse Schwierigkeiten zu überwinden waren und die Ueberwindung dieser Schwierigkeiten in einer technisch neuen Art erfolgt. G.G. 9. Juni 94 (464).

Ein aus mehreren Theilen zusammengesetzter patentirter Apparat stellt dann ein Kombinationspatent dar, wenn durch das Zusammenwirken der Theile ein von der Summe der Wirkungen der einzelnen Theile verschiedener oder dieselbe übersteigender Erfolg erreicht wird. P.A. 9. Mai 92, R.G. 6. Febr. 93 (164).

Aus der Thatsache, daß mehrere Neuerungen in einem einzigen Patentanspruche zusammengefaßt sind, folgt nicht ohne Weiteres, daß es sich um ein Kombinationspatent handelt. Letzteres ist nur dann der Fall, wenn die mehreren Neurungen sich gegenseitig zu einer erhöhten Gesammtleistung unterstützen. R.G. 11. Jan. 96 (112).

Für die Patentfähigkeit einer Erfindung genügt die Möglichkeit ihrer gewerblichen Verwerthung; der Nachweis, daß der Zweck auch wirklich erreicht wird, ist nicht erforderlich. Ebensowenig wird die gewerbliche Verwerthung einer Erfindung durch die Frage berührt, ob die Erfindung praktisch brauchbar oder gewinnbringend ist. P.A. 3. April 79 (465), P.A. 22. Dez. 82 (83, 101).

Auf chemischem Gebiete ist in Analogie-Verfahren nur dann eine Erfindung zu erblicken, wenn ein nicht zu erwartendes Resultat gefunden wird, welches dem Gewerbe einen wichtigen Fortschritt darbietet. R.G. 6. Nov. 93 (687).

Auch in der Verschiedenheit der Abmessungen und Verhältnisse kann unter Umständen ein Erfindungsgedanke gefunden werden. R.G. 30. Nov. 95 (96, 287).

Neue Anordnungen bei Adreßbüchern, Situationsplänen genießen keinen Patentschutz, sondern den Schutz des literarischen Urheberrechts nach dem Gesetz vom 11. Juni 70, da sie Orientirungsmittel darstellen, deren Wesen ausschließlich in einer literarischen Leistung besteht. P.A. 8. Febr. 96 (96, 60).

Unter gewerblicher Verwerthung ist im Sinne des Pat.Ges. die gewerbliche (gewerbsmäßige) Benutzung im weitesten Sinne, insbesondere auch diejenige im Bereiche der Land- und Forstwirthschaft, des Bergbaues, des Verkehrswesens u. s. w., zu verstehen. (Motive.) Als Gewerbe (Gewerbsmäßigkeit) ist jede auf ständigen Gewinn gerichtete berufsmäßige Thätigkeit aufzufassen. R.G. 2. Febr. 81.

„Gewerbliche" Verwerthung ist nicht identisch mit „gewinnbringender". R.G. 6. Febr. 93 (150).

Erfindungen, deren Selbstzweck ein gesetzwidriger oder unsittlicher ist, sind nicht patentfähig; dagegen schließt die Möglichkeit der Benutzung einer Erfindung auch zu gesetzwidrigen oder unsittlichen Zwecken ihre Patentfähigkeit nicht aus.

Nahrungs-, Genuß- und Arzneimittel sind an sich nicht patentfähig, um ihre Zugänglichkeit im Interesse der allgemeinen Volkswohlfahrt und Gesundheitspflege nicht zu erschweren und um andererseits einem Mißbrauche ihres Schutzes mit marktschreierischen Mitteln unter Irreleitung der Bevölkerung vorzubeugen. (Früh. Motive.)

Ueber „Nahrungs- und Genußmittel" vgl. Str.G.B. §. 370, 5 u. R.G., betr. den Verkehr mit Nahrungsmitteln, Genußmitteln und Gebrauchsgegenständen, 14. Mai 79, R.G.B. S. 145. Nahrungs- und Genußmittel sind nur solche, welche in den menschlichen Körper zur Ernährung oder Anregung eingeführt werden. Schönheits- und ähnl. Mittel sind als Genußmittel nicht anzusehen. Ueber Arzneimittel vgl. Verordnung, betr. den Verkehr mit Arzneimitteln, 4. Jan. 75, R.G.B. 75, und 27. Jan. 90, R.G.B. 9. Arzneimittel sind Mittel, welche dem menschlichen Körper zum Zwecke seiner Heilung beigebracht werden. Aerztliche Werkzeuge sind keine Arzneimittel und deshalb patentfähig. Nicht nur was Nahrungs-, Genuß-, Arzneimittel ist, sondern auch was nach der Absicht des Erfinders es sein soll ist von der Patentirung ausgeschlossen.

Die Thatsache, daß ein Prinzip schon früher bekannt war, vermag an sich die Rechtsbeständigkeit eines Patents, welchem die Erfindung einer konkreten Ausführung zu Grunde liegt, nicht in Frage zu stellen, sofern nur die Ausführung im Sinne des Patentgesetzes neu ist und eine gewerbliche Verwerthung gestattet. R.G. 24. Juli 81. Ueber Neuheit der Erfindung vgl. zu §. 2. Ein Erfindungsgedanke allein kann nicht patentirt werden, sondern nur das Mittel, durch welches dieser Gedanke behufs seiner Ausführung technisch gestaltet worden ist. P.A. 25. Sept.90, R.G. 25. März 91 (91, 233). Zum Wesen der Erfindung gehört die Ausführbarkeit des Erfindungsgedankens. Ist in der Patentschrift nicht ein bestimmtes, für Sachkundige ausführbares Verfahren zur Herstellung des patentirten Gegenstandes dargelegt, so ist keine patentfähige Erfindung vorhanden. R.G. 16. Febr. 91 (91, 185), R.G. 5. Okt. 89.

Werke der Baukunst gehören nicht zu den Erfindungen, sondern zu den Werken der bildenden Künste, sind aber als solche nicht geschützt; vgl. §. 3 Ges. betr. das Urheberrecht an Werken der bildenden Kunst, 9. Jan. 76, R.G.B. 4. Muster und Modelle, die lediglich Zwecken der Form dienen, sind zwar nicht patentfähig — O.H.G. 3. Sept. 78 (273), R.G. 5. Juni 85 —, wohl aber schutzfähig nach dem Ges. betr. das Urheberrecht an Mustern und Modellen v. 11. Jan. 76, R.G.B. 11.

Eine gewerbliche Verwerthung kann entweder in der gewerbsmäßigen Herstellung des erfundenen Gegenstandes oder in seinem Gebrauche innerhalb eines gewerblichen Betriebes bestehen. Deshalb sind rein wissenschaftliche Entdeckungen, die Auffindung unbekannter Naturprodukte, die Entdeckung unbekannter Produktivkräfte, die Aufstellung neuer Methoden des Acker- und Bergbaues, die Kombination neuer Pläne für Unternehmungen auf dem Gebiete des Handels vom Patentschutz ausgeschlossen. (Vgl. Motive z. früh. Ges.)

Um weiteren Forschungen, einen auf chemischem Wege hergestellten Stoff auf praktischem und billigerem Wege herzustellen, nicht entgegenzutreten, ist derartig hergestellten Gegenständen der gesetzliche Schutz versagt worden. Dagegen sind bestimmte Verfahren zur Herstellung dieser (und der übrigen, in Nr. 2 genannten) Stoffe ebenso patentfähig als andererseits auf mechanischem Wege hergestellte Gegenstände.

Die Grenzen des „Verfahrens" gegenüber einfachen Reaktionen und gegenüber einem bloßen Zusammenmengen von Stoffen sind grundsätzlich nicht zu ziehen. Das Patentamt sieht Vorschläge zur bloßen Zusammenmengung von Stoffen nicht als Beschreibung eines „Verfahrens" an.

Die Angabe eines bestimmten Verhältnisses, in welchem die Bestandtheile eines zu erzielenden Produkts zusammengesetzt sein müssen, kann den Gegenstand einer Erfindung bilden.

Zur Patentirung eines Verfahrens muß nicht allein das erstrebte Ziel, sondern das Verfahren selbst so genau angegeben sein, daß nach letzterem überhaupt gearbeitet werden kann, ohne daß erst der Sachverständige neue Erfindungen zu machen braucht. R.G. 28. Juni 90 (371). Ist es bei einem angemeldeten chemischen Verfahren noch ungewiß, inwieweit das allgemein charakterisirte Verfahren im einzelnen Falle ein gewerblich verwerthbares Produkt ergiebt, so kann unter Einforderung von Proben der Nachweis gefordert werden, daß und welche neue, gewerblich verwendbare Farben auf diesem Wege im Einzelnen erzeugt werden. P.A. 23. Jan. 90. R.G. 1. Nov. 90 (582).

§. 2.

Eine Erfindung gilt nicht als neu, wenn sie zur Zeit der auf Grund dieses Gesetzes erfolgten Anmeldung in öffentlichen Druckschriften aus den letzten hundert Jahren bereits derart beschrieben oder im Inlande bereits so offenkundig benutzt ist, daß danach die Benutzung durch andere Sachverständige möglich erscheint.

Die im Auslande amtlich herausgegebenen Patentbeschreibungen stehen den öffentlichen Druckschriften erst nach Ablauf von drei Monaten seit dem Tage der Herausgabe gleich, sofern das Patent von demjenigen, welcher die Erfindung im Auslande angemeldet hat, oder von seinem Rechtsnachfolger nach-

gesucht wird. Diese Begünstigung erstreckt sich jedoch nur auf die amtlichen Patentbeschreibungen derjenigen Staaten, in welchen nach einer im Reichs-Gesetzblatt enthaltenen Bekanntmachung die Gegenseitigkeit verbürgt ist.

Die Vorschrift erschöpft den Begriff der Neuheit nicht. In den bezeichneten Fällen muß die Neuheit verneint werden; ob sie in anderen Fällen auch vorhanden ist, bildet eine Thatfrage. Nach der Praxis de' Patentamts schließen mundliche Verträge die Neuheit nicht aus; P.A. 16. Juni 82 (83, 130); ebensowenig die Auslegung der Anmeldung nach §. 23; P.A 5. Juli 80 (205). Eine zurückgewiesene Anmeldung kann daher nochmals eingereicht werden.

Zur Zeit der . . . Anmeldung, d. h. vor dem Tage der Anmeldung; P.A. 29. Okt. 85 (86, 69).

Als Druckschrift ist jedes Erzeugniß der Buchdruckerpresse, sowie jede andere, durch mechanische oder chemische Mittel bewirkte, zur Verbreitung bestimmte Vervielfältigung von Schriften und bildlichen Darstellungen mit oder ohne Schrift und von Musikalien mit Text oder Erläuterungen anzusehen. §. 2 Ges. uber die Presse 7. Mai 74, R.G.B. 65. Unter öffentlichen Druckschriften sollen im patentrechtlichen Sinne solche Druckschriften verstanden werden, welche nach Absicht des Verfassers dem gesammten Publikum zugänglich gemacht, also nicht, wie beispielsweise die nur als Manuskript gedruckten Schriften, einem beschränkten Kreise von Personen vorbehalten bleiben sollen, und soll es ohne Einfluß sein, ob die Veröffentlichung der Druckschrift im Inlande oder im Auslande erfolgt und in welcher Sprache die Schrift verfaßt ist. Früh. Motive.) Nach übereinstimmender Ansicht des Patentamts und des Reichsgericht' (E. 18. Febr. 79 bezw. 23 Okt. 80 (81, 29) sind öffentliche Druckschriften nur solche, welche durch ihre Veröffentlichung in den freien Verkehr getreten und allgemein dem kaufenden Publikum zugänglich gemacht, nicht solche, die nur einem Kreise bestimmter Personen mitgetheilt sind. Auf die Absicht des Urhebers und auf die Art und Weise, wie die Druckschrift entstanden ist, kommt es nicht an. Die bloße Thatsache, daß die Schrift urspünglich „als Manuskript gedruckt" ist, entscheidet nicht, weil dieser Ausdruck von den Schriftstellern aus den verschiedenartigsten Gründen nicht selten auf Werke gesetzt wird, welche dem Publikum durchaus zugänglich und käuflich sind.

Ist eine Maschine patentirt und sind die Vorarbeiten in einem geschlossenen Raume vorgenommen, so kann daraus, daß einige Personen von der Maschine Kenntniß genommen haben, nicht abgeleitet werden, daß dieselbe schon zur Zeit der Patentanmeldung bekannt gewesen sei. P.A. 6. Jan. 81 (81, 208). Dagegen bedingt der Verkauf einer größeren Anzahl Maschinen und die Ueberlassung derselben an die Käufer zur freien Benutzung eine offenkundige Benutzung auch dann, wenn die Eigenthümlichkeit der Konstruktion nicht für Jedermann ohne Weiteres erkennbar ist. P.A. 22. Jan. 80, R.G. 7. Jan. 81 (81, 78). Durch die öffentliche Beschreibung und Benutzung wird eine Erfindung zum Gemeingut nur dann, wenn dadurch nicht allein der Erfolg derselben, sondern auch die Mittel, diesen Erfolg hervorzubringen, offenkundig geworden sind. Im Uebrigen wird die Offenkundigkeit je nach dem Gegenstande verschieden sein. R.G. 26. Jan. 84 (101).

Die Offenkundigkeit muß mit der Möglichkeit der Benutzung in ursächlichem Zusammenhang stehen. Ein solcher Zusammenhang liegt nicht vor, wenn die nachweisbar vorhandene Möglichkeit der Benutzung durch andere Sachverständige sich nicht sowohl auf die Offenkundigkeit des Betriebes als auf Mittheilungen solcher Personen sich stützt, denen die Wahrung des Fabrikgeheimnisses obgelegen hätte. Die Frage, ob die Benutzung eine so offenkundige gewesen ist, daß danach die Benutzung durch andere Sachverständige möglich erscheint, läßt sich in abstracto nicht entscheiden, sondern ist nach den Umständen des einzelnen Falles zu beurtheilen. P.A. 1. Juni 82, R.G. 24. Febr. 83 (83, 129). Sofern bereits vor der Anmeldung einer Erfindung zum Patent jeder Dritte, welcher ein Interesse daran nahm, sich die Kenntniß der Einrichtung verschaffen konnte, liegt eine offenkundige Benutzung vor. R.G. 6. Nov. 93 (94, 1).

Die Veröffentlichung der Erfindung schließt die Neuheit unbedingt aus, auch wenn sie wider den Willen des Erfinders erfolgt ist. P.A. 13. Mai 80 (80, 189).

Photographien sind als Druckschriften anzusehen, als öffentliche aber nur dann, wenn sie in den Verkehr gebracht, dem Publikum zugängig gemacht, zum Verkauf ausgelegt oder ausgeboten sind. P.A. 20. April 82 (83, 41).

Was die Bibliothek des Patentamts enthält, ist (wegen deren Zugängigkeit für Jedermann) öffentlich. R.G. 26. Okt. 85 (86, 21).

Eine in einer öffentlichen Druckschrift mitgetheilte Zeichnung einer Erfindung steht der Ertheilung eines Patents nur dann entgegen, wenn sie den Gegenstand der Erfindung deutlich genug erkennen läßt. P.A. 27. Nov. 79 (80, 81).

Ein **Betrieb** ist bereits dann als nicht offenkundig anzusehen, wenn diejenigen, welche Zutritt zu ihm haben, ohne ausdrückliche Verpflichtung zur Geheimhaltung nur aus den Umständen schließen müßten, daß die Geheimhaltung bezweckt sei. P.A. 19. März 95. (94/95, 221).

Die erste Herstellung des Gegenstandes, durch welchen die Erfindung in die Erscheinung tritt, kann eine Benutzung der Erfindung darstellen. R.G. 11. Dez. 95 (96, 97).

Auch die ohne Beschreibung veröffentlichte Zeichnung ist als öffentliche Druckschrift im Sinne des §. 2 anzusehen. Da nach Ansicht der Kommission (22. April 77) eine Erfindung als neu nicht zu behandeln ist, wenn dieselbe in einer für die Sachkundigen alle erheblichen Punkte klarlegenden Weise durch Druckschriften des In- und Auslandes bereits veröffentlicht ist, so kann eine solche Veröffentlichung auch durch Zeichnungen oder Abbildungen ohne weitere Erläuterungen geschehen; denn es kommt, wie auch bei jeder Veröffentlichung, durch wörtliche Beschreibung nur darauf an, daß die Abbildungen ꝛc. so deutlich sind, daß sie die Benutzung durch andere Sachverständige ermöglichen. P.A. 15. April 80, R.G. 5. April 81 (81, 148). In welcher Sprache, an welchem Orte der Welt, in welchem Umfange eine Schrift erschienen resp. verbreitet ist, ob sie verkäuflich ist, bleibt unerheblich. Ausländische Druckschriften gelten, falls sie dem Inländer nicht zugängig, nicht für öffentlich. P.A. 25. März 82 (70). Ausländische Patentschriften sind stets öffentlich: P.A. 7. Juli 79 (477) — mit Ausnahme der älteren, d. i. vor dem Gesetz vom 11. Jan. 71 in nur geringer Zahl herausgegebenen amerikanischen Patentschriften: R.G. 21. Mai 83, P.A. 28. Sept. 83 (297). Im Uebrigen enthalten die Patentschriften der Vereinigten Staaten Nordamerikas grundsätzlich eine so genaue Beschreibung der patentirten Erfindung, daß danach die Benutzung durch andere Sachverständige möglich erscheint. R.G. 22. Mai 80, P.A. 4. Sept. 79 (80, 187). Gedruckte Circulare brauchen nicht nothwendig öffentlich zu sein: P.A. 30. Nov. 82 (83, 85), sind aber als öffentliche Druckschriften anzusehen, wenn sie eine ausreichende Beschreibung der Erfindung geben und in der Absicht verbreitet werden, die Erfindung zur allgemeinen Kenntniß zu bringen. P.A. 2. Nov. 82 (83, 85). Bekanntmachung nach §. 23 begründet der Regel nach eine öffentliche Druckschrift nicht. P.A. 25. Okt. 79 (657), R.G. 20. Mai 81 (215).

Um zu vermeiden, daß die Ergebnisse der wichtigen Erfindungsperioden, wie sie in der Mitte des gegenwärtigen Jahrhunderts zu Tage getreten, bereits jetzt zum Gegenstande neuer Erfindung gemacht und daß andererseits

bei Prüfung der Anmeldungen auf ihre Neuheit nicht in zu weiter Ferne zurückliegende Druckschriften durchgeforscht würden, ist auf Vorschlag der Kommission die patenthindernde Wirkung der öffentlichen Druckschriften auf hundert Jahre seit ihrer Veröffentlichung beschränkt worden.

Nach der Praxis des Patentamts wirkt die frühere Bekanntmachung eines als Gebrauchsmuster angemeldeten und eingetragenen, später zur Patentirung angemeldeten Gegenstandes für den Fall patenthindernd, daß aus der sachlichen Kennzeichnung die Identität zu entnehmen ist. Es empfiehlt sich daher, geeigneten Falles die Anmeldungen gleichzeitig zu bewirken.

Unter Benutzung im Sinne des §. 2 ist nicht nur eine direkte gewerbliche, sondern jede andere wirthschaftliche Verwendung zu verstehen, also die wirkliche Durchführung, die Verwirklichung der Erfindung entweder durch die Bethätigung des Verfahrens oder durch die praktische Anwendung des den Gegenstand der Erfindung bildenden Arbeitsmittels, auch im Kleinen. P.A. 29. Mai 79 (501). Zur offenkundigen Benutzung genügt die bloße Möglichkeit, die Erfindung aus dem damit hergestellten Gegenstand zu erkennen. P.A. 9. Juni 81 (226), R.G. 17. Jan. 80 (53). Auch Schaustellung genügt als Benutzung der Erfindung, da der Gegenstand der letzteren, welcher auf der Ausstellung produzirt wird, hergestellt und das Bekanntgeben und Anpreisen desselben der eigentliche Zweck der Ausstellung ist. P.A. 29. Mai 79 (501) und 17. März 82 (62).

Versendung von Circularen und Zeichnungen, welche Sachkundige in den Stand setzen, den Gegenstand einer Erfindung zu benutzen, ist als offenkundige Benutzung zu erachten. R.G. 27. Okt. 80, P.A. 30. Okt. 79 (81, 15). Mittheilung unter der Verpflichtung zur Geheimhaltung macht etwas nicht offenkundig, P.A. 20. Sept. 78 (283), wohl aber eine wider den Willen des Erfinders erfolgte Verbreitung. P.A. 15. Juni 80 (189). Ebensowenig ist

Mittheilung des Planes einer Erfindung an Geschäftsfreunde und Vorzeigung von Proben an solche als offenkundige Benutzung anzusehen. P.A. 8. Jan. 80 (79).

Vorzeigung einer Erfindung an mehrere Personen, um ein Urtheil über den Werth einer Erfindung zu erlangen, nimmt derselben nicht den Charakter der Neuheit. Dagegen liegt offenkundige Benutzung vor, wenn mit dem fertiggestellten Erfindungsobjekte Versuche unter Zuziehung zahlreicher Techniker und ohne Vorbehaltung der Geheimhaltung gemacht sind, hierbei auch der Gegenstand der Erfindung erkennbar war. R.G. 23. Okt. 80, P.A. 18. Febr. 79 (81, 29). Zum Begriff der öffentlichen Benutzung ist nicht erforderlich, daß dieselbe in einem gewissen ausgedehnten Maße stattgefunden habe, sondern nur, daß die Benutzung keine geheime, sondern eine öffentliche, und in der Weise geschehen sei, um anderen Sachverständigen die Benutzung der Erfindung möglich zu machen, dieselbe also in allen wesentlichen Theilen für Sachverständige erkennbar sei. R.G. 1. Febr. 81, P.A. 13. Mai 80 (81, 98). Eine die Patentfähigkeit ausschließende Offenkundigkeit einer Erfindung tritt nicht schon dann ein, wenn nur einige Exemplare des erfundenen Gegenstandes verkauft sind, namentlich nicht, wenn die Geheimhaltung dabei ausbedungen ist, wenn Sachverständige eine komplizirte Maschine nur im Betriebe gesehen haben, wenn ein einzelner Sachverständiger nähere Kenntniß von der Erfindung genommen hat, wenn die Existenz der Erfindung aus deren Art, nicht aber die ihr eigenthümliche Konstruktion bekannt war. R.G. 16. Okt. 80, P.A. 11. Dec. 79 (80, 193).

Offenkundigkeit der Benutzung liegt nicht vor, wenn letztere nur von den sachverständigen Beamten, Arbeitern, Handwerkern, Lieferanten des Benutzenden oder solchen Personen wahrgenommen ist, denen diese Wahrnehmung nur unter der Voraussetzung der Geheimhaltung gestattet war. Denn mit anderen Sachverständigen sind lediglich die Personen gemeint, denen schon vor der Anmeldung der Erfindung durch offenkundige Benutzung dieser Erfindung die Möglichkeit gegeben war, die Erfindung lediglich in Folge sachverständiger Beobachtung der stattgehabten öffentlichen Benutzung bei Anwendung der ihnen sonst als Sachverständigen zu Gebote stehenden technischen Maßnahmen zu benutzen. R.G. 1. Okt. 87, (87, 379).

Die im Abs. 2 bereits in dem Entwurf zum früheren Patentgesetz enthaltene, von der Mehrheit des Reichstags aber nicht genehmigte Bestimmung, daß die im Auslande amtlich herausgegebenen Patentbeschreibungen den öffentlichen Druckschriften erst nach Verlauf von drei Monaten seit dem Tage der Herausgabe gleichstehen sollen, ist nunmehr, jedoch mit der zweifachen Einschränkung, in das neue Gesetz aufgenommen worden, einerseits daß, um der sogen. Patenträuberei entgegenzutreten, die rechtliche Identität des Anmelders im In- und im Auslande vorliegt, andererseits daß diese Vergünstigung im Auslande nach einer Bekanntmachung im Reichs-Gesetzblatt verbürgt ist. Beim Inkrafttreten des neuen Patentgesetzes traf diese letzte Voraussetzung nur gegenüber Oesterreich-Ungarn und Spanien zu. Nach dem Handelsvertrag mit Oesterreich-Ungarn 23. Mai 81 Art. 20, Schlußprotokoll, (R.G.B. 123) sollte in Oe.-U. die Veröffentlichung einer Patentschrift in Deutschland weder die Ertheilung eines Patentes noch den Bestand desselben hindern, sofern letzterer vor Ablauf von 3 Monaten nach Erscheinen der Patentschrift nachgesucht war. In dem Handelsvertrag mit Spanien — 17. Juli 83 R.G.B. 307 — ist bestimmt, daß bezüglich der Erfindungspatente den Angehörigen der beiden vertragschließenden Theile in dem Gebiete des anderen derselbe Schutz, welchen die eigenen Angehörigen genießen, gewährt werden soll. In dem neuen, mit Oesterreich-Ungarn abgeschlossenen Handelsvertrag ist eine diesbezügliche Bestimmung nicht aufgenommen, dafür sind aber mit Oesterreich-Ungarn am 6. Dec. 91 (91, 633), mit Italien am 18. Jan. 92 (69) und mit der Schweiz am 18. April 92 (872) Uebereinkommen getroffen, nach denen die Herausgabe der deutschen Patentschrift für die Patentertheilung in den gen. beiden Staaten nicht patenthindernd wirkt, sofern dort das Patent spätestens 3 Monate nach Ertheilung des deutschen Patents, das ist nach Zustellung des Patentertheilungsbeschlusses, nachgesucht wird. Diese Bestimmung enthält die im Abs. 2 ged. Vergünstigung. Durch die Bekanntmachung der Verträge ist die geforderte Bekanntmachung gedeckt. (Die Uebereinkommen sind als Anlage beigefügt.)

§. 3.

Auf die Ertheilung des Patents hat derjenige Anspruch, welcher die Erfindung zuerst nach Maßgabe dieses Gesetzes angemeldet hat. Eine spätere Anmeldung kann den Anspruch auf ein Patent nicht begründen, wenn die Erfindung Gegenstand des Patents des früheren Anmelders ist. Trifft diese Voraussetzung theilweise zu, so hat der spätere Anmelder nur Anspruch auf Ertheilung eines Patents in entsprechender Beschränkung.

Ein Anspruch des Patentsuchers auf Ertheilung des Patents findet nicht statt, wenn der wesentliche Inhalt seiner Anmeldung den Beschreibungen, Zeichnungen, Modellen, Geräthschaften oder Einrichtungen eines Anderen oder einem von diesem angewendeten Verfahren ohne Einwilligung desselben entnommen und von dem letzteren aus diesem Grunde Einspruch erhoben ist. Hat der Einspruch die Zurücknahme oder Zurückweisung der Anmeldung zur Folge, so kann der Einsprechende, falls er

innerhalb eines Monats seit Mittheilung des hierauf bezüglichen Bescheides des Patentamts die Erfindung seinerseits anmeldet, verlangen, daß als Tag seiner Anmeldung der Tag vor Bekanntmachung der früheren Anmeldung festgesetzt werde.

Anmeldeberechtigt ist jede rechtsfähige Person, also auch juristische Personen und Gesellschaften, auch der Fiskus, der unter Umständen es sogar für geboten erachtet hat, daß seine Organe selbst Patente nachsuchen bezw. Einspruch gegen die Anmeldungen Dritter erheben. Erl. Min. f. öff. Arb. v. 12. Juli 78 (171). Ob der Anmelder In- oder Ausländer, ist gleich: nur der Wohnsitz des Anmelders innerhalb oder außerhalb des Reiches ist wegen der im letzteren Falle erforderlichen Vertretung von Erheblichkeit. Vgl. §. 12.

Ob der Anmelder zugleich der wirkliche Erfinder des angemeldeten Gegenstandes ist, ist gleichgültig. R.G. 28. April 82.

Andererseits besteht bereits vor der Anmeldung zum Patent ein Recht an der derselben zu Grunde liegenden Erfindung. Der rechtmäßige Besitzer der letzteren hat unter Umständen ein Klagerecht auf Uebertragung des ohne seinen Willen auf eben diese Erfindung ertheilten Patentes. R.G. 19. Febr. 96 (115).

Eine Anmeldung „nach Maßgabe dieses Gesetzes" kann an sich vorliegen, wenngleich nach §§. 12 u. 20 noch nicht allen Anforderungen genügt ist, sofern nur die angemeldete Erfindung dergestalt zur Kenntniß des Patentamts gebracht ist, daß die Identität festgestellt werden kann. P.A. Verordn. 17. Mai 82. Das Patentamt (Vorprüfer) prüft im einzelnen Falle, ob im Sinne der §§. 3 Abs. 1, 1 u. 2 eine Anmeldung besteht; die Frage wird verneint, wenn die Anmeldung so vollständig ist, daß die Tragweite der Erfindung daraus nicht zu erkennen ist. R.G. 8. Jan. 83.

Gehen auf denselben Gegenstand mehrere Anmeldungen gleichzeitig ein, so werden die später eingegangenen bis zur Entscheidung über die ersteingegangene zurückgelegt. Als später eingegangen gilt diejenige Anmeldung, welche die höhere Geschäftsnummer — mit welcher jede eingehende Geschäftssache, ohne Rücksicht auf ihren Inhalt nach dem Zeitpunkt ihres Eingangs beim Patentamt, zu versehen ist — trägt. Vgl. §. 27 Ausführ.-Verordn. v. 1. Juni 91 unten unter Ausführungsbestimmungen. Der spätere Anmelder erhält von dem Eingang der früheren Anmeldung (sowie auch von der vorläufigen Zurücklegung seiner Anmeldung) Kenntniß, damit er gegen die erstere einsprechen kann. Der Besitz eines ausländischen Patents giebt kein Vorrecht. Wird von mehreren Anmeldungen die erste zurückgewiesen oder zurückgezogen, so wird die nächstfolgende die erste.

Der zweite Satz im Abs. 1 ist dem neuen Gesetze eingefügt und bringt somit eine gesetzliche Regelung der bisher streitigen Frage des sogen. Abhängigkeitspatents. Nach Ansicht des Reichsgerichts — 9. Juni und 24. Nov. 84 (85, 19) — hat im Patentertheilungsverfahren — sowie auch im Nichtigkeitsverfahren, R.G. 16. April 83 (217) — das Patentamt nur zu prüfen, ob eine nach §§. 1 u. 2 patentfähige Erfindung vorliege bezw. ob dieselbe anderweitig entlehnt sei (§. 3 Abs. 2), nicht aber, ob die angemeldete Erfindung bereits vorher patentirt sei, so daß die Ertheilung eines zweiten Patents auf die gleiche Erfindung, jedoch ohne Beeinträchtigung der Rechte dritter Personen, also auch älterer Patentrechte, nicht ausgeschlossen, es vielmehr Sache der ordentlichen Gerichte sei, die aus dem Bestehen dieser beiden Patente sich ergebenden Verhältnisse zu lösen. Im Gegensatz zu dieser Rechtsansicht hat das Patentamt im Falle gänzlicher Uebereinstimmung der Gegenstände zweier Anmeldungen, auf deren eine ein Patent bereits ertheilt war, die spätere zurückgewiesen und bei nur theilweise vorliegender Uebereinstimmung die zweite Anmeldung in ein entsprechendes Verhältniß (der Abhängigkeit) zur ersteren gestellt. Dieses Verfahren hatte nach Ansicht des Patentamts nach Maßgabe des von der Kommission im Wesentlichen anerkannten Entwurfs gesetzliche Sanktion erhalten, ist aber wieder verlassen worden, nachdem das Reichsgericht in der Entscheidung vom 7. Juli 94 (481) sich dahin ausgesprochen hat, daß es nicht Sache des Patentamts, sondern der ordentlichen Gerichte sei, ein jüngeres Patent von einem älteren in Abhängigkeit zu stellen. Liegt daher eine Anlehnung eines Patents an ein anderes vor, so wird nur ein Hinweis auf letzteres in die Patentschrift zu ersterem aufgenommen.

Abs. 2 behandelt die unbefugte Entlehnung des Patents und die hieran für den Geschädigten, sofern er rechtzeitig sein verletztes Recht geltend macht, sich knüpfende Rechtsfolge, die auf Antrag der Kommission in den neuen Gesetzestext aufgenommen worden ist. Zurückweisung des Anspruchs auf Patentertheilung findet nur unter den angegebenen Voraussetzungen statt. Ist eine Erfindung auch nur mündlichen Angaben eines Anderen entnommen, so ist Abs. 2 anwendbar. Zur Anwendbarkeit genügt aber die Thatsache der Entnahme, ohne Rücksicht auf guten oder bösen Glauben. R.G. 13. Okt. 80 (81, 29).

Wer im Auftrage eines Dritten eine Erfindung macht, ist nicht berechtigt, anzumelden, die Erfindung geht vielmehr in das Eigenthum des Auftraggebers über, vorausgesetzt, daß der Auftrag auf die technische Durchbildung und konstruktive Ausarbeitung eines Erfindungsgedankens gerichtet war und andererseits der Auftraggeber die sämmtlichen Versuchskosten der Bewirkung der Erfindung getragen hat. P.A. 25. Mai 82 (83, 189).

Der Vertrag, durch welchen Jemand sich verpflichtet, einem Anderen gegen Entgelt eine Erfindung mitzutheilen, ist nicht als Kauf, sondern als Vertrag über eine Dienstleistung zu beurtheilen. R. 7. April 93 (343).

Wieweit Erfindungen in den unter Mitwirkung technischer Beamten ausgeführten Zeichnungen, Einrichtungen u. s. w. als Eigenthum der Beamten oder des Geschäftsherrn gelten müssen, ist grundsätzlich nicht festzustellen; der Arbeitsvertrag und die ganze Stellung des Beamten sind dabei von Einfluß. Vgl. Erl. des pr. Min. für öff. Arb. v. 12. Juli (171) und 7. Dez. 78 (79, 28). Hier wird ausgeführt, daß die Frage, ob das Recht auf eine Erfindung und deren Ausnutzung der Verwaltung oder dem Angestellten oder Beiden zustehe, auf Grund der Dienstinstruktion und überhaupt des Umfanges des Berufskreises des Angestellten zu entscheiden, und daß die Betriebsbeamten dienstlich dazu berufen seien, sich zu Nutzen der Verwaltung die thunlichste Vervollkommnung der Einrichtungen und des bei dem Betriebe zur Anwendung kommenden Verfahrens angelegen sein zu lassen, wie denn die Erfindungen häufig unter Mitbenutzung von Staatsmitteln gemacht würden.

Hat ein Angestellter entsprechend seiner übernommenen Dienstpflicht seine Ideen bethätigt und seine Instruktionen im Dienste des Dienstherrn gegeben, so werden — und bleiben auch nach seiner Dienstentlassung — dadurch die darauf gefundenen Konstruktionen Eigenthum des Dienstherrn, gleichviel, ob der Angestellte die Ideen dazu bereits vor seinem Dienstantritt gehabt oder erst aus den im Dienste gemachten Versuchen geschöpft hatte. Bedarf der Bedienstete jedoch für seine Projekte zur gewerblichen Verwendbarkeit noch weiterer schöpferischer Bethätigung, die während des Dienstverhältnisses noch nicht stattgefunden hat, so erwirkt derselbe nach Lösung des Dienstverhältnisses in Fortarbeit an der früher nur unvollkommen bethätigten Idee ein ihm gehöriges und für ihn frei verwendbares Ergebniß. R.G. 10. Juli 86, P.A. 28. Mai 85 (87, 58). Hatte der Bedienstete diejenige Thätigket, deren Ergebniß die ihm patentirte Erfindung ist, nicht seinem Dienstherrn vertragsmäßig zu gewähren, so hat Letzterer keinen Anspruch auf dieselbe, auch wenn Ersterer mit Aufwendung seiner den Interessen des Dienstherrn zu widmenden Arbeitszeit während der Geschäftsstunden über seine Erfindung nachgedacht und Material und Personal des Dienstherrn benutzt hätte. Der Dienstherr hat in solchem Falle höchstens einen Anspruch auf Schadenersatz bezw. das Recht zur Kontraktsklage. R.G. 2. Febr. 87.

Eine widerrechtliche Entlehnung liegt vor, wenn ein Angestellter während seines Dienstverhältnisses für die Gewerbszwecke des Dienstherrn eine Erfindung gemacht hat, welche nach dem Dienstvertrage und den Kontraktverhältnissen als Eigenthum des Dienstherrn anzusehen ist und die derselbe nach seinem Dienstaustritt für sich selber patentiren läßt. R.G. 10. Juli 86. P.A. 28. Mai 85 (87, 53).

Die Ertheilung eines Patents ist unzulässig bezw. das ertheilte Patent für nichtig zu erklären, wenn der Gegenstand der Anmeldung nicht in einer bestimmten Anordnung, sondern in einem System besteht und wenn letzteres einem Briefe eines Andern ohne dessen Einwilligung als wesentlicher Inhalt der Anmeldung entnommen und dieserhalb Einspruch erhoben bezw. Antrag auf Nichtigkeitserklärung gestellt ist. R.G. 12. Mai 82, P.A. 4. Aug. 81 (82, 77 ff.).

Das Recht des Einspruches nach §. 3 Abs. 2 steht nicht nur dem zur Verfügung über die Erfindung Berechtigten, sondern auch demjenigen zu, welcher vermöge der in seinem Besitz befindlichen Beschreibungen, Zeichnungen u. s. w. thatsächlich über die Erfindung zu verfügen im Stande, gleichsam im Besitz der Erfindung ist. Hierbei ist es gleichgültig, ob die Beschreibung u. s. w. sich im Gewahrsam des Berechtigten befanden oder Anderen von ihm mitgetheilt waren und von diesen die unberechtigte Entnahme seitens eines Dritten erfolgte. Letzterer erlangt auch dann kein Recht, die Erfindung für sich anzuwenden, wenn die Mittheilung freiwillig geschieht und hierbei nicht ausdrücklich untersagt wurde, davon Gebrauch zu machen. Gleichgültig ist, ob der Dritte bei der Patentanmeldung im Bewußtsein der Widerrechtlichkeit oder in gutem Glauben handelte. R.G. 23. Okt. 80. P.A. 13. Febr. 79 (81, 29).

Um den Erfinder vor den Nachtheilen infolge einer Patententwendung thunlichst zu schützen, ist ihm nach dem neuen Gesetz das Recht zugesprochen, daß für die ihm entwendete Erfindung, sofern er nur dieselbe innerhalb eines Monats seit der Benachrichtigung von der Zurückweisung oder Zurückziehung der Anmeldung anmeldet, als Prioritätstermin der Tag der Bekanntmachung der gegnerischen Anmeldung festgesetzt werde.

§. 4.

Das Patent hat die Wirkung, daß der Patentinhaber ausschließlich befugt ist, gewerbsmäßig den Gegenstand der Erfindung herzustellen, in Verkehr zu bringen, feilzuhalten oder zu gebrauchen. Ist das Patent für ein Verfahren ertheilt, so erstreckt sich die Wirkung auch auf die durch das Verfahren unmittelbar hergestellten Erzeugnisse.

Nach der Fassung des vorst. Paragraphen im früh. P.G. sollte das Patent die Wirkung haben, daß Niemand befugt sein sollte, ohne Erlaubniß des Patentinhabers den Gegenstand der Erfindung gewerbsmäßig herzustellen, in Verkehr zu bringen oder feilzuhalten. Um einer diesem Wortlaut entnommenen Deutung, daß die Patentertheilung nur ein negatives Recht hervorrufe, entgegenzutreten, und um das Wesen des Patentes auch nach Analogie anderer Gesetze zum Schutze des geistigen Eigenthums klarer zum Ausdruck zu bringen, sind im neuen Gesez die aus dem Patent hervorgehenden Gesammtbefugnisse in positiver Form wiedergegeben. Dieselben bestehen in der Benutzung der geschützten Erfindung seitens des Patentinhabers und in der Ausschließung Anderer von der Benutzung. Durch diese Bestimmungen ist auch die früher im Abs. 2 nur auf den Gebrauch eines Verfahrens, einer Betriebsvorrichtung oder eines Arbeitsgeräthes erstreckte Schutzbeschränkung hinfällig geworden.

Der patentrechtliche Schutz erstreckt sich nur auf die gewerbsmäßige Benutzung der Erfindung. Der Begriff der Gewerbsmäßigkeit erfordert zwar eine auf Erwerb oder Gewinn regelmäßig zielende Thätigkeit, kann sich aber schon aus einer einzelnen, in dieser Absicht begangenen Handlung ergeben. R.G. 13. Jan. 87 (66). „Gewerbsmäßige" Benutzung ist mit „gewerblicher" im weitesten Sinne identisch und auf das Bereich der Land- und Forstwirthschaft, des Bergbaues, des Verkehrswesens zu erstrecken, im Gegensatz zu der außerhalb des Patentschutzes überhaupt stehenden häuslichen, privaten, wissenschaftlichen Zwecken dienenden Benutzung der Erfindung.

Gewerbsmäßige Herstellung u. s. w. liegt nur dann vor, wenn es sich um eine auf Erwerb gerichtete berufsmäßige Thätigkeit handelt. Ob.Land.Ger. Naumburg 15. Dez. 92 (93, 230).

Der zweite Satz des §. 4 ist dem neuen Gesetzestext hinzugefügt worden, um nach der Absicht der Regierung im Interesse der chemischen Industrie der unredlichen Konkurrenz zu begegnen, welche derselben durch ausländische Fabriken dadurch bereitet werde, daß sie die mittels eines in Deutschland patentirten Verfahrens hergestellten, an sich nicht patentirten Stoffe in das Reichsgebiet einführten. Diese Bestimmung war bereits in der Praxis anerkannt: Bei Stoffen, welche auf chemischem Wege hergestellt werden, bildet den Gegenstand der entsprechend dem §. 4 P.G. geschützten Erfindung nicht lediglich das bestimmte Verfahren zur Herstellung des Stoffes, sondern zugleich der Stoff selbst, soweit er mittels des Verfahrens hergestellt wird. R.G. 14. März 88. Das Feilhalten oder Inverkehrbringen von chemischen Stoffen, die nach einem in Deutschland patentirten Verfahren außerhalb Deutschlands hergestellt sind, ohne Erlaubniß des Patentinhabers ist durch das Patentgesetz untersagt. Dem Patentinhaber liegt der Beweis ob, daß der feilgehaltene oder in Verkehr gebrachte Stoff mittels seines Verfahrens hergestellt sei. R.G. 14. März 88 (187). Diese Beweislast ist nach dem neuen Gesetz im civilrechtlichen Patentverletzungsverfahren der patentverletzenden Gegenpartei nach der negativen Richtung auferlegt worden, da im §. 35 Abs. 2 die gesetzliche Vermuthung aufgestellt ist, daß jeder Stoff von gleicher Beschaffenheit als nach dem patentirten Verfahren hergestellt gilt.

Ist ein Patent versehentlich verschiedenen Personen ertheilt, so steht das Patentrecht jeder dieser Personen gegen jeden Dritten zu.

Eine Beschränkung in dem Patent, nach welcher das patentirte Fabrikat nur unter der Voraussetzung eines bestimmten Fabrikationsverfahrens geschützt sein soll, ist unwirksam. R.G. 13. Juni 85.

Was der Gegenstand eines Patents und des aus demselben fließenden Rechtes auf ausschließliche gewerbliche Benutzung oder Verwerthung der patentirten Erfindung sei, worin das Wesen der letzteren bestehe, sind Fragen, welche wesentlich nur auf Grund von konkreten Erwägungen thatsächlicher Natur, namentlich auf Grund der Auslegung der Patentschrift, der Beschreibung der Erfindung und der Patentansprüche, beurtheilt werden können. Aus gleichem Grunde untersteht aber der Entscheidung des Thatrichters auch die Frage, ob bei vorhandenen Abweichungen die letzteren das durch das Patent geschützte Wesen der Erfindung oder nur Nebensächliches betreffe, und ob daher die Herstellung und gewerbliche Verwerthung des betreffenden Gegenstandes objektiv eine Verletzung des durch Patent erworbenen Ausschließungsrechtes enthält. R.G. 17. Mai 82.

Die gesetzliche Wirkungslosigkeit des Patentes zu Gunsten desjenigen, welcher bereits zur Zeit der Anmeldung der Erfindung seitens des Patentinhabers letztere im Inlande in Benutzung genommen hat, begründet nicht nur ein persönliches Ausnahmerecht, sondern es erstreckt sich die hierdurch bedingte Freiheit des Inverkehrbringens oder Feilhaltens auch auf die redlichen dritten Besitzer solcher von eximirten Personen erworbenen Gegenstände der Erfindung. R.G. 4. Febr. 82.

Ein einmaliges Inverkehrbringen des Gegenstandes der einem Andern patentirten Erfindung kann ein gewerbsmäßiges im Sinne des §. 4 darstellen. Zur Gewerbsmäßigkeit des Herstellens oder Inverkehrbringens ist nicht nothwendig, daß ein wiederholtes Herstellen u. s. w. geschehen ist oder daß das Inverkehrbringen sich als ein Theil der gewerbsmäßigen Thätigkeit darstellt, — zu deren Zweck geschieht. R.G. 5. Nov. 86.

Die bloße Ausstellung ohne Feilhalten fällt noch nicht unter das Inverkehrbringen, wohl aber kennzeichnet die Aufstellung von Waaren in einem offenen, zum Verkauf gleichartiger Gegenstände bestimmten Laden ein Bereithalten der Sache für den Verkauf und damit ein Feilhalten. Zum Feilhalten gehört aber außer der Thatsache der Bereitstellung auch der Wille des Besitzers, den Gegenstand zum Verkaufe darzubieten. R.G. 13. Jan. 87 (65).

Die vom Patentinhaber einem Anderen ertheilte Erlaubniß zur Ausnutzung seiner Erfindung kann sachlich, zeitlich, räumlich, persönlich mehr oder weniger beschränkt sein. Sie kann auch mit der Verpflichtung, einem Dritten die gleiche Erlaubniß nicht zu ertheilen, ertheilt werden. Solche Vereinbarungen unterscheiden sich immer noch von der Uebertragung des Patentrechtes selbst. Licenz ist kein rechtlich bestimmter Begriff. Vgl. zu §. 7. Der rechtliche Charakter des Licenzvertrages besteht nicht in der Uebertragung einer Art dinglichen Rechtes an der patentirten Erfindung, sondern, wie im §. 11 Nr. 2 P.G. gesagt ist, in der dem Andern ertheilten Erlaubniß zur Benutzung der Erfindung. Den Inhalt desselben bilden der Verzicht des Patentinhabers auf den Einspruch gegen die Benutzung der Erfindung durch den Licenzträger und sodann die Theilnahme des Letzteren an der Ausschließung Dritter, soweit der Patentinhaber sich zum Schutze gegen die Benutzung des Patents durch Andere verpflichtet hat. R.G. 23. Dez. 86 (87, 101).

Die Vermuthung spricht dagegen, daß ein Licenzvertrag ein gewagtes Geschäft ist. R.G. 8. Dez. 88 (93, 245).

Patentirte Einrichtungen können die Verbesserung früher patentirter Einrichtungen bilden. Das Patent auf jene berechtigt nicht zur Benutzung dieser. Das Verhältniß beider wird sich der Regel nach aus dem Anspruch, nicht aus dem Titel des zweiten Patentes ergeben. Vgl. §. 7 u. P.A. 24. Mai 79 (466).

Eine Kollision von Patentrechten liegt nicht vor, wenn das eine Patent ein Fabrikat, das andere eine Maschine zur Herstellung dieses Fabrikats zum Gegenstande hat. R.G. 21. Mai 83 (247).

Eigenschaften eines Gegenstandes, welche weder aus der zur Patentirung eingereichten Beschreibung noch aus der Zeichnung erkennbar sind, stehen nicht unter Patentschutz. P.A. 30. Okt. 79. R.G. 27. Okt. 80 (81, 15).

Ein Inverkehrbringen liegt im Allgemeinen schon dann vor, wenn das Eigenthum an dem Gegenstande einer geschützten Erfindung auf einen Anderen übertragen wird, unter Umständen aber auch dann, wenn das Eigenthum an dem patentirten Gegenstande zwar schon im Auslande — durch Uebergabe an den Frachtführer, Spediteur — auf den Käufer übergegangen, der Gegenstand aber erst im Inlande in die wirkliche Verfügungsgewalt gelangt ist. R.G. 28. Mai 87 (285).

Wer im Inlande wissentlich eine durch Patent geschützte, im Auslande bestellte und angefertigte Waare bezieht, auf Lager nimmt und theils zur Effektuirung von Bestellungen, theils zur Probe in das Ausland verschickt, ist sowohl wegen Feilhaltens, als auch wegen Inverkehrbringens der geschützten Erfindung strafbar. Andererseits bringt nur derjenige eine Waare im Inlande in Verkehr, welcher die Waare thatsächlich irgendwie dem inländischen Verkehr unter=

wirst, nicht schon derjenige, welcher im Inlande durch sein Thun bewirkt, daß die Waare im Auslande in den Verkehr gelangt, ohne daß dieselbe das inländische Verkehrsgebiet als solches überhaupt berührt. R.G. 8. April 84.

§. 5.

Die Wirkung des Patents tritt gegen denjenigen nicht ein, welcher zur Zeit der Anmeldung bereits im Inlande die Erfindung in Benutzung genommen oder die zur Benutzung erforderlichen Veranstaltungen getroffen hatte. Derselbe ist befugt, die Erfindung für die Bedürfnisse seines eigenen Betriebes in eigenen oder fremden Werkstätten auszunutzen. Diese Befugniß kann nur zusammen mit dem Betriebe vererbt oder veräußert werden.

Die Wirkung des Patents tritt ferner insoweit nicht ein, als die Erfindung nach Bestimmung des Reichskanzlers für das Heer oder für die Flotte oder sonst im Interesse der öffentlichen Wohlfahrt benutzt werden soll. Doch hat der Patentinhaber in diesem Falle gegenüber dem Reich oder dem Staate, welcher in seinem besonderen Interesse die Beschränkung des Patents beantragt hat, Anspruch auf angemessene Vergütung, welche in Ermangelung einer Verständigung im Rechtswege festgesetzt wird.

Auf Einrichtungen an Fahrzeugen, welche nur vorübergehend in das Inland gelangen, erstreckt sich die Wirkung des Patents nicht.

Die rechtliche Wirkung des endgültig ertheilten Patents

ist im §. 4 angegeben. Zur Zeit der Anmeldung, d. h. vor Einreichung derselben beim Patentamt (§. 27 Verordn. 11. Juli 91. S. unten unter Ausführungsbestimmungen). Wie die Anmeldung, so muß auch die Benutzung nach Abs. 1 im Inlande geschehen sein. Ob die Benutzung in gutem Glauben erfolgt, ist unerheblich. Die Veranstaltungen nach Abs. 1 brauchen nicht vollendet zu sein, müssen aber die Erfindung im Wesentlichen auszuführen bestimmt sein und den ernstlichen Willen, die Erfindung sofort zu benutzen, zweifellos kundgeben. R.G. 17. Okt. 87 (387).

Die Wirkung des Patents tritt auch gegen denjenigen ein, welcher den patentirten Gegenstand zwar zur Zeit der Anmeldung bereits im Inlande in Benutzung genommen, die Erfindung aber der Geräthschaften oder Einrichtungen des Patentinhabers selbst gegen dessen Willen entnommen hatte. R.G. 28. Nov. 95 (Nr. 28, 27).

Gewerbsmäßige Herstellung, bei einem patentirten Verfahren gewerbsmäßige Anwendung zur Zeit der Anmeldung, reichen hin, um gegen den Betreffenden den Wirkungen des Patents nicht eintreten zu lassen. R.G. 25. Febr. 95 (94/95, 147).

Für die zur Benutzung der Erfindung erforderlichen Veranstaltungen sind nicht Einrichtungen zu verlangen, mit denen der Fabrikbetrieb sofort aufgenommen werden kann, sondern es genügen vollständige Kenntniß der Erfindung und eine solche Thätigkeit, welche auf deren Verwerthung abzielt. R.G. 14. Jan. 93 (104).

Die Bestimmungen des §. 5 Abs. 1 kommen zur Anwendung, wenn wenigstens solche Vorbereitungen dargelegt sind, welche die Erfindung im Wesentlichen auszuführen bestimmt sind und den ernstlichen Willen kund thun, die Erfindung sofort zu benutzen. R.G. 20. Jan. 96 (115).

Der Schutz des Erfindungsbesitzes nach Abs. 1 begründet ein veräußerliches Recht. Während dasselbe jedoch bisher als an einen bestimmten Umfang der Fabrikation oder eine bestimmte Fabrikationsstätte nicht gebunden war

— vgl. R.G. 25. April 82 — und andererseits die vermöge desselben in den weiteren Verkehr gebrachten Gegenstände als geschützt galten — vgl. R.G. 4. Febr., 14. März 82 (65), 9. Jan. 83 (93) —, ist diese Veräußerlichkeit nach Maßgabe der in den Abs. 1 auf Antrag der Kommission neu aufgenommenen Bestimmung dahin beschränkt worden, daß die Erfindungsbesitzbefugniß nur zusammen mit dem Betriebe veräußert bezw. vererbt werden kann, für dessen Bedürfnisse allein überhaupt die Erfindung nur auszunutzen war.

Dem Patentinhaber ist übrigens gegenüber demjenigen, welcher die Erfindung bereits zur Zeit der Anmeldung in Benutzung genommen haben will, die Priorität nicht durch jede, dem Erfindungsbesitze vorangegangene, sondern nur durch eine formell korrekte Anmeldung gesichert. R.G. 8. Jan. 83. Vgl. dagegen das zu §. 3 Gesagte.

Fertigstellung von Modellen, in denen die betreffende Erfindung zur Anmeldung gebracht worden, ist als eine zur Benutzung einer Erfindung erforderliche Veranstaltung nach Abs. 1 anzusehen. R.G. 28. Nov. 83.

Die Zwangsveräußerung eines Patents äußert ihre Wirkung auch gegen den Erfinder, wenn derselbe derzeitiger Inhaber des Patents war. Demselben kommt in diesem Falle die Bestimmung des Abs. 1 nicht zu Statten. R.G. 9. Nov. 82 (101).

Ob und inwieweit Abs. 1 überhaupt Anwendung findet, entscheidet im Streitfall der Richter. P.A. 7. Febr. 78 (51).

Um aus Gründen der Landesvertheidigung oder überhaupt im Gesammtinteresse des Landes von einer patentirten Erfindung unverweilt Gebrauch machen zu lassen, und um andererseits zu verhüten, daß der Patentinhaber eine vorhandene Zwangslage nicht in maßloser Weise ausbeute und den Interessenten nicht eine unverhältnißmäßige Vergütung abdringe (Mot. zum früh. P.G.), ist im Abs. 2 ein Patententeignungsrecht aufgestellt worden. Die Enteignung des Patents wird durch einen Erlaß des vom

Reiche selbst oder von einer Reichs- oder Landesbehörde angerufenen Reichskanzler ausgesprochen. R.V. Art. 7 Abs. 2 u. Abs. 1 Nr. 8. Ueber Umfang und Höhe der in Ermangelung einer Verständigung im Rechtswege festzusetzenden Entschädigung hat das Gericht nach §. 20 C.P.O. zu entscheiden, dessen Zuständigkeit diejenige Behörde unterworfen ist, welche den bei der Patententeignung betheiligten Fiskus vertritt. In Wirklichkeit ist von diesem Rechtsinstitut noch nicht Gebrauch gemacht worden, da für dasselbe der im §. 11 Abs. 2 vorgesehene Licenzzwang ein einfaches Surrogat bietet und weil auch, von letzterem abgesehen, der Patentinhaber einem außergerichtlichen Vergleiche schwerlich abgeneigt sein wird.

Im Interesse des internationalen Verkehrs ist der Patentschutz in der im Abs. 3 festgesetzten Art beschränkt. Unter Fahrzeugen sind Wasser- und Landfahrzeuge (Lokomotiven, Eisenbahnwagen) zu verstehen. Nicht geschützt sind Gegenstände, die auf den Fahrzeugen sich befinden, ohne mit letzteren verbunden zu sein, z. B. Werkzeuge auf Schiffen, wohl aber Maschinen, Anker u. s. w. Schiffe deutscher Heimath mit regelmäßiger Fahrt nach deutschen Häfen fallen nicht unter Abs. 3. R.G. 20. Okt. 87 (387).

§. 6.

Der Anspruch auf Ertheilung des Patents und das Recht aus dem Patent gehen auf die Erben über. Der Anspruch und das Recht können beschränkt oder unbeschränkt durch Vertrag oder durch Verfügung von Todeswegen auf andere übertragen werden.

Der **Inhalt des Patentschutzes** ist, wie überhaupt der Schutz des geistigen Eigenthums, vermögensrechtlicher Art und deshalb unter Lebenden und von Todes wegen freiwillig oder zwangsweise rechtlich übertragbar. Nach Maßgabe der übrigen Gesetze über den Schutz des gewerblichen Eigenthums (vgl. §. 3 Ges. betr. das Urheberrecht an Schriftwerken u. s. w. 11. Juni 70, §. 2 Ges. betr. das Urheberrecht an Werken der bild. Kunst 9. Jan. 76, §. 7 Ges. betr. den Schutz der Photographien u. s. w. 10 Jan. 76 u. §. 3 Ges. betr. das Urheberrecht an Mustern und Modellen 11. Jan. 76) mußte eine analoge Bestimmung auch in das Patentgesetz aufgenommen werden.

Der Anspruch auf „Ertheilung" entsteht erst mit der den gesetzlich vorgeschriebenen Anforderungen genügenden Anmeldung (§§. 13 Abs. 1 u. 20). Das „Recht aus dem Patent" sind die Gesammtbefugnisse des §. 4.

Das aus der Patentertheilung nach dem deutschen Patentgesetze erwachsende Recht ist als eine im deutschen Reiche befindliche Sache zu behandeln. Die Frage, welches Aktes es bedarf, um das Privateigenthum zu übertragen, ist deshalb nach deutschem Rechte zu beurtheilen.

Die Weiterabtretung eines Patentrechts wird dadurch nicht ausgeschlossen, daß durch dieselbe die Interessen des ursprünglichen Patentinhabers mit Rücksicht auf den ihm zustehenden Antheil am Reingewinne aus der Ausbeutung beeinträchtigt werden. R.G. 3. Mai 93 (358).

Ein noch zu ertheilendes Patent kann als Einlage oder Bestandtheil einer Einlage in eine Aktiengesellschaft eingebracht werden. R.G. 7. April 93 (482).

Die Beschränkung der Uebertragung kann bezüglich der Person des Berechtigten, der Dauer der Uebertragung, nicht aber bezüglich des Inhalts und Geltungsbereichs des Rechts festgesetzt werden. Die vom Patentinhaber ertheilte Erlaubniß zur Benutzung der Erfindung — „Licenz" ist kein rechtlich bestimmter Begriff —, welche sachlich, zeitlich, räumlich, persönlich mehr oder weniger beschränkt sein kann, bildet keine Uebertragung des Patentrechts als solchen. (Vgl. zu §. 4.) Das Patentrecht selbst kann nicht mit der Wirkung getheilt werden, daß für einzelne Bezirke oder für einzelne Befugnisse aus §. 4 mehrere von einander unabhängige Patentinhaber erstehen.

Die Form der Uebertragung richtet sich also nach den Regeln des bürgerlichen Rechts.

Die durch Vertrag erfolgte Uebertragung eines Patents hat die rechtliche Natur eines Kaufvertrages. Der Gegenstand dieses Kaufvertrages sind die nach §. 4 des Patentgesetzes dem Patentinhaber ertheilten Gesammtbefugnisse. R.G. 3. März 88 (141). Die Vermuthung spricht dagegen, daß ein Licenzvertrag ein gewagtes Geschäft sei. R.G. 8. Dez. 88 (93, 245).

In der vertragsmäßig übernommenen Pflicht, ein Patent zu übertragen, ist die weitere Pflicht, den Gegenkontrahenten durch Erläuterung der Erfindung zur Benutzung des Patents in den Stand zu setzen, namentlich dann enthalten, wenn die Patentschrift dem §. 20 des Patentgesetzes zuwider nicht die sämmtlichen erforderlichen Erläuterungen enthält, sondern es noch besonderer Kunstgriffe bedarf, um das Verfahren nutzbringend anzuwenden. R.G. 7. Juni 93 (481).

Als veräußerliches und vererbliches Vermögensrecht kann ein Patentrecht sowohl von einem Gläubiger im Wege der Zwangsvollstreckung in Anspruch genommen sowie auch zu einer Konkursmasse gezogen werden. O.H.G. 20 Sept. 77. Im Konkurse des Patentinhabers kann auch ohne Zustimmung desselben die zwangsweise Veräußerung eines Patentrechts erfolgen und richtet letztere ihre Wirkung auch gegen den Erfinder in dem im §. 4 festgesetzten Umfange. R.G. 9. Nov. 82.

Im Uebrigen erfolgt die Pfändung des Patents nach §§. 729 ff. u. 24 C.P.O.

Ein Vertrag über den Kauf eines Patentrechts für eine Maschine zur Herstellung von Gegenständen, welche gewerblich vertrieben werden, kann seitens des Käufers wegen wesentlichen Irrthums bei dem Vertragsschluß angefochten werden, wenn ihm bei dem Vertragsschluß die Thatsache unbekannt war, daß ein Dritter bereits ein Patentrecht in Bezug auf das durch die betreffende Maschine herzustellende Fabrikat besaß. (R.G. 7. Jan. 88.)

Aus der späteren Nichtigkeitserklärung eines den unmittelbaren Gegenstand eines Licenzvertrages bildenden Patents kann auf die Ungültigkeit des Vertrages wegen Mangels eines Gegenstandes nicht gefolgert werden.

Die Nichtigkeitserklärung hat zwar rückwirkende Kraft und hat nach den Motiven zum früheren Patentgesetz die Rechtslage so gestaltet, als ob für die Erfindung ein gesetzlicher Schutz überhaupt nicht vorhanden gewesen wäre: allein soweit kann die Fiktion nicht ausgedehnt werden, daß sie selbst die Thatsache zerstöre, daß ein Schutz (wenn auch kein gesetzlich begründeter) bestanden habe; der Licenzträger kann der Fiktion der Rückwirkung ungeachtet nicht bestreiten, daß er bis zur Nichtigkeitserklärung vielleicht viele Jahre hindurch die Erfindung unter dem Patentschutze ausgebeutet, bis dahin Alles geleistet erhalten habe, was er aus dem Vertrage zu fordern hatte. R.G. 23. Dez. 86 (87, 101).

Der Käufer eines später für nichtig erklärten Patents wird von der vertragsmäßigen Zahlung des Kaufpreises nicht ganz befreit, sondern bleibt verpflichtet, den um den Werth der in der Zwischenzeit angenommenen Ausnutzung des Patents zu vermindernden Kaufpreis zu zahlen. R.G. 3. März 88 (141) u. 12. Febr. 90 (117).

Für den Fall der späteren Zurücknahme eines zur Ausnutzung überlassenen Patents hat der Patentberechtigte das Recht, das vertragsmäßige Aequivalent (Verbrauchsvergütung) zu fordern, sofern er dem Gegenkontrahenten den Gebrauch der Erfindung gewährt hat. R.O.H. 25. März 76 (79, 538).

§. 7.

Die Dauer des Patents ist fünfzehn Jahre; der Lauf dieser Zeit beginnt mit dem auf die Anmeldung der Erfindung folgenden Tage. Bezweckt eine Erfindung die Verbesserung oder sonstige weitere Ausbildung einer anderen, zu Gunsten des Patentsuchers durch ein Patent geschützten Erfindung, so kann dieser die Ertheilung eines Zusatzpatents nachsuchen, welches mit dem Patent für die ältere Erfindung sein Ende erreicht.

Wird durch die Erklärung der Nichtigkeit des Hauptpatents ein Zusatzpatent zu einem selbständigen Patent, so bestimmt sich dessen Dauer und der Fälligkeitstag der Gebühren nach dem Anfangstage des Hauptpatents. Für den Jahresbetrag der Gebühren ist der Anfangstag des Zusatzpatents maßgebend. Dabei gilt als erstes Patentjahr der Zeitabschnitt zwischen dem Tage der Anmeldung des Zusatzpatents und dem nächstfolgenden Jahrestage des Anfangs des Hauptpatents.

Da der Tag, an welchem die Anmeldung der Erfindung erfolgt, d. h. nach §. 27 Verord. 11. Juli 91 mit der laufenden Geschäftsnummer und mit dem Datum versehen worden ist, nicht als voller Tag zu rechnen ist, so läuft die Frist der Patentdauer erst von dem auf die Anmeldung folgenden Tage, d. h. sofern die Anmeldung den gesetzlichen Erfordernissen nach §. 20 soweit genügt, daß sie das Recht der Priorität nach §. 3 begründet. Das Patentamt setzt den Tag ausdrücklich fest. Mit dem gleichen Tage beginnt die Wirkung des Patentes; da diese aber nach §. 23 erst mit dem Tage der Bekanntmachung eintritt, so hat letztere rückwirkende Kraft. Der Beginn der Patentdauer kann, sobald die Anmeldung geschehen, nicht nach dem Belieben des Patentsuchers auf einen späteren Tag verlegt werden.

Eine Hinausschiebung des Anmeldetages ist ebenso unzulässig wie eine Zurückverlegung desselben. P.A. 29. Aug. 94 (94/95, 55).

Wird eine Anmeldung von einer anderen, früher eingereichten Anmeldung abgezweigt, so erfolgt die Bewilligung der Priorität der letzteren für erstere nur auf Antrag des Anmelders, und wird dieser zuvor zu einer Erklärung, ob er einen solchen Antrag stellt, veranlaßt.

Die Patentdauer richtet sich nach dem Kalenderjahr, sie läuft mit dem Ende des Tages ab, welcher dem auf die Anmeldung folgenden Tage entspricht, gleichgültig, ob derselbe ein Sonntag oder Feiertag ist. Vgl. §. 200 C.P.O. und §. 43 St.P.O.

Nicht nur die mit der neuen Erfindung bezweckte Verbesserung, auch die sonstige weitere Ausbildung der ersten Erfindung können nach dem neuen Gesetz die Voraussetzungen für die Ertheilung eines Zusatzpatentes bilden. Damit der Patentinhaber im Interesse der raschen Entwicklung der Erfindungen eine geschützte Erfindung in wenig kostspieliger Weise durch Abänderungen oder Berichtigungen vervollkommnen und geschützt sehen kann, soll die neue Erfindung als Zusatz zur anderen zwar, abgesehen von der Anmeldungs- und Ertheilungs- (ersten Jahres) Gebühr, gebührenfrei, dafür aber nur auf die Dauer des Hauptpatents geschützt werden. Infolge der inneren Zusammengehörigkeit beider Patente erreicht, abgesehen von der Vernichtung des Hauptpatents, das Zusatzpatent, auch unter den Voraussetzungen des §. 9 (Verzicht oder Nichtzahlung der Gebühren) mit dem Hauptpatent seine Endschaft.

Die als Zusatzpatent nachgesuchte Erfindung muß einen nach §. 1 bis 3 thatsächlich und rechtlich schützbaren Erfindungsgegenstand darstellen. Vgl. P.A. 7. Febr. 95 (96, 146).

Die Patentschrift des Hauptpatents steht, wenn sie vor dem Tage der Anmeldung des Zusatzpatents veröffentlicht ist, hinsichtlich der Prüfung der Neuheit des Gegenstandes der Zusatz-Anmeldung anderen Druckschriften gleich.

Zusatzpatent ist nur gestattet; es kann statt desselben auch ein selbständiges Patent nachgesucht werden. Zusatzpatent kann aber nur Derjenige verlangen, der nach §. 19 in der Patentrolle als Patentinhaber eingetragen ist. Die Anmeldung für ein Zusatzpatent braucht eine Verbesserung nur zu bezwecken, nicht zu enthalten; auch genügt es, wenn nur ein Theil der patentirten Erfindung verbessert oder anderweitig ausgebildet werden soll.

Bei Ertheilung des Patents drückt das Patentamt in dem Titel des Patents aus, daß ein Zusatzpatent ertheilt ist. Eine Verbesserung an der durch Zusatzpatent geschützten Einrichtung begründet den Anspruch auf ein neues Zusatzpatent zu jenem oder am Hauptpatent, je nachdem die neue Erfindung eine Ausbildung der zuerst oder später geschützten Erfindung darstellt.

Ist der Anmelder der neuen Erfindung mit dem Inhaber der geschützten Erfindung nicht identisch, so kann für den Fall der Zusammengehörigkeit beider Erfindungen kein Zusatz-, sondern nur ein sogen. Abhängigkeitspatent ertheilt werden. Vgl. hierüber das zu §. 3 Gesagte.

Die bisher streitige, von der Theorie verneinte, von der Praxis bejahte Frage, ob durch die Erklärung der Nichtigkeit des Hauptpatents das Zusatzpatent zu einem selbständigen Patent werde, ist im letzteren Sinne auf Vorschlag der Kommission durch Aufnahme des Abs. 2 im neuen Gesetz entschieden worden, unter gleichzeitiger Aufstellung der durch den Wegfall des früheren Hauptpatents hervorgerufenen Gebührenzahlungsbedingungen.

§. 8.

Für jedes Patent ist vor der Ertheilung eine Gebühr von dreißig Mark zu entrichten (§. 24 Absatz 1).

Mit Ausnahme der Zusatzpatente (§. 7) ist außerdem für das Patent mit Beginn des zweiten und jedes folgenden Jahres der Dauer eine Gebühr zu entrichten, welche das erste Mal fünfzig Mark beträgt und weiterhin jedes Jahr um fünfzig Mark steigt.

Diese Gebühr (Absatz 2) ist innerhalb sechs Wochen nach der Fälligkeit zu entrichten. Nach Ablauf der Frist kann die Zahlung nur unter Zuschlag einer Gebühr von zehn Mark innerhalb weiterer sechs Wochen erfolgen.

Einem Patentinhaber, welcher seine Bedürftigkeit nachweist, können die Gebühren für das erste und zweite Jahr der Dauer des Patents bis zum dritten Jahre gestundet und, wenn das Patent im dritten Jahre erlischt, erlassen werden.

Die Zahlung der Gebühren kann vor Eintritt der Fälligkeit erfolgen. Wird auf das Patent verzichtet oder dasselbe für nichtig erklärt oder zurückgenommen, so erfolgt die Rückzahlung der nicht fällig gewordenen Gebühren.

Durch Beschluß des Bundesraths kann eine Herabsetzung der Gebühren angeordnet werden.

Während nach dem früheren Gesetz bei der Ertheilung des Patents, d. h. bei Zufertigung des Beschlusses, durch welchen die Ertheilung ausgesprochen, nicht erst bei Zufertigung der Patenturkunde, die Gebühr zu entrichten war, ist dieselbe jetzt vor der Ertheilung zu erstatten, und zwar innerhalb zweier Monate nach Veröffentlichung der Anmeldung bei Vermeidung der unanfechtbaren Vermuthung der Zurücknahme der Anmeldung (§. 24 Abs. 1 und §. 28 P.G.).

Für Zusatzpatente ist, abgesehen von der allgemeinen Prüfungsgebühr von 20 Mark, nur die mit der ersten Jahresgebühr identische Ertheilungsgebühr von 30 Mark zu entrichten.

„Bei Beginn des zweiten und jedes folgenden Jahres" entspricht nicht dem Jahrestag der Ertheilung, sondern dem Jahrestag des Beginns der Patentdauer nach §. 7 Abs. 1. Der Tag wird in der Patenturkunde angegeben. P.A. 29. Mai 78 (111). Die Zahlung der zweiten und der ferneren Jahresgebühren hat anstatt früher innerhalb 3 Monate, nunmehr innerhalb 6 Wochen und ev. gegen eine Zuschlagsgebühr von 10 Mark innerhalb weiterer 6 Wochen vom Tage der Fälligkeit, d. h. vom Beginn der Patentdauer ab, bei Vermeidung der Löschung des Patents zu erfolgen.

Diese Bestimmung trifft auch die vor dem Inkrafttreten des neuen Gesetzes (1. Okt. 91) endgiltig ertheilten Patente. Vgl. dazu Art. I.

Die Zuschlagsgebühr ist nur einmal zu entrichten, auch wenn der Fall der Säumniß sich auf mehrere Jahresgebühren gleichzeitig erstreckt, da immer nur eine Säumniß vorliegt. P.A. 12. Juli 95 (94/95, 270).

Anspruch auf Gebührenstundung hat Niemand; dieselbe kann wegen Werthlosigkeit des Patents nicht abgelehnt werden; sie kann auch nur für das zweite Jahr bewilligt werden. P.A. 21. Juli 79 (341). Der Nachweis der Bedürftigkeit ist durch behördliche Zeugnisse oder in anderer glaubhafter Weise zu erbringen. Bedürftigkeit setzt keine Vermögenslosigkeit, sondern eine auch nur vorübergehende Zahlungsunfähigkeit voraus.

Zur Bewilligung einer Stundung ist es nothwendig und genügend, daß der Stundungsantrag innerhalb der gesetzlichen Zahlungsfrist eingegangen ist. Für den Nachweis der Bedürftigkeit, die Mangels besonderer Erklärung als Stundungsgrund unterstellt wird, darf eine Frist über die gesetzliche Frist hinaus gestellt, und die gestellte Frist darf auch verlängert werden. Handelt es sich um die Stundung der Ertheilungsgebühr, so tritt mit der Zurückweisung des Stundungsertrages die im §. 24 Abs. 1 des Patentgesetzes festgesetzte Wirkung der Nichtzahlung ein d. h. die Anmeldung gilt als zurückgenommen.

Mit der Zurückweisung des Stundungsgesuches wird dem Antragsteller je nach Lage der Sache eröffnet, entweder daß die Bekanntmachung über die Zurücknahme der Anmeldung verfügt, oder daß das Patent gelöscht werden werde, wenn nicht die Anfechtung des Beschlusses im Wege der Beschwerde innerhalb einer zu bestimmenden Frist erfolge. Wird während der zur Beibringung des Nachweises der Bedürftigkeit über die gesetzliche Zahlungsfrist hinaus gesetzten Frist die Gebühr gezahlt, so bleibt die Anmeldung bezw. das Patent nur bestehen, wenn die Gebühr bis zum Zahlungstage nachträglich gestundet wird.

Erlaß der Gebühr ist auch zulässig, wenn das Patent vor dem dritten Jahre erlischt. Der Erlaß wird nicht formell ausgesprochen; er besteht darin, daß das Patentamt auf Einziehung der Gebühr verzichtet.

Das Patentamt ist, im Gegensatz zu früher, verpflichtet, auch nicht fällige Gebühren anzunehmen.

Die Rückzahlung nicht fälliger Gebühren erfolgt im Falle des Verzichts (§. 9), der Vernichtung (§. 10) oder der Zurücknahme des Patents (§. 11) von Amtswegen.

Die dem Bundesrath im Abs. 6 anheimgestellte Gebührenfestsetzung entspricht den Anträgen der Kommission.

§. 9.

Das Patent erlischt, wenn der Patentinhaber auf dasselbe verzichtet, oder wenn die Gebühren nicht rechtzeitig bei der Kasse des Patentamts oder zur

Ueberweisung an dieselbe bei einer Postanstalt im Gebiete des Deutschen Reichs eingezahlt sind.

Der Verzicht bedarf keiner urkundlichen Form, muß aber dem Patentamt, nicht einem Dritten gegenüber, ausdrücklich erklärt werden. Bei mehreren Patentinhabern hat Jeder den Verzicht auszusprechen. Verzicht auf einen Theil eines einmal endgültig ertheilten Patentes ist unwirksam. Mit dem Verzicht auf das Hauptpatent fallen nicht auch die Zusatzpatente.

Nicht rechtzeitige Gebührenzahlung liegt vor, wenn dieselbe nicht innerhalb der gesetzlichen Frist (§. 8) oder der bei Gebührenstundung gewährten Frist erfolgt ist. Vgl. hierüber das zu §. 8 betr. die Gebührenstundung Gesagte. Die Berechnung der Frist geschieht nach §. 200 C.P.O. Fällt das Ende der Frist auf einen Sonntag oder Festtag, so gilt der nächste Werktag. Ist eine Patentgebühr nicht innerhalb sechs Wochen nach der Fälligkeit entrichtet, so benachrichtigt das Patentamt hiervon den Patentsucher; jedoch erwachsen aus dem Umstande, daß der Patentinhaber eine Benachrichtigung nicht erhält, keine Rechtsfolgen. §. 15 Verordn. 11. Juli 91 unten unter Ausführungsbestimmungen. Wer die Zahlung leistet, ist unerheblich.

Deutsche Patente erlöschen nicht, falls gleiche Patente im Auslande erlöschen.

Das Erlöschen tritt ohne amtliche Verfügung ein; die eingetretene Thatsache ist weder durch ein Rechtsmittel, noch auch im Gnadenwege zu beseitigen.

Die Vergünstigung, daß schon die Einzahlung der Jahresgebühr bei einer Postanstalt im Gebiete des Deutschen Reiches innerhalb der Zahlungsfrist das Erlöschen des Patents verhindert, bezieht sich nicht auf die erste Jahresgebühr. (§. 24 Abs. 1 P.G.)

§. 10.

Das Patent wird für nichtig erklärt, wenn sich ergiebt:

1. daß der Gegenstand nach §§. 1 und 2 nicht patentfähig war,
2. daß die Erfindung Gegenstand des Patents eines früheren Anmelders ist,
3. daß der wesentliche Inhalt der Anmeldung den Beschreibungen, Zeichnungen, Modellen, Geräthschaften oder Einrichtungen eines Anderen oder einem von diesem angewendeten Verfahren ohne Einwilligung desselben entnommen war.

Trifft eine dieser Voraussetzungen (1 bis 3) nur theilweise zu, so erfolgt die Erklärung der Nichtigkeit durch entsprechende Beschränkung des Patents.

Die Erklärung der Nichtigkeit eines Patents hat rückwirkende Kraft und sind daher die vor derselben begangenen Patentverletzungen weder civil- noch strafrechtlich verfolgbar, weil die Voraussetzungen des Schutzes nach §. 34 P.G. nicht gegeben sind. (Mot. R.G. 2. Juli 86.) Auch ein erloschenes Patent kann der Vernichtung unterliegen. (O.H.G. 6. Mai 79 [289].)

Die Vernichtung kann nur im patentrechtlichen Verfahren, nicht im Rechtswege, erfolgen; ein vom Ergebniß des Nichtigkeitsverfahrens beeinflußtes Prozeßverfahren kann aber bis zur Erledigung des ersteren ausgesetzt werden; vgl. zu §. 35 ff. Der Strafrichter darf den Antrag auf Gewährung einer Frist zum Zwecke der Erhebung der Nichtigkeitsklage nicht ablehnen. R.G. 24. Okt. 82.

Im Falle des §. 10 Nr. 1 u. 2 steht die Nichtigkeitsklage zwar Jedermann zu (Popularklage), jedoch unter den Voraussetzungen der Nr. 1 nur innerhalb 5 Jahre seit dem Tage der Bekanntmachung der Patentertheilung, ev. in Gemäßheit der Uebergangsbestimmung des Artikel II. (§. 28 Abs. 2 u. 3.)

Um auch ein der Vorschrift des §. 3 Abs. 1 zuwider ertheiltes Patent vernichten zu können, ist als Nichtigkeitsklagegrund noch der zu Nr. 2 in das neue Gesetz aufgenommen worden. Entgegengesetzter Ansicht war das Reichsgericht, welches aus dem Grunde ein Patent nicht für nichtig erklärt wissen wollte, weil durch die Patentertheilung das bestehende Recht eines Anderen verletzt sei. R.G. 14. Febr. 80 (67).

Der Nichtigkeitsgrund nach §. 10 Nr. 2 trifft nur zu, wenn das Patent des früheren Anmelders noch in Kraft ist. P.A. 3. Okt. 95 (96, 110).

Aus dem Patentgesetz vom 25. Mai 1877 ist schon der Grundsatz zu entnehmen, daß ein Patent für nichtig zu erklären, wenn sich ergebe, daß die Erfindung Gegenstand des Patentes eines früheren Anmelders ist. R.G. 5 Dez. 94 (94/95, 187).

Im Falle der Nr. 3 ist nicht vorausgesetzt, daß die Zeichnungen u. s. w. mit dem Bewußtsein der Widerrechtlichkeit entnommen worden sind. R.G. 28. Okt. 80 (81, 88).

Formelle Mängel, welche die Ertheilung des Patents hindern mußten, rechtfertigen nicht die Vernichtung. P.A. 15. Aug. 78 (79, 32).

Ein Patent kann auch theilweise für nichtig erklärt werden, vorausgesetzt, daß die Erfindung ihrem Inhalte nach theilbar ist. Stellt sich dagegen die Erfindung als ein untrennbares Ganzes dar, indem die einzelnen Bestandtheile der patentirten Vorrichtung oder die einzelnen Abschnitte des patentirten Verfahrens so wesentlich zusammenhängen, daß einzelne Theile weder beseitigt, noch durch anders beschaffene Theile ersetzt werden können, so kann das Patent nur im Ganzen entweder aufrecht erhalten oder für nichtig erklärt werden. R.O.H. 27. Mai 79 (807). Ebensowenig kann eine theilweise Nichtigkeitserklärung ausgesprochen werden, wenn der übrige Theil für sich eine patentfähige Erfindung nicht darstellt oder bei einer Kombinationserfindung etwas Anderes als das Ganze ist. P.A. 27. Febr. 91. R.G. 16. Febr. 91 (91, 142). Ein Patent, dessen Anspruch offenbar unrichtig ist, ist für nichtig zu erklären; ist aber der Patentanspruch nur unrichtig gefaßt, so ist derselbe auf sein richtiges Maß zurückzuführen. P.A. 8. März 81. R.G. 8. Jan. 82 (82, 31).

Für nichtig zu erklären ist auch ein Patent, wenn ihm ein eigenartiger Erfindungsgedanke nicht zu Grunde liegt. P.A. 7. Febr. 95 (96, 146).

Rückzahlung der für ein vernichtetes Patent gezahlten Gebühren findet nur in dem Falle statt, daß dieselbe zur Zeit der endgültig ausgesprochenen Vernichtung nicht fällig waren. Vgl. §. 8 Abs. 5. Hat ein Dritter ein Patent gegen Vergütung genutzt, so kann er die für die Vergangenheit gezahlte Vergütung nicht zurückfordern. O.H.G. 25. März 76 (79, 565); ein Licenz- oder Kaufvertrag wird im Falle der Vernichtung des Patents nicht ungültig. R.G. 28. Dez. 86 (87, 101), 8. März 88 (141).

Ueber das Verfahren §§. 28. ff.

§. 11.

Das Patent kann nach Ablauf von drei Jahren, von dem Tage der über die Ertheilung des Patents erfolgten Bekanntmachung (§. 27 Absatz 1) gerechnet, zurückgenommen werden:

1. wenn der Patentinhaber es unterläßt, im Inlande die Erfindung in angemessenem Umfange zur Ausführung zu bringen, oder doch alles

zu thun, was erforderlich ist, um diese Ausführung zu sichern;

2. wenn im öffentlichen Interesse die Ertheilung der Erlaubniß zur Benutzung der Erfindung an andere geboten erscheint, der Patentinhaber aber gleichwohl sich weigert, diese Erlaubniß gegen angemessene Vergütung und genügende Sicherstellung zu ertheilen.

Der vorstehende Paragraph ist in seiner früheren Fassung bestehen geblieben, bis auf die ergänzende Bestimmung über die Frist, binnen welcher die Zurücknahme des Patents erfolgen kann und die auch bereits bisher nach der Praxis des Patentamts (P.A. 23. Juli 85 (77) von dem Tage nicht sowohl der Bekanntmachung der Ertheilung, als vielmehr schon der endgültigen Ertheilung des Patents berechnet wurde. Es genügt jedoch, wenn die Frist erst während des Verfahrens abläuft. R.G. 11. Dez. 86 (89). Nicht nöthig ist, daß das widerrechtliche Verhalten des Patentinhabers 3 Jahre gedauert hat. Wird nach Ablauf der 3 Jahre den Anforderungen des Gesetzes genügt, so ist die Zurücknahme ausgeschlossen. P.A. 1. Dez. 82 (83, 75).

Die Zurücknahme des Patents vernichtet dasselbe erst mit dem Zeitpunkte, zu welchem die Aufhebung erfolgt; dieselbe hat also keine rückwirkende Kraft und ist deshalb auch die Vernichtung eines zurückgenommenen Patents möglich. Der Patentinhaber kann auch nach Zurücknahme des Patents Verletzungen desselben civil- und strafrechtlich verfolgen. R.G. 24. Okt. 82 und 6. Dez. 93 (94, 92). — Im Falle der Patentzurücknahme werden die nicht fällig gewesenen Gebühren zurückgezahlt. (§. 8 Abs. 5.)

Die Zurücknahme kann, braucht aber nicht beim Dasein der gesetzlichen Bedingungen zu erfolgen. P.A. 1. Dez. 82 (83, 78). Es kommt darauf an, ob nach der Ueberzeugung der urtheilenden Behörde jene Bedingungen fortdauern werden oder nicht.

„Im Inlande", d. h. innerhalb des Deutschen Reichsgebietes. Schutzgebiete gehören nicht zu letzterem. Vgl. das zu §. 12 Gesagte.

„In angemessenem Umfange" — nicht allein nach dem Wortlaute des Entwurfes „in einer dem inländischen Bedarf genügenden Weise" —, d. h. in dem durch das öffentliche Interesse gebotenen, zugleich aber dem Patentinhaber nach seinen Verhältnissen möglichen Umfang. Unwesentliche Abweichungen von der Patentschrift in der Ausführung begründen das Verfahren nicht. R.G. 12. Nov. 83 (84, 25). Ein Privatinteresse allein kann auch im Falle der Nr. 1 die Zurücknahme noch nicht begründen; P.A. 1. Dez. 82 (83, 74). Indessen ist, wenn die thatsächlichen Voraussetzungen der Nr. 1 erreicht sind, das Dasein eines öffentlichen Interesses zu vermuthen. R.G. 27. Juni 83 (330).

Der Regel nach gehört zu der Ausführung die Fabrikation im Inlande; ausnahmsweise kann die Einfuhr in das Inland genügen, wenn nachgewiesen wird, daß damit dem Interesse der einheimischen Industrie entsprochen ist. R.G. 11. Dez. 86 (39).

Im Falle der Nr. 1 hat der Zurücknahme-Kläger den Beweis für die Unterlassung der Patentausführung seitens des Patentinhabers zu führen. Im Falle der Nachweisführung ist auf Zurücknahme des Patents zu erkennen, sofern nicht anzunehmen ist, daß durch das Verhalten des Patentinhabers die deutschen volkswirthschaftlichen Interessen, namentlich der Industrie, nicht benachtheiligt sind. R.G. 27. Juni 83.

Der Antrag auf Patentzurücknahme nach Nr. 1 kann darauf nicht gegründet werden, daß die geschützte Erfindung nicht ausführbar sei. R.G. 12. Dez. 88.

Im öffentlichen Interesse muß nach Nr. 2 die Ertheilung der Erlaubniß zur Benutzung der Erfindung an dem Zurücknahme-Kläger gelegen haben. P.A. 7. Febr. 84 (193).

Der Zurücknahme-Kläger hat das Vorhandensein des öffentlichen Interesses, sowie andrerseits die Verweigerung der Erlaubnißertheilung seitens des Patentinhabers trotz „angemessener" Vergütung und genügender Sicherstellung nachzuweisen. Als Zurücknahme-Kläger tritt unter diesen Voraussetzungen zumeist der Inhaber des Abhängigkeitspatents gegenüber dem Hauptpatentinhaber auf. P.A. 1. Dez. 87. R.G. 12. Dez. 88 (137).

Benutzung der Erfindung ist schon in Frage, wenn nur eine der im Patentrecht nach §. 4 enthaltenen Befugnisse, jedoch behufs Benutzung im Inlande, in Anspruch genommen wird.

„Angemessene Entschädigung" d. i. eine, die nach billiger Schätzung dem Werthe entspricht, welcher die voraussichtliche Benutzung durch die Andern für die Patentinhaber hat. Für Zahlung der Vergütung, nicht gegen Mißbrauch der Befugnisse kann Sicherstellung verlangt werden. Die Sicherheit ist zu leisten, nicht bloß anzubieten.

Die Zurücknahme des Patents ist, falls dasselbe überhaupt nicht benutzt wird, dennoch nicht zulässig, wenn vom Patentinhaber behufs Ausführung nicht mehr verlangt werden kann und ein Anderer für die Benutzung sich nicht meldet oder diese Meldung durch ein öffentliches Interesse ersichtlich nicht unterstützt wird.

Im Falle der Nr. 2 muß der dem Antrage auf Zurücknahme des Patents entsprechenden Entscheidung eine Androhung der Zurücknahme unter Angabe von Gründen und unter Festsetzung einer angemessenen Frist vorausgehen. §. 30 Abs. 3.

Die Vorschrift im §. 30 Abs. 3 ist nicht als Strafandrohung für eine Versäumniß anzusehen, sondern sie muß in Rücksicht auf die inländischen Produzenten oder Konsumenten oder Beider in Anwendung kommen, gleichviel, ob die Ausführung in Kenntniß oder Unkenntniß des Gesetzes unterblieben ist.

Verhandlungen seitens des Patentinhabers mit dritten Personen über die Benutzung der patentirten Erfindung, welche erst nach Zustellung der Klage auf Zurücknahme des Patents eingeleitet worden sind, können nicht weiter in Betracht kommen. R.G 22 Febr. 93. P.A. 30 Juni 92 (93, 206).

Wegen des Zurücknahmeverfahrens vgl. §§. 28 ff.

§. 12.

Wer nicht im Inlande wohnt, kann den Anspruch auf die Ertheilung eines Patents und die Rechte aus dem Patent nur geltend machen, wenn er im Inlande einen Vertreter bestellt hat. Der Letztere ist zur Vertretung in dem nach Maßgabe dieses Gesetzes stattfindenden Verfahren, sowie in den das Patent betreffenden bürgerlichen Rechtsstreitigkeiten und zur Stellung von Strafanträgen befugt. Der Ort, wo der Vertreter seinen Wohnsitz hat, und in Ermangelung eines solchen der Ort, wo das Patentamt seinen Sitz hat, gilt im Sinne des §. 24 der Civilprozeßordnung als der Ort, wo sich der Vermögensgegenstand befindet.

Unter Zustimmung des Bundesraths kann durch Anordnung des Reichskanzlers bestimmt werden, daß gegen die Angehörigen eines ausländischne Staates ein Vergeltungsrecht zur Anwendung gebracht werde.

Nur ein wirkliches Wohnen im Inlande, nicht schon der formelle Wohnsitz im Sinne des §. 22 C.P.O. befreit von der Verpflichtung zur Bestellung eines Vertreters.

Unter Inland ist das Gebiet des Deutschen Reichs zu verstehen; die Deutschen Schutzgebiete gehören, soweit es sich um die dortige Geltung der Reichsgesetze handelt, nicht zum Deutschen Reich, da sie mit demselben verfassungsmäßig nicht verbunden sind.

Für die Vollmacht des Vertreters bedarf es nicht der Beglaubigung. Ist in der Vollmacht nichts angegeben, so nimmt das Patentamt an, daß die Vollmacht im Sinne des §. 12 zu verstehen und auf sämmtliche dort angegebenen Machtbefugnisse auszudehnen ist. Dieselben bestehen, abgesehen von der nach dem neuen Gesetz ertheilten Befugniß zur Stellung von Strafanträgen, in der Vertretung des Patentsuchers in dem gesammten patentrechtlichen Verfahren: im Anmeldeverfahren §§. 20 ff., auch hinsichtlich der Zurückziehung der Anmeldung, im Beschwerdeverfahren §§. 15 u. 26 ff., im Verfahren auf Vernichtung oder Zurücknahmeverfahren §§. 28 ff., sowie in allen das Patent betreffenden Rechtsgeschäften und Rechtsstreitigkeiten, namentlich rücksichtlich der Uebertragbarkeit und Vererblichkeit der Rechte auf und aus Patentertheilung (§. 6). Für das Berufungsverfahren in Patentsachen vor dem Reichsgericht ist jedoch durch die Verordnung v. 6. Dez. 91 (§. 14) bestimmt, daß die zur Praxis bei dem Reichsgericht zugelassenen Rechtsanwälte befugt sind, die Vertretung zu übernehmen, während es den Parteien und ihren Vertretern gestattet ist, mit einem technischen Beistand zu erscheinen. S. unten unter Ausführungsbestimmungen. Eine Ausdehnung der genannten gesetzlichen Befugnisse des Vertreters ist zulässig, jedoch in der Vollmacht ausdrücklich anzugeben. Eine Vollmacht, welche die gesetzlichen Befugnisse des Vertreters beschränkt, hat zur Folge, daß ein Vertreter im Sinne des Gesetzes überhaupt nicht vorhanden ist. Uebrigens bleibt der Vertreter auch nach dem Tode des Patentinhabers berechtigt, solange eine Aenderung in der Patentrolle nicht vermerkt ist. R.G. 30. Nov. 85 (86, 51).

Da nach dem früheren Gesetze der Vertreter des Patentinhabers zur Stellung von Strafanträgen nicht berechtigt war, so war Letzterer, sofern er vorschriftsmäßig einen im Inlande wohnenden Vertreter bestellt hatte, nicht behindert,- den zur Verfolgung patentrechtlicher Vergehen erforderlichen Strafantrag persönlich oder durch einen anderweitig hierzu Bevollmächtigten zu stellen. — Die Bestellung mehrerer Vertreter ist nur dann wirksam, wenn jeder für sich allein mit den gesetzlichen Befugnissen versehen ist. Neben dem Vertreter kann der Vollmachtgeber selbständig auftreten. R.G. 4. Febr. 82.

Der Vertreter haftet nicht persönlich für Kosten, welche in einem Verfahren erwachsen sind.

Da die berufsmäßige Uebernahme von Vertretungen in Patentsachen als gewerbsmäßige Besorgung fremder Rechtsangelegenheiten und bei Behörden wahrzunehmender Geschäfte anzusehen ist und von jedem zum selbständigen Gewerbebetrieb Berechtigten bewirkt werden kann, so ist dieser Betrieb nach §. 36 R.Gewerbeordn. nur bei seiner Eröffnung der zuständigen Landesbehörde anzuzeigen, außerdem aber, sofern derselbe in Preußen stattfindet, zur Gewerbesteuer anzumelden. Die Vergünstigung des §. 4 Nr. 7 Gew.St.Ges. vom 24. Juni 91 G.S. 205 steht den berufsmäßigen Vertretern in Patentangelegenheiten nicht zu.

Die vorerwähnte Berufsthätigkeit ist nach §. 35 Absatz 3 Gew.Ordn. zu untersagen, wenn Thatsachen vorliegen, welche die Unzuverlässigkeit des Gewerbetreibenden in Bezug auf diesen Gewerbebetrieb darthun. Ueber die Klage auf Untersagung, welche die Ortspolizeibehörde zu erheben hat, entscheidet in Preußen der Kreisausschuß, in Stadtkreisen und in den zu einem Landkreise gehörigen Städten von mehr als zehntausend Einwohnern der Bezirksausschuß. Zuständigkeitsgesetz v. 1. Aug. 83 §. 119 Absatz 1. Zuständig ist die Polizeibehörde des Betriebs-, nicht diejenige des Wohnortes.

Während nach der früheren Fassung des §. 12 nur für die patentrechtlichen Klagen das Gericht des Wohnsitzes des Vertreters und in Ermangelung eines solchen das des Sitzes des Patentamts, d. h. das Amts- bezw. Landgericht I zu Berlin, zuständig war, ist nach der neueren Fassung dieser Gerichtsstand, im Anschluß an den §. 24 C.P.O., um einem praktisch vielfach empfundenen Bedürfniß entgegenzukommen, auf alle Klagen wegen vermögensrechtlicher Ansprüche aus dem Vermögensgegenstand, und dazu gehört auch das Patent, ausgedehnt.

Das einem Ausländer gültig ertheilte Patent kann aus dem Grunde nicht erlöschen, daß zeitweilig ein Vertreter des Patentinhabers im Inlande nicht bestellt ist. Die Vertretung durch einen im Inlande wohnenden Vertreter ist nur im eigentlichen Patentverfahren und bei der Geltendmachung der Rechte aus dem Patent im Wege des Civilverfahrens nothwendig. R.G. 5. Febr. 82.

Die Vorschrift über die Bestellung eines Vertreters macht zwischen Reichsangehörigen und Ausländern keinen Unterschied. Die gleiche Behandlung der In- und Ausländer ist ausdrücklich vereinbart mit Oesterreich-Ungarn, Uebereink. 6. Dez. 91 Art. 1 92 (289), mit Italien, 18. Jan. 92 Art. 1 92 (293), mit der Schweiz, 13. April 93 (94, 473), mit Spanien, Handels- und Schifffahrtsvertrag 12. Juli 83 Art. 7 u. Schlußprotokoll R.G.B. 307, verl. durch Deklar. 16. Jan. 92 R.G.B. 307.

Nach Analogie der R.Konkursordn. (§. 4 Abs. 2) hat sich die Regierung aus politischen Gründen den Erlaß einer Retorsionsmaßnahme gegenüber den Angehörigen eines ausländischen Staates vorbehalten, von welcher sie jedoch nur im Falle einer ernstlichen Bedrohung der deutschen Interessen in Folge ungleichmäßiger patentrechtlicher Bestimmungen Gebrauch machen würde, da eine wirkliche Ausgleichung der nationalen Rechtssätze im Patentwesen nur auf dem Boden der von der deutschen Reichsgesetzgebung statuirten vollen Gleichberechtigung des In- und Auslandes sich vollziehen könne. (Motive.) Gegenüber denjenigen Staaten, mit welchen bereits Abkommen über gegenseitigen, thunlichst gleichmäßigen Patentschutz getroffen sind, wie Oesterreich-Ungarn, Italien und der Schweiz, kann von Erlaß einer derartigen Vergeltungsmaßregel keine Rede sein.

Zweiter Abschnitt.

Patentamt.

§. 13.

Die Ertheilung, die Erklärung der Nichtigkeit und die Zurücknahme der Patente erfolgt durch das Patentamt.

Das Patentamt hat seinen Sitz in Berlin. Es besteht aus einem Präsidenten, aus Mitgliedern, welche die Befähigung zum Richteramt oder zum höheren Verwaltungsdienst besitzen (rechtskundige Mitglieder), und aus Mitgliedern, welche in einem Zweige der Technik sachverständig sind (technische Mitglieder). Die Mitglieder werden, und zwar der Präsident auf Vorschlag des Bundesraths, vom Kaiser ernannt. Die Berufung der rechtskundigen Mitglieder erfolgt, wenn sie im Reichs- oder Staatsdienst ein Amt bekleiden, auf die Dauer dieses Amts, anderenfalls auf Lebenszeit. Die Berufung der technischen Mitglieder erfolgt entweder auf Lebenszeit oder auf fünf Jahre. In letzterem Falle finden auf sie die Bestimmungen im §. 16 des Gesetzes, betreffend die Rechtsverhältnisse der Reichsbeamten, vom 31. März 1873 keine Anwendung.

Ueber die in diesem Abschnitt behandelte Thätigkeit, Zuständigkeit und Verfassung (Zusammensetzung) des Patentamts vgl. auch die Ausführ.-Verordn. vom 11. Juli 91 unten unter Ausführungsbestimmungen.

Die Ertheilung der Patente umschließt auch deren Veröffentlichung, Eintragung in die Rolle und Beurkundung, s. Patenturkunde. (§. 19 Abs. 1.) Auch die Abgabe von Gutachten unter gew. Voraussetzungen (§. 18) gehört zur Zuständigkeit des Patentamts.

Um das Vertrauen der Industrie in die Thätigkeit des Patentamts durch größere Garantien für die Unbefangenheit und Gründlichkeit seiner Entscheidungen und für eine thunlichst beschleunigte Abgabe derselben zu stärken (Motive), ist das Patentamt durch das neue Gesetz neu gestaltet worden, und zwar in der Weise, daß den Grundstock die auf Lebenszeit berufenen rechtskundigen und technischen Mitglieder bilden und daß nur solche in den Anmeldeabtheilungen mitwirken dürfen, während die nicht ständigen Mitglieder, und zwar die rechtskundigen, sofern sie ein anderes Reichs- oder Staatsamt bekleiden, nur auf die Dauer dieses Amtes, die technischen auf Lebenszeit oder auf fünf Jahre berufen werden. Um auf die im patentamtlichen Interesse unentbehrliche Mitwirkung bewährter Kräfte auf den verschiedenen Gebieten der Technik nicht verzichten zu müssen, ist die Bestimmung getroffen, daß dieselben auf die Dauer von fünf Jahren ins Patentamt berufen werden können und darum, befreit von den Bestimmungen des §. 16 R.Beamtengesetzes, zum Betriebe eines nebenamtlichen Geschäfts oder Gewerbes der Genehmigung der obersten Reichsbehörde nicht bedürfen. Im Uebrigen sind alle Mitglieder des Patentamts als unmittelbare Reichsbeamte dem gen. Gesetze unterworfen.

Ueber Titel und Siegel des Patentamts vgl. §§. 11 u. 80 der Verordn. v. 11. Juli 91 unten unter Ausführ.-Bestimmungen.

Das Patentamt ist dem Reichskanzler (Reichsamt des Innern) untergeordnet (§. 18 Abs. 2); doch hat die Aufsichtsbehörde keinen Einfluß auf das gesetzliche Verfahren.

§. 14

In dem Patentamt werden

1. Abtheilungen für die Patentanmeldungen (Anmeldeabtheilungen),
2. eine Abtheilung für die Anträge auf Erklärung der Nichtigkeit oder auf Zurücknahme von Patenten (Nichtigkeitsabtheilung),
3. Abtheilungen für die Beschwerden (Beschwerdeabtheilungen)

gebildet.

In den Anmeldeabtheilungen dürfen nur solche technische Mitglieder mitwirken, welche auf Lebenszeit berufen sind. Die technischen Mitglieder der Anmeldeabtheilungen dürfen nicht in den übrigen Abtheilungen, die technischen Mitglieder der letzteren nicht in den Anmeldeabtheilungen mitwirken.

Die Beschlußfähigkeit der Anmeldeabtheilungen ist durch die Anwesenheit von mindestens drei Mitgliedern bedingt, unter welchen sich zwei technische Mitglieder befinden müssen.

Die Entscheidungen der Nichtigkeitsabtheilung und der Beschwerdeabtheilungen erfolgen in der Besetzung von zwei rechtskundigen und drei technischen Mitgliedern. Zu anderen Beschlußfassungen genügt die Anwesenheit von drei Mitgliedern.

Die Bestimmungen der Civilprozeßordnung über Ausschließung und Ablehnung der Gerichtspersonen finden entsprechende Anwendung.

Zu den Berathungen können Sachverständige, welche nicht Mitglieder sind, zugezogen werden; dieselben dürfen an den Abstimmungen nicht theilnehmen.

Näheres über die Einrichtung des Patentamts in der Ausführ.-Verordn. v. 11. Juli 91, u. zwar über Zahl, Zusammensetzung, Geschäftsbereich und Geschäftsbehandlung der Abtheilungen §§. 1—8, über die Aufgabe des Präsidenten §§. 9 u. 10, über Zustellungswesen §. 12, über Kosten §§. 13 u. 15, über Modellrückgabe §. 18, über Plenarversammlung §. 9.

Die Beschlußfähigkeit der Anmeldeabtheilung im Sinne des Abs. 3 bezieht sich auf die im §. 7 der Verordn. v. 11. Juli 91 gen. Beschlüsse über die Bekanntmachung der Anmeldung sowie über die gänzliche oder theilweise Zurückweisung einer Anmeldung oder eines Einspruchs. Für alle anderen Beschlüsse und Verfügungen bedarf es nur der Mitwirkung des Vorprüfers bezw. Berichterstatters und des Anmeldeabtheilungsvorsitzenden. Ueber „Beschlüsse" und „Entscheidungen" vgl. zu §. 15.

Zu Abs. 5 vgl. C.P.O. §. 41—49. Ablehnungsgrund ist auch Mißtrauen gegen die Unparteilichkeit eines Mitgliedes wegen Besorgniß seiner Befangenheit. Ablehnungsgesuche sind glaubhaft zu machen und vor Stellung von Anträgen oder Eintritt in die Verhandlung anzubringen. Ueber die Ablehnungsgesuche entscheidet diejenige Abtheilung selbst, welcher das beanstandete Mitglied angehört, gegebenen Falles im Beschwerdewege die Beschwerdeabtheilung (§. 16) oder der Präsident im Dienstaufsichtswege (§. 9 Verordn.). Die Ablehnung kann sich auch gegen den als Protokollführer hinzugezogenen Beamten richten. §. 49 C.P.O.

Von der Bestimmung des Abs. 6 wird wenig Gebrauch gemacht, da über rein technische Fragen die technischen

Mitglieder des Patentamts selbst zu entscheiden haben. Auch in der Berufungsinstanz wird den Anträgen auf Vernehmung anderer Sachverständiger (§. 9 Verordn. v. 6. Dez. 91) in der Regel nicht entsprochen, da nicht anzunehmen ist, daß denselben ein höheres Maß von Sachkunde innewohne als den Mitgliedern des Patentamts.

§. 15.

Die Beschlüsse und die Entscheidungen der Abtheilungen erfolgen im Namen des Patentamts; sie sind mit Gründen zu versehen, schriftlich auszufertigen und allen Betheiligten von Amtswegen zuzustellen.

Zu unterscheiden sind: a. Entscheidungen d. s. Endurtheile, welche im Beschwerde-, Nichtigkeits- und Zurücknahmeverfahren ergehen (§§. 14 Abs. 4, 26, 29, 30 u. 33); b. Beschlüsse d. s. die im Anmeldeverfahren ergehenden Endurtheile und alle übrigen von einer Abtheilung erlassenen sachlichen Maßnahmen; c. Verfügungen d. s. die geschäftliche Behandlung der Sache betreffende Anordnungen. Die Beschlüsse sind zweifacher Art: a. Beschlüsse, die auf Vortrag in der Abtheilungssitzung erfolgen; für diese bedarf es der Mitwirkung mindestens dreier (darunter zweier technischer) Mitglieder; b. alle übrigen Beschlüsse, welche vom Berichterstatter bezw. Vorprüfer unter Mitwirkung des Abtheilungsvorsitzenden gefaßt werden. (§. 6 Ausführ.-Verord. v. 11. Juli 91.) Der Berathung und Abstimmung in einer Sitzung bedarf es für Beschlüsse, in den Anmeldeabtheilungen, falls eine Anmeldung bekannt gemacht oder sofern dieselbe oder der gegen sie erhobene Einspruch ganz oder theilweise zurückgewiesen, in den Beschwerdeabtheilungen, falls über eine Beschwerde nach §§. 16 u. 26 Beschluß gefaßt, in der Nichtigkeitsabtheilung, falls nach §§. 29 u. 30 Entscheidung getroffen werden soll.

Die für den Fortgang der Sache erforderlichen Verfügungen trifft der Abtheilungsvorsitzende allein, die sachlichen Verfügungen während des Vorprüfungsverfahrens der Vorprüfer, bis zur späteren Beendigung des Anmeldeverfahrens der Berichterstatter unter Mitwirkung des Vorsitzenden.

Entscheidungen und Beschlüsse, die nur auf Vortrag erfolgen dürfen, werden unter der Unterschrift des Vorsitzenden ausgefertigt, sonstige Beschlüsse bald, sofern von Wichtigkeit ebenso, bald nur unter Kanzleibeglaubigung. Das Zustellungswesen ist nunmehr besonders behandelt und geregelt nach §. 12 Ausführ.-Verordn. v. 11. Juli 91. S. unten unter Ausführungsbestimmungen.

§. 16.

Gegen die Beschlüsse der Anmeldeabtheilungen und der Nichtigkeitsabtheilung findet die Beschwerde statt. An der Beschlußfassung über die Beschwerde darf kein Mitglied theilnehmen, welches bei dem angefochtenen Beschlusse mitgewirkt hat.

Die hier geb. Beschwerde findet statt, sofern die Beschwerde nach §. 26 nicht Platz greift. Dieselbe ist weder an eine Frist gebunden noch von aufschiebender Wirkung. Vgl. hierzu auch Ausführ.-Verordn. v. 11. Juli 91 §§. 2 u. 6.

§. 17.

Die Bildung der Abtheilungen, die Bestimmung ihres Geschäftskreises, die Formen des Verfahrens, einschließlich des Zustellungswesens, und der Geschäftsgang des Patentamts werden, insoweit dieses Gesetz nicht Bestimmungen darüber trifft, durch

Kaiserliche Verordnung unter Zustimmung des Bundesraths geregelt.

Die näheren Bestimmungen des vorstehenden Paragraphen, der in seiner jetzigen Fassung dem §. 17 des früheren Gesetzes bis auf die eingefügten Worte „einschließlich des Zustellungswesens" entspricht, sind in der Verordnung zur Ausführ. des Pat.-Ges. zc. v. 11. Juli 91 R.G.B. 349, s. unten unter Ausführungsbestimmungen, enthalten. Vgl. insbesondere in Betreff der Bildung der Abtheilungen §§. 1, 2, 4, 5, dazu Patentgesetz §. 14, in Betreff ihres Geschäftskreises §§. 1 bis 3, dazu Patentgesetz §§. 14, 16, 18, in Betreff der Formen des Verfahrens §§. 6 bis 9 und 11, dazu Patentgesetz §§. 14 Abs. 4, 15, 16, 20 bis 30, 33, in Betreff des Zustellungswesens §. 12, dazu Patentgesetz §§. 15, 21 Abs. 2, 26, 28 bis 30, 33, in Betreff des Geschäftsganges §§. 6 bis 10, 15 bis 17, 25 ff., dazu Patentgesetz §§. 14 bis 16, 19, 34.

§. 18.

Das Patentamt ist verpflichtet, auf Ersuchen der Gerichte über Fragen, welche Patente betreffen, Gutachten abzugeben, sofern in dem gerichtlichen Verfahren von einander abweichende Gutachten mehrerer Sachverständiger vorliegen.

Im Uebrigen ist das Patentamt nicht befugt, ohne Genehmigung des Reichskanzlers außerhalb seines gesetzlichen Geschäftskreises Beschlüsse zu fassen oder Gutachten abzugeben.

Während nach dem früheren Pat.-Ges. das Patentamt bedingungslos zur Abgabe von Gutachten an die Gerichte verpflichtet war, ist nunmehr diese Verpflichtung — um (nach den Mot.) der bisherigen unterschiedslosen Heranziehung des Patentamts zur Erstattung gerichtlicher Gutachten über ein häufig noch nicht ausreichend geklärtes Material entgegenzutreten und namentlich um eine später nicht mehr richtig zu stellende, nicht immer zutreffende Beurtheilung der patentamtlichen Gutachten in der weiteren Entwickelung des Rechtsfalles durch anderweit vernommene Sachverständige zu vermeiden — an die Voraussetzung geknüpft, daß von einander abweichende Gutachten mehrerer Sachverständigen vorliegen.

Die Gutachten sind in Civil- wie in Strafsachen, aber nur in Betreff deutscher Patente, abzugeben.

Den Gerichten und dem gerichtlichen Verfahren stehen die Staatsanwaltschaft und das staatsanwaltliche Ermittelungsverfahren gleich. Denn die Staatsanwaltschaft kann „behufs Erforschung des Sachverhalts von allen öffentlichen Behörden Auskunft verlangen" (§. 159 Str.P.O.), auch jederzeit zur Einholung des Gutachtens gerichtliche Vermittelung in Anspruch nehmen. §§. 160 u. 176 ff. Str.P.O.

Uebrigens ist durch Erlaß des Reichskanzlers v. 20. Nov. 98 das Patentamt ermächtigt, auch der Staatsanwaltschaft auf deren Ersuchen Gutachten in Gemäßheit des §. 18 abzugeben (93, 673).

Die gutachtlichen Aeußerungen der Sachverständigen müssen schriftlich oder protokollarisch zu den gerichtlichen Akten gebracht sein. Die Qualität der Sachverständigen ist nicht zu bemängeln.

Die Bestimmungen der §§. 255 St.P.O. und 373, 376 C.P.O. finden auf eine Vertretung der Gutachten durch Mitglieder des Patentamts keine Anwendung. Das Patentamt hat als Behörde das Gutachten abzugeben; eine persönliche Vernehmung der Mitglieder kann daher nicht stattfinden, vielmehr wird, da die Begutachtung von Patentfragen zu den Dienstobliegenheiten des Patentamts gehört, die gutachtliche Aeußerung desselben in der für die schriftlichen Erlasse dieser Behörden angeordneten Form erfolgen und die Pflichtmäßigkeit des einzelnen Gutachtens durch den Diensteid verbürgt. R.G. 23. Dez. 81 (82, 78).

Unter C.P.O. §. 369 und St.P.O. §. 73 fällt das Patentamt nicht.

Zuständig für die abzugebenden Gutachten sind die Beschwerdeabtheilungen des Patentamts. §. 2 Abs. 3. Verordn. 11. Juli 91. S. unten unter Ausführungsbestimmungen.

Auch die Mitglieder des Patentamts sind zur Abgabe von Gutachten außerhalb ihres gesetzlichen Geschäftsbereiches nicht befugt. P.A. 6. Jan. 82 (17) u. 2. Jan. 90 (9). Vgl. auch §. 12 Ges., betr. die Rechtsverhältnisse der Reichsbeamten, 31. März 73 R.G.Bl. 73, 63.

§. 19.

Bei dem Patentamt wird eine Rolle geführt, welche den Gegenstand und die Dauer der ertheilten Patente, sowie den Namen und Wohnort der Patentinhaber und ihrer bei Anmeldung der Erfindung etwa bestellten Vertreter angiebt. Der Anfang, der Ablauf, das Erlöschen, die Erklärung der Nichtigkeit und die Zurücknahme der Patente sind, unter gleichzeitiger Bekanntmachung durch den Reichsanzeiger, in der Rolle zu vermerken.

Tritt in der Person des Patentinhabers oder seines Vertreters eine Aenderung ein, so wird dieselbe, wenn sie in beweisender Form zur Kenntniß des Patentamts gebracht ist, ebenfalls in der Rolle vermerkt und durch den Reichsanzeiger veröffentlicht. Solange dieses nicht geschehen ist, bleiben der frühere Patentinhaber und sein früherer Vertreter nach Maßgabe dieses Gesetzes berechtigt und verpflichtet.

Die Einsicht der Rolle, der Beschreibungen, Zeichnungen, Modelle und Probestücke, auf Grund deren die Ertheilung der Patente erfolgt ist, steht, soweit es sich nicht um ein im Namen der Reichsverwaltung für die Zwecke des Heeres oder der Flotte genommenes Patent handelt, jedermann frei.

Das Patentamt veröffentlicht die Beschreibungen und Zeichnungen, soweit deren Einsicht jedermann freisteht, in ihren wesentlichen Theilen durch ein amtliches Blatt. In dasselbe sind auch die Bekanntmachungen aufzunehmen, welche durch den Reichsanzeiger nach Maßgabe dieses Gesetzes erfolgen müssen.

Der vorstehende Paragraph ist unverändert in der früheren Fassung geblieben.

Der der deutschen Patentgesetzgebung unter Anderm zu Grunde liegende Zweck, die Förderung einer raschen Vervollkommnung der Technik, ist nur zu erreichen, wenn jede technische Verbesserung, welche durch die Ertheilung eines Patentes als solche anerkannt wird, unverzüglich zum Gemeingut gemacht und somit als Anregungsmittel für neue Verbesserungen benutzt wird. (Mot. zum früh. P.G.) Aus diesem Grunde ist eine dauernde Offenhaltung des Inhalts der Patente nothwendig, und wird diese Publicität durch die Rolle in Verbindung mit dem Patentblatt und dem Reichsanzeiger bewirkt. Der Inhalt der Patentrolle soll über die Person eines jeden Patentinhabers Auskunft gewähren, jedoch sind Eintragungen, welche eine Aenderung in der Person des Patentinhabers oder seines Vertreters beurkunden, für die Gültigkeit oder

Ungültigkeit des der Aenderung zu Grunde liegenden rechtlichen Aktes nicht entscheidend. Die Eintragung in die Patentrolle hat nur die Bedeutung einer Registrirung, nur deklarative, nicht konstitutive Wirkung.

Das auf Zurücknahme oder Nichtigkeitserklärung gerichtete Verfahren wird dadurch nicht beeinflußt, daß der eingetragene Patentinhaber zur Zeit der Anstellung der Klage bereits verstorben war, sofern nur die Klage dem in der Rolle eingetragenen Vertreter behändigt worden ist.

Die Eintragung in die Patentrolle erfolgt erst nach endgültiger Ertheilung des Patents, unter laufender Nummer.

Als „Gegenstand" des Patents wird der Titel (die Bezeichnung) eingetragen, die Dauer nur bei Zusatzpatenten. Vgl. §. 7.

Gestattung der Ausübung des Patentrechts, Licenzertheilungen, begründen keine Aenderung in der Person des Patentinhabers; wohl aber theilweise Cessionen des Patentrechts, in Folge deren jedoch nur die Theilhaberschaft der Neuberechtigten, nicht auch die Quote ihres Rechts eingetragen wird. Vgl. zu §. 6.

Eine Vormerkung zur Erhaltung des Rechtes auf Umschreibung in die Patentrolle einzutragen, ist nach deutschem Patentgesetz nicht angängig. R.G. 3. Mai 98 (876).

Vertreter werden eingetragen, auch wenn sie nach der Ertheilung des Patents bestellt sind, aber nur für Ausländer (nicht im Inlande wohnende Patentinhaber). Sie sind zu löschen, sobald der Verzicht auf die Vertretung oder die Zurücknahme der Vollmacht seitens des Vollmachtgebers urkundlich zu den Akten erklärt wird.

Die Uebertragung eines Patents berechtigt den neuen Inhaber, den Vermerk in der Patentrolle zu beantragen; Zustimmung des früheren Patentinhabers zu dem Antrage ist nicht nöthig; andrerseits genügt der Antrag des Letztern allein nicht, wenn nicht aus der Urkunde der Uebertragung die Zustimmung des neuen Patentinhabers erhellt.

Der Erwerber eines Patents kann gegen den Veräußerer und gegen den bösgläubigen Rechtsnachfolger auf Grund des Veräußerungsvertrages die Rechte aus dem Patente so geltend machen, als ob er in die Patentrolle eingetragener Inhaber des Patentes wäre. R.G. 3. Mai 93 (358).

Als „beweisende Form" verlangt das Patentamt gerichtliche oder notarielle Beglaubigung, für die Unterschrift aus dem Auslande konsularische Beglaubigung; für die ev. zwischenliegenden Unterschriften aus dem Auslande genügt irgendwelche öffentliche (auch polizeiliche) Beglaubigung, sofern nur die dieselben bestätigende Unterschrift des öffentlichen Beamten konsularisch beglaubigt ist.

Vgl. C.P.O. §§. 380 ff., 402 ff. und Gesetz, betr. die Beglaubigung öffentlicher Urkunden, 1. Mai 78 R.G.B. 89, wonach inländische öffentliche Urkunden zum Gebrauch im Inlande keiner Beglaubigung, ausländische öffentliche Urkunden aber zur Annahme ihrer Echtheit der Legalisation durch einen Konsul oder Gesandten des Reichs bedürfen.

Das Patentamt prüft nur, ob die Urkunde formell und inhaltlich klar und vollständig ist; die Rechtsgültigkeit des Aktes prüft es nicht.

Zu Abs. 3 vgl. §. 23 Abs. 5, wonach auch die Eintragung in die Rolle unterbleibt, falls es sich um ein im Namen der Reichsverwaltung für die Zwecke des Heeres oder der Flotte nachgesuchtes und, auf Antrag ohne jede Bekanntmachung, ertheiltes Patent handelt.

Ueber Einsichtnahme vor Patentertheilung vgl. §. 23. Abschriften und Auszüge von den beim Patentamt beruhenden Eingaben und Verhandlungen kann Letzteres, soweit die Einsicht in dieselben gesetzlich nicht beschränkt ist (§§. 23 Abs. 5 und 19 Abs. 3), nach seinem Ermessen, d. h. beim Nachweis rechtlichen Interesses und genügender Legitimation, an Jedermann gegen Einzahlung der Kosten ertheilen (§. 29 Ausführ.-Verord. v. 11. Juli 91), vgl. unten unter Ausführungsbestimmungen.

Das „amtliche Blatt", eingeführt laut Bekanntmachung des Patentamts v. 19. Juli 77 (77, 1), besteht aus zwei selbständigen Theilen: a. dem Patentblatt, welches die amtlichen Verordnungen und hinter denselben Nichtamtliches, sowie unter dem besonderen Titel „Patentliste" die durch das Gesetz verlangten Bekanntmachungen enthält; b. den „Patentschriften", welche den vollen Inhalt der Beschreibungen und Zeichnungen bringen, gesondert und verkäuflich für jedes Patent in der Reichsdruckerei. P.A. 24. Juli 79 (381). Die Patentschriften können auch bei der Post bestellt werden; P.A. 5 u. 13. Okt. 88 (885, 895). Außerdem erscheinen als Publikationen des Patentamts die „Auszüge aus den Patentschriften", welche den Inhalt der Patentschriften gedrängt wiedergeben, P.A. 17. Dez. 79 (655), sowie alljährlich Verzeichnisse der bestehenden Patente. Endlich wird seit dem 1. Oktober 94 vom Patentamt ein Blatt für Patent-, Muster- und Zeichenwesen herausgegeben, welches Mittheilungen aus den Gebieten des Patent-, Muster- und Waarenzeichenrechts enthält.

Solche Theile von Beschreibungen, welche von dem Patentamt ausgeschieden sind, werden nicht zur Einsicht vorgelegt. Die zu veröffentlichende Beschreibung soll auch (§. 19 Abs. 4) die vom Patentsucher eingereichte Beschreibung in ihren wesentlichen Theilen wiedergeben. Die unveränderte Wiedergabe desselben enthält mithin das stillschweigende Anerkenntniß des Patentamts, daß alle Theile der vom Patentsucher eingereichten Beschreibung wesentlich seien. Dies ist aber nicht gleichbedeutend mit der Erklärung, daß das Patentamt alle Theile der Beschreibung als neu und patentfähig anerkenne und unter den Schutz des Patents stelle: denn die Prüfung, was wesentlich und unwesentlich sei, erfolgt in Beziehung auf den Zweck der Veröffentlichung; diese findet aber nicht bloß zu dem Zweck statt, den Umfang des Patents festzustellen, sondern auch um die Erfindung zur Kenntniß des gewerbtreibenden Publikums zu bringen und dasselbe in den Stand zu setzen, einerseits Zuwiderhandlungen gegen das Patent zu vermeiden, andrerseits behufs erlaubter Benutzung der patentirten Erfindung sein Interesse zu wahren. R.O.H. 6. Mai 79 (240).

Auch die Patentschrift ist für die Tragweite des Patents nicht unbedingt maßgebend; im Zweifel ist auf die Akten zurückzugehen.

Patentschriften dürfen nachgedruckt werden, nicht aber Beschreibung und Zeichnung vor Herausgabe der Patentschrift. Vgl. O.H.G. 18. Febr. 79 (180) u. R.G. 12. Febr. 95. (Strfs. 27, 22.)

Vgl. dazu auch das zu §. 2 Abs. 2 Gesagte.

Ueber Einforderung und Rückgabe von Modellen und Probestücken vgl. unten unter Ausführungsbestimmungen.

Um das in den Patentschriften aufgesammelte technische Material auch zur allgemeinen Förderung und Hebung der Industrie nutzbar zu machen und um den durch Beschaffung der Patentschriften dem Einzelnen erwachsenden verhältnißmäßig großen Kostenaufwand zu vermeiden, läßt das Patentamt bestimmten Behörden und Vereinen die Patentschriften behufs unentgeltlicher Auslegung zugehen. P.A. 89 (6). Das Verzeichniß s. unten unter Ausführungsbestimmungen, ebenso daselbst s. auch die vom Patentamt aufgestellten Patentklassen mit den dazu gehörigen Stichworten.

Dritter Abschnitt.

Verfahren in Patentsachen.

§. 20.

Die Anmeldung einer Erfindung behufs Ertheilung eines Patents geschieht schriftlich bei dem Patentamt. Für jede Erfindung ist eine besondere

Anmeldung erforderlich. Die Anmeldung muß den Antrag auf Ertheilung des Patents enthalten und in dem Antrage den Gegenstand, welcher durch das Patent geschützt werden soll, genau bezeichnen. In einer Anlage ist die Erfindung dergestalt zu beschreiben, daß danach die Benutzung derselben durch andere Sachverständige möglich erscheint. Am Schlusse der Beschreibung ist dasjenige anzugeben, was als patentfähig unter Schutz gestellt werden soll (Patentanspruch). Auch sind die erforderlichen Zeichnungen, bildlichen Darstellungen, Modelle und Probestücke beizufügen.

Das Patentamt erläßt Bestimmungen über die sonstigen Erfordernisse der Anmeldung.

Bis zu dem Beschlusse über die Bekanntmachung der Anmeldung sind Abänderungen der darin enthaltenen Angaben zulässig. Gleichzeitig mit der Anmeldung sind für die Kosten des Verfahrens zwanzig Mark zu zahlen.

Vgl. hierüber die vom Patentamt über die Anmeldung von Erfindungen im Allgemeinen und über die Anmeldung gewisser Erfindungen erlassenen Bestimmungen, sowie auch die Ausführ.-Verordn. vom 11. Juli 91 unten unter Ausführungsbestimmungen.

Wenngleich für jede Erfindung eine besondere Patentanmeldung erforderlich ist, so kann doch der Erfinder nach seinem Ermessen für eine auch aus mehreren, immerhin aber unbedingt zusammenhängenden Theilen bestehende Erfindung ein einheitliches Patent nachsuchen. Ebenso gestattet das Patentamt die Aufnahme mehrerer Einzeltheile eines Gerätes u. s. w. oder mehrere Ausführungsformen einer Sache in einer Anmeldung zu vereinigen, bringt aber im Allgemeinen auf strenge Sonderung aller nicht unbedingt zusammenhängenden Dinge. P.A. 7. Nov. 78 u. O.H.G. 27. Mai 79 (307).

Ueber „Kombinationspatent" s. das zu §. 1 Gesagte.

Ueber die Frage, ob ein Patent zu ertheilen ist, entscheidet allein und ausschließlich das Patentamt in dem dafür festgesetzten Verfahren. R.G. 24. Okt. 82.

Vorläufige Anmeldungen (Caveat des nordamerik. Patentrechts), bedingte oder Anmeldungen mit Vorbehalt sind unzulässig. P.A. 15. Aug. 78 (79, 31), 6. April 80 (107) u. 28. Febr. 81 (53).

Im Patentanmeldeverfahren ist die Wiederaufnahme einer früheren Anmeldung als prozessualisches Rechtsinstitut nicht anzuerkennen. P.A. 10. Nov. 94 (94/95, 146).

Wenn auch für die Frage, was patentirt sei, zunächst der Inhalt der Patenturkunde entscheidend und in der zur Erklärung derselben heranzuziehenden Patentschrift für die Beantwortung der Frage die Fassung des Patentanspruchs das Wesentliche ist, weil daraus entnommen werden kann, was als neu und patentfähig von dem Patentsucher bezeichnet und von dem Patentamt anerkannt worden ist, so kann doch zur Erläuterung des Patentanspruchs und der Patenturkunde auch die Beschreibung und Zeichnung benutzt werden.

Die Bedeutung der aus Titel, Beschreibung, Anspruch und Zeichnung sich zusammensetzenden Patentschrift ist nicht lediglich eine rechtliche, sondern zunächst eine technische, in sofern die Beschreibung und die zur Veranschaulichung derselben dienende Zeichnung nicht lediglich dazu bestimmt sind, den Umfang des Patentrechts festzustellen, sondern zunächst dazu, die Möglichkeit der Benutzung der Erfindung durch Verdeutlichung der Vorrichtungen oder des Verfahrens darzuthun. Dies gilt namentlich von der Beschreibung, die der Anmeldung als Anlage nach §. 20 beizufügen und während des Aufgebotsverfahrens offen zu legen ist.

Diese soll dem Patentamt darlegen, daß eine Erfindung gemacht sei, die eine gewerbliche Verwerthung gestattet. O.H.G. 27. Mai 79 (812).

Nach Ertheilung des Patents ist der Nachdruck der der Patentanmeldung beigefügten Beschreibung und Zeichnung ebenso statthaft wie der Wiederabdruck der Patentschriften, weil die Patentschrift ein öffentliches Aktenstück im Sinne des §. 7 Ges. vom 11. Juni 70, betr. das Urheberrecht an Schriftwerken, darstellt. R.G. 12. Febr. 95. (Straff. 27, 22).

„Bis zu dem Beschlusse über die Bekanntmachung" (früher „bis zu der Bekanntmachung"), d. h. bis der Beschluß verkündet oder zugestellt ist. — Eine Erfindung gilt als angemeldet im Sinne des Gesetzes, sobald sie ihrem wesentlichen Inhalte nach mit dem Antrage auf Patentirung dergestalt zur Kenntniß des Patentamtes gebracht ist, daß die Identität festgestellt werden kann. Die Nichterfüllung oder verspätete Erfüllung der nach den §§. 20 und 12 des Patentgesetzes oder sonst vom Patentamt aufgestellten Erfordernisse kann die Zurückweisung der Anmeldung zur Folge haben, aber keine Verschiebung des Zeitpunktes der Anmeldung bewirken. P.A. 17. Mai 82.

Ist die Bekanntmachung erfolgt, so sind nur noch formelle (und redaktionelle) Aenderungen zulässig. P.A. 27. Sept. 77 (27).

Die Gebührenzahlung bildet keinen Theil der Anmeldung, beeinflußt auch nicht deren Priorität; das Verfahren wird aber nicht eingeleitet, wenn sie ausbleibt. P.A. 28. Febr. 81 (53). Gebühren werden weder bei Zurücknahme der durch sachliche Verfügung einmal eingeleiteten Anmeldung noch bei deren Zurückweisung erstattet.

Stempel werden nicht erhoben; vgl. §. 12. Ges., betr. das Urheberrecht an Mustern ꝛc., v. 11. Jan. 76. R.G.B. 11.

§. 21.

Die Anmeldung unterliegt einer Vorprüfung durch ein Mitglied der Anmeldeabtheilung.

Erscheint hierbei die Anmeldung als den vorgeschriebenen Anforderungen (§. 20) nicht genügend, so wird durch Vorbescheid der Patentsucher aufgefordert, die Mängel innerhalb einer bestimmten Frist zu beseitigen.

Insoweit die Vorprüfung ergiebt, daß eine nach §§. 1, 2, 3, Absatz 1 patentfähige Erfindung nicht vorliegt, wird der Patentsucher hiervon unter Angabe der Gründe mit der Aufforderung benachrichtigt, sich binnen einer bestimmten Frist zu äußern.

Erklärt sich der Patentsucher auf den Vorbescheid (Absatz 2 und 3) nicht rechtzeitig, so gilt die Anmeldung als zurückgenommen; erklärt er sich innerhalb der Frist, so faßt die Anmeldeabtheilung Beschluß.

Während nach dem alten Patentgesetz (§. 21) die Anmeldung von der zuständigen Anmeldeabtheilung geprüft und ev. wegen auch auf voraufgegangene Aufforderung nicht abgestellter Mängel zurückgewiesen wurde, ist auf Vorschlag der Kommission zur Erhöhung der Bürgschaft für eine möglichst eingehende Behandlung und Beurtheilung der Ansprüche der Patentsucher das Institut der Vorprüfung als Vorinstanz in das neue Gesetz aufgenommen worden.

Ueber die Stellung des die Vorprüfung der Anmeldung vorzunehmenden Mitgliedes der Anmeldeabtheilung (Vorprüfer) zur Abtheilung und zu deren Berathungen und Beschlußfassungen vgl. das zu §§. 22 Abs. 1 und 24 Abs. 3 Gesagte.

Abs. 2 behandelt die formelle, Abs. 3 die materielle Prüfung der Anmeldung durch den Vorprüfer. Vorbescheid ist diejenige als „Vorbescheid“ bezeichnete Verfügung des Vorprüfers, in welcher der Anmelder auf formelle oder materielle Mängel der Anmeldung hingewiesen und zur Beseitigung der Mängel bezw. zu einer Erklärung auf den Hinweis binnen einer ausdrücklich gestellten Frist unter der Verwarnung aufgefordert wird, daß im Falle nicht rechtzeitiger Erklärung die Anmeldung als zurückgewiesen gilt.

Nach der Praxis des Patentamts gehört auch die Zahlung der Gebühr zu den Erfordernissen der Anmeldung und kann dieselbe daher auch mittels Vorbescheids eingezogen werden.

Die Festsetzung der Frist im Vorbescheid richtet sich nach dem einzelnen Falle, nach der Schwierigkeit oder Weitläufigkeit der geforderten Beseitigung der Mängel der Anmeldung oder auch nach der räumlichen Entfernung des Anmelders bezw. seines Vertreters vom Sitze des Patentamts. Die Frist wird auf (begründeten) Antrag des Anmelders mit oder ohne die vorgen. Verwarnung verlängert. Die Frist beginnt mit dem Tage der Zustellung und endet mit dem Ablauf des gleichbenannten Tages oder, wenn dies ein Sonn- oder Feiertag ist, des nächsten Werktages.

Die Bestimmung des Abs. 4 stellt eine Rechtsfiktion dar, gegen welche ein Gegenbeweis nicht zulässig ist; die Annahme, daß der Anmelder auf seine Anmeldung verzichte, wird auch wider seinen Willen ausgesprochen. Gegen den Vorbescheidsverfall ist auch kein Rechtsmittel gegeben; die Anmeldung kann nur (unter Verlust der bisherigen Priorität) zu einem neuen Verfahren wiederholt werden. Die in der Vorbescheidsverfallklausel unverkennbar liegende Härte hat in der Praxis dahin geführt, von dem Vorbescheid nur dann Gebrauch zu machen, wenn die Anmeldung nach der Ueberzeugung des vorprüfenden Mitgliedes der Anmelde-Abtheilung zurückzuweisen sein wird. Auch ist der Erlaß mehrerer Vorbescheide in einem Vorprüfungsverfahren, wenn auch nicht unzulässig, so doch nicht üblich.

Im Falle rechtzeitiger Erklärung des Patentsuchers faßt die Anmeldeabtheilung über die Anmeldung Beschluß, d. h. die Anmeldung wird vom Vorprüfer dem Berichterstatter der Anmeldeabtheilung zur Herbeiführung der Beschlußfassung vorgelegt, was nicht ausschließt, daß der Vorprüfer zuvor noch weitere Verfügungen erlassen und Feststellungen getroffen hat.

Zur Beschlußfassung der Abtheilung, die übrigens in einer Sitzung der Abtheilung und nicht auf Grund alleiniger Aktenvorlegung zu erfolgen hat (§. 7 Kais. Verordn. v. 11. Juli 91), bedarf es der Anwesenheit dreier Mitglieder, unter denen sich zwei technische befinden müssen. (§. 14 Abs. 3 P.G.)

§. 22.

Ist durch die Anmeldung den vorgeschriebenen Anforderungen (§. 20) nicht genügt oder ergiebt sich, daß eine nach §§. 1, 2, 3 Absatz 1 patentfähige Erfindung nicht vorliegt, so wird die Anmeldung von der Abtheilung zurückgewiesen. An der Beschlußfassung darf das Mitglied, welches den Vorbescheid erlassen hat, nicht theilnehmen.

Soll die Zurückweisung auf Grund von Umständen erfolgen, welche nicht bereits durch den Vorbescheid dem Patentsucher mitgetheilt waren, so ist demselben vorher Gelegenheit zu geben, sich über diese Umstände binnen einer bestimmten Frist zu äußern.

Die Anmeldeabtheilung hat die Anmeldung nach der formellen und materiellen Seite hin zu prüfen und ist in keiner Weise an die Meinung des Vorprüfers, die dessen Verfügungen und Bescheiden zu Grunde liegt, gebunden.

An der Beschlußfassung der Abtheilung nimmt der Vorprüfer als die Vorinstanz leitendes Mitglied nicht Theil, falls er einen Vorbescheid erlassen hat; im sonstigen ist seine Theilnahme an der Berathung zweckdienlich und deshalb üblich.

Die dem Patentsucher zuvor durch Vorbescheid oder auf andere Weise noch nicht bekannt gegebenen Zurückweisungsgründe werden demselben noch besonders mitgetheilt, sofern sie die Ablehnung wesentlich und nicht blos ergänzend rechtfertigen. Vgl. auch die analoge Bestimmung des §. 26 Abs. 4.

Eine theilweise Zurückweisung der Anmeldung ist aus rechtlichen und aus Zweckmäßigkeits-Gründen nicht angängig.

§. 23.

Erachtet das Patentamt die Anmeldung für gehörig erfolgt und die Ertheilung eines Patents nicht für ausgeschlossen, so beschließt es die Bekanntmachung der Anmeldung. Mit der Bekanntmachung treten für den Gegenstand der Anmeldung zu Gunsten des Patentsuchers einstweilen die gesetzlichen Wirkungen des Patents ein (§§. 4 und 5).

Die Bekanntmachung geschieht in der Weise, daß der Name des Patentsuchers und der wesentliche Inhalt des in seiner Anmeldung enthaltenen Antrags durch den Reichsanzeiger einmal veröffentlicht wird. Mit der Veröffentlichung ist die Anzeige zu verbinden, daß der Gegenstand der Anmeldung einstweilen gegen unbefugte Benutzung geschützt sei.

Gleichzeitig ist die Anmeldung mit sämmtlichen Beilagen bei dem Patentamt zur Einsicht für jedermann auszulegen. Auf dem durch §. 17 des Gesetzes bestimmten Wege kann angeordnet werden, daß die Auslegung auch außerhalb Berlins zu erfolgen habe.

Die Bekanntmachung kann auf Antrag des Patentsuchers auf die Dauer von höchstens sechs Monaten, vom Tage des Beschlusses über die Bekanntmachung an gerechnet, ausgesetzt werden. Bis zur Dauer von drei Monaten darf die Aussetzung nicht versagt werden.

Handelt es sich um ein im Namen der Reichsverwaltung für die Zwecke des Heeres oder der Flotte nachgesuchtes Patent, so erfolgt auf Antrag die Patentertheilung ohne jede Bekanntmachung. In diesem Falle unterbleibt auch die Eintragung in die Patentrolle.

Die beschlossene Bekanntmachung der Anmeldung schließt die spätere Versagung des Patents nicht aus, sofern nach Bekanntmachung, auch ohne daß Einspruch gegen die Patentertheilung erhoben ist, patenthindernde Thatsachen und Umstände hervortreten.

Die Wirkungen treten „mit“ der Bekanntmachung ein, aber von dem Tage ab, an welchem nach §. 7 das Patent laufen wird; sie dauern fort, wenn demnächst die Anmeldung zwar zurückgewiesen, gegen die Zurückweisung aber Beschwerde erhoben wird. Die Verfolgung etwaiger Patentverletzungen kann bis zum Abschluß des Verfahrens ausgesetzt werden. Vgl. C.P.O. §. 139, R.G. 24. Okt. 82. Bis zur endgültigen Ertheilung darf der Patentgegenstand nicht eine

Bezeichnung erhalten, welche auf eine erfolgte Patentirung schließen läßt. Vgl. auch das zu §. 40 Gesagte.

Ueber den Tag der thatsächlich erfolgten Veröffentlichung erhält in jedem einzelnen Falle der Patentsucher eine entsprechende Mittheilung (93, 678).

Beantragt der Anmelder die Zurückweisung einer bereits veröffentlichten Patent-Anmeldung, so hat er die durch die Bekanntmachung entstehenden Kosten zu tragen. Auch fallen ihm die Insertionskosten für die etwa nothwendig werdende wiederholte Bekanntmachung der Anmeldung zur Last. Die Einziehung der Geldbeträge erfolgt seitens des Patentamts. Bekanntmachung v. 3. Juli 95 (94/95, 246).

Als „wesentlicher Inhalt des Antrages" erscheint in der Bekanntmachung regelmäßig nur der dem Patent zu gebende Titel, welcher möglichst aus dem Patentanspruch (dessen Einleitung) entnommen wird. Die Bekanntmachung muß auch im Patentblatt erfolgen (§. 19 Abs. 4).

Die Auslegung der Anmeldung „mit sämmtlichen Anlagen" bezweckt die allgemeine Prüfung derselben und die Ermöglichung der etw. Einspruchserhebungen gegen die Patentertheilung. Nach einer Verordnung des Patentamts vom 18. Nov. 77 (61) ist die Einsichtnahme der Auslagen nur auf diesen Zweck zu beschränken und die Entnahme von Abschriften der Beschreibungen und Zeichnungen untersagt, wenngleich nach §. 29 der Kaiserl. Verordn. 11. Juli 91 das Patentamt nach seinem Ermessen von den bei ihm ruhenden Eingaben und Verhandlungen, soweit die Einsicht in dieselben nicht beschränkt ist, an Jedermann Abschriften und Auszüge gegen Einzahlung der Kosten ertheilen kann.

Abdruck der Auslagen (Patentbeschreibungen und Zeichnungen) ist vor der Ertheilung des Patents unstatthaft, nach der endgültigen Ertheilung aber zulässig. O.H.G. 18. Febr. 79 (180). P.A. 18. Nov. 77 (61), 5. Juli 79

(445), 12. Febr. 95 (Strfs. 27, 22). Vgl. §. 7c R.G. 11. Juni 70. R.G.B. 339.

Ein Patent, das ohne Bekanntmachung ertheilt worden, ist gleichwohl rechtsgültig.

Eine nach Abs. 3 unter Zustimmung des Bundesraths zu erlassende Kaiserl. Verord., durch welche die Einsicht der Auslagen den außerhalb Berlins wohnenden Interessenten thunlichst erleichtert werden soll, ist noch nicht ergangen.

Die Aussetzung des Verfahrens, d. h. der Prüfung der Anmeldung auf Antrag des Anmelders oder eines event. Gegners, ist unzulässig, wohl aber von Amtswegen vorzunehmen, wenn zur Prüfung der Anmeldung die endgültige Erledigung einer anderen, einen gleichartigen Gegenstand betreffenden Anmeldung abzuwarten ist. Vgl. das zu §. 3 Gesagte Abs. 4.

Neu ist die Bestimmung, daß auf Antrag des Anmelders die Aussetzung der Bekanntmachung der Anmeldung auf drei Monate nicht abgelehnt werden darf, auf die Dauer von höchstens sechs Monaten aber auf begründeten Antrag des Anmelders angeordnet werden kann. Zweck dieser Bestimmung ist, dem Patentsucher die Anmeldung seiner Erfindung in andern, außerdeutschen Ländern zu ermöglichen, ohne ihn der Gefahr auszusetzen, durch die in Deutschland bereits erlassene Bekanntmachung seinen Anspruch auf Patentirung da zu vereiteln, wo die Bekanntmachung den Begriff der Neuheit aufhebt.

Während bisher bei Nachsuchungen von Erfindungen für die Zwecke des Heeres oder der Flotte im Namen der Reichsverwaltung nur die Auslegung der Anmeldung und ihrer Beilagen, nicht die Bekanntmachung zu unterbleiben hatte, kann jetzt auf sachlich nicht zu prüfenden Antrag — sofern die gen. Behörde eine völlige Geheimhaltung der Erfindung als nothwendig erachtet — jede Publicität vermieden werden und jede Bekanntmachung, d. h. Veröffentlichung, Auslegung und Eintragung (in die Patentrolle), unterbleiben.

§. 24.

Innerhalb der Frist von zwei Monaten nach der Veröffentlichung (§. 23) ist die erste Jahresgebühr (§. 8 Absatz 1) einzuzahlen. Erfolgt die Einzahlung nicht binnen dieser Frist, so gilt die Anmeldung als zurückgenommen.

Innerhalb der gleichen Frist kann gegen die Ertheilung des Patents Einspruch erhoben werden. Der Einspruch muß schriftlich erfolgen und mit Gründen versehen sein. Er kann nur auf die Behauptung gestützt werden, daß der Gegenstand nach §§. 1 und 2 nicht patentfähig sei, oder daß dem Patentsucher ein Auspruch auf das Patent nach §. 3 nicht zustehe. Im Falle des §. 3 Absatz 2 ist nur der Verletzte zum Einspruch berechtigt.

Nach Ablauf der Frist hat das Patentamt über die Ertheilung des Patents Beschluß zu fassen. An der Beschlußfassung darf das Mitglied, welches den Vorbescheid (§. 21) erlassen hat, nicht theilnehmen.

Während nach dem früheren Gesetz (§. 8) die erste Jahresgebühr von dreißig Mark erst bei der endgültigen Ertheilung des Patents zu entrichten war, ist dieselbe jetzt innerhalb zweier Monate nach der Veröffentlichung, d. h. von dem Tage ab, an welchem die Nummer des Reichsanzeigers, in welcher die Anmeldung veröffentlicht worden ist, in Berlin zur Ausgabe gelangt ist, bei der Kasse des Patentamts einzuzahlen. Die Zahlungsvergünstigungen des §. 9 finden auf die Zahlung der ersten Jahresgebühr keine Anwendung, da in diesem Falle das Patent nicht erlöschen, sondern die Anmeldung als zurückgenommen gelten soll.

Auch gegen diese Zurücknahme-Vermuthung ist, wie beim Vorbescheidsverfall, kein Rechtsmittel zulässig, sondern nur die Wiederholung der Anmeldung angängig. Vgl. auch das zu §. 21 Abs. 4 Gesagte.

Ist der Einspruch verspätet erhoben, so ist er zwar als solcher nicht zu behandeln, namentlich nicht etwa dem Gegner zur Erklärung auf denselben mitzutheilen, wohl aber immer von Amtswegen als Material zur Prüfung der Anmeldung auch vom Standpunkte ihrer Bemängelung bei der Beschlußfassung zu berücksichtigen. P.A. 21. Juni 79 (341).

Ein wesentliches Erforderniß des Einspruchs ist, daß er innerhalb der Einspruchsfrist mit Gründen versehen eingeht, d. h. auf die Behauptung gestützt ist, daß der Gegenstand der Patentanmeldung nach §§. 1 u. 2 P.G. nicht patentfähig sei, oder daß dem Patentsucher ein Anspruch auf das Patent nach §. 3 nicht zustehe. P.A. 20. April 94 (379).

Der Einspruch kann nur auf patenthindernde Thatsachen im Sinne der §§. 1, 2 und 3 P.G. gegründet und von Jedermann erhoben werden, abgesehen von dem Falle der unbefugten Entnahme der Anmeldung aus dem gewerblichen Eigenthum eines Andern (§. 3. Abs. 2 P.G.), in welchem nur Letzterer zum Einspruch berechtigt ist. — Einsprechende, die im Auslande wohnen, bedürfen zur Einspruchserhebung keines Vertreters (§. 12 P.G.); wohl aber bedarf der Vertreter stets der Vollmacht.

Die Mittheilung des Einspruchs an den Patentsucher behufs Abgabe einer Gegenerklärung ist zwar vom Gesetz nicht vorgeschrieben, wohl aber in der Praxis üblich, um dem Gegner die Möglichkeit zu geben, die Einspruchsbehauptungen zu entkräften. Unter Umständen wird auch die Gegenerklärung des Patentsuchers dem Einsprechenden zur Erwiderung (Duplik) mitgetheilt, sofern dies zur Aufklärung des Thatbestandes, sowie auch im Sinne der Gleichmäßigkeit erforderlich erscheint. Nicht bestrittene Behauptungen werden für eingestanden nicht erachtet; ebensowenig ist in dem Ausbleiben der Gegenerklärung ein Eingeständniß zu erblicken. Die Einsprüche und alle Erklärungen und Gegenerklärungen sind stets in zwei Exemplaren einzureichen.

Ueber Beschlußfassung und die Theilnahme des Vorprüfers an derselben vgl. das zu §. 22 Abs. 1 Gesagte.

§. 25.

Bei der Vorprüfung und in dem Verfahren vor der Anmeldeabtheilung kann jederzeit die Ladung und Anhörung der Betheiligten, die Vernehmung von Zeugen und Sachverständigen, sowie die Vornahme sonstiger zur Aufklärung der Sache erforderlicher Ermittelungen angeordnet werden.

Das auch im neuen Patentgesetz stark zum Ausdruck gebrachte Prinzip der Mündlichkeit des Verfahrens findet namentlich in der vorstehenden Bestimmung seine volle Bestätigung, und wird in der Praxis namentlich von der Anhörung der Betheiligten umfassender Gebrauch gemacht, nicht allein, um den vielfach dahin geäußerten Wünschen derselben nach unmittelbarer Klarlegung ihrer Anträge zu entsprechen, sondern auch, um der sonst in der Beschwerdeinstanz nicht zu versagenden Anhörung der Betheiligten vorzubeugen.

Das Beweisverfahren ist an keine Form gebunden. Art und Umfang ruht ganz im Ermessen des Vorprüfers bezw. der Anmeldeabtheilung, nur der Parteieneid (der Eid des Anmelders und des Einsprechenden) ist ausgeschlossen. P.A. 18. März 79 (241).

Die Vernehmung und Vereidigung der Zeugen (und Sachverständigen) findet, sofern dieselben in oder in der Nähe von Berlin wohnen, vor dem Patentamt, sonst seitens des zuständigen Gerichts statt.

Der Beweisbeschluß unterliegt der allgemeinen Beschwerde nach §. 16, soweit er, was nicht nöthig, den Parteien mitgetheilt wird.

Das Patentamt kann von der Partei auf deren Kosten die Beibringung des Beweismaterials verlangen; andernfalls haben die Parteien die Kosten der Beweisaufnahme nicht zu tragen.

Die „Betheiligten" sind Patentsucher und Einsprechende.

Ueber Sachverständige vgl. das zu §. 14 Abs. 6 Gesagte.

Ueber Beschlußfassung vgl. noch das zu §§. 22 Abs. 1, 14 Abs. 3 P.G. Gesagte, sowie §§. 7 u. 8 Kaiserl. Verordn. v. 11. Juli 91 unten unter Ausführungsbestimmungen.

§. 26.

Gegen den Beschluß, durch welchen die Anmeldung zurückgewiesen wird, kann der Patentsucher, und gegen den Beschluß, durch welchen über die Ertheilung des Patents entschieden wird, der Patentsucher oder der Einsprechende innerhalb eines Monats nach der Zustellung Beschwerde einlegen. Mit der Einlegung der Beschwerde sind für die Kosten des Beschwerdeverfahrens zwanzig Mark zu zahlen; erfolgt die Zahlung nicht, so gilt die Beschwerde als nicht erhoben.

Ist die Beschwerde an sich nicht statthaft oder ist dieselbe verspätet eingelegt, so wird sie als unzulässig verworfen.

Wird die Beschwerde für zulässig befunden, so richtet sich das weitere Verfahren nach §. 25. Die Ladung und Anhörung der Betheiligten muß auf Antrag eines derselben erfolgen. Dieser Antrag kann nur abgelehnt werden, wenn die Ladung des Antragstellers in dem Verfahren vor der Anmeldeabtheilung bereits erfolgt war.

Soll die Entscheidung über die Beschwerde auf Grund anderer als der in dem angegriffenen Beschlusse berücksichtigten Umstände erfolgen, so ist den Betheiligten zuvor Gelegenheit zu geben, sich hierüber zu äußern.

Das Patentamt kann nach freiem Ermessen bestimmen, inwieweit einem Betheiligten im Falle des Unterliegens die Kosten des Beschwerdeverfahrens zur Last fallen, sowie anordnen, daß dem Betheiligten, dessen Beschwerde für gerechtfertigt befunden ist, die Gebühr (Absatz 1) zurückgezahlt wird.

Der Beschluß der Zurückweisung der Anmeldung kann vor wie nach der Bekanntmachung und Auslegung auch auf solche formelle oder sachliche Mängel gestützt werden, die schon vor der Bekanntmachung vorhanden waren. Der Beschluß über die Ertheilung des Patents kann sachliche Beschränkungen oder formelle (und redaktionelle) Aenderungen enthalten, nicht aber Bedingungen und Vorbehalte.

Das Recht der Beschwerdeführung hat der Patentsucher auf alle Fälle, sei es, daß er mit seiner Anmeldung vor oder nach deren Bekanntmachung und Auslegung abgewiesen, sei es, daß das Patent unter formeller oder sachlicher Beschränkung ertheilt worden ist, während der Einsprechende nur bei Ertheilung des Patents das Beschwerderecht hat, sofern er hierdurch gänzlich oder theilweise mit seinem Einspruch zurückgewiesen ist.

Die Beschwerdefrist (früher vier Wochen, jetzt ein Monat) ist präclusiv; eine Verlängerung derselben oder eine Restitution gegen ihre Verabsäumung ist unzulässig, wohl aber kann zur näheren Begründung der Beschwerde eine Frist gewährt werden.

Die Beschwerdegebühr ist innerhalb der Beschwerdefrist bei der Kasse des Patentamts einzuzahlen. Die im §. 9 vorgesehene Vergünstigung der rechtzeitigen Einzahlung der Gebühr bei einer Postanstalt im Gebiete des Deutschen Reiches behufs Ueberweisung an die Patentamtskasse ist auf die Zahlung der Beschwerdegebühr nur dann auszudehnen, wenn die Beschwerde selbst rechtzeitig zu den Akten eingegangen ist. Vgl. auch Anm. zu §. 20 Abs. 3. Rechtzeitig eingegangene Beschwerden ohne oder mit verspäteter Gebührenzahlung gelten als nicht erhoben; Zahlung nach Ablauf der Beschwerdefrist beseitigt die Versäumniß nicht; die Gebühr wird aber, weil die Beschwerde als nicht erhoben gilt, zurückgegeben. Nachträgliche Zahlung der Gebühr innerhalb der Beschwerdefrist ist zugelassen. Die Gebühren werden bei Verzicht auf die einmal eingelegte Beschwerde nicht erstattet; ebensowenig, wenn letztere erst nach Ablauf der Frist eingegangen ist.

Die Zustellung des Beschlusses ist durch §. 15 P.G. vorgeschrieben. Mit dem Tage der Zustellung beginnt die Beschwerdefrist. Ueber Fristberechnung s. Anm. 5 zu §. 21 P.G.

Um jeden Zweifel seitens der Betheiligten thunlichst zu beseitigen, daß namentlich in der Beschwerdeinstanz, deren Entscheidungen durch ordentliche Rechtsmittel nicht mehr angefochten werden können, der gesammte Sachverhalt erschöpfend geprüft werde, ist hier die in erster Instanz in das Ermessen der Anmeldeabtheilung gestellte Ladung und Anhörung der Parteien unbedingt vorgeschrieben, sofern letztere dies beantragen, und soll ein dahin zielender Antrag nur für den Fall abgelehnt werden dürfen, daß bereits in der ersten Instanz der Antragsteller geladen war. Eine in Wirklichkeit früher erfolgte Anhörung des Antragstellers ist zur Ablehnung des Antrags nicht erforderlich, da dem Antragsteller nur Gelegenheit hatte gegeben werden sollen, sich mündlich zu äußern. Ob er von dieser Gelegenheit absichtlich oder unabsichtlich keinen Gebrauch gemacht hat, ist unerheblich.

Die Bestimmung, daß auch im Beschwerdeverfahren dem Betheiligten neue, ihm zuvor nicht bekannt gewordene Entscheidungsgründe mitzutheilen sind, rechtfertigt sich gegenüber der Endgültigkeit der Entscheidungen von selbst. Vgl. zu §. 22 Abs. 2.

Zu einer nach §. 26 ergehenden Entscheidung bedarf es der Berathung und Abstimmung in einer Sitzung. §. 7 Abs. 2 Kaiserl. Verordn. v. 11. Juli 91 unten unter Ausführungsbestimmungen.

Zu den Kosten des Verfahrens gehören die aus der Kasse des Patentamts bestrittenen und die dem Betheiligten zur Wahrung seiner Rechte erwachsenen nothwendigen Auslagen. Vgl. §. 14 Kaiserl. Verordn. v. 11. Juli 91.

Von der Vorschrift des Abs. 6 — der auf Antrag der Kommission dem Gesetz eingefügt worden ist —, daß dem mit seiner Beschwerde durchdringenden Betheiligten die Beschwerdegebühr zurückerstattet werden kann, ist nur dann Gebrauch zu machen, wenn der angefochtene Beschluß auf einem offenbaren Irrthum zum Nachtheile des Beschwerdeführers beruht.

Die Anordnung der Zurückzahlung der Beschwerdegebühr ist nur eine geeignetenfalls von Amtswegen zu treffende Maßregel, welche einen Antrag des Beschwerdeführers nicht voraussetzt.

Die Beschwerdeschrift und alle im Laufe des Beschwerdeverfahrens von den Parteien eingereichten Schriftsätze sind in 2 Exemplaren (behufs Mittheilung an den Gegner) einzureichen. P.A. 15. Okt. 79 (529). Die Duplikate werden regelmäßig dem Gegner zur Erklärung mitgetheilt. Unterlassung einer Erklärung wird als Zugeständniß der gegnerischen Behauptungen nicht angesehen. Aufforderungen zum Beweisantritt für mit Beweismitteln nicht unterstützte Behauptungen werden unter der Verwarnung befristet, daß dieselben sonst als beweislos unberücksichtigt bleiben.

Die Beschwerde ist inhaltlich unbeschränkt; sie braucht mit Gründen überhaupt nicht versehen zu sein, andererseits kann sie völlig neue Gründe, selbst Ergänzungen und Aenderungen der Anmeldung bringen, sofern nur die Identität des Anmeldungsgegenstandes verbleibt. Formelle Abweisungsgründe sind nur die irreparabele Verspätung der Einlegung des Rechtsmittels und die verspätete oder unterlassene Einzahlung der Gebühr.

Im Beschwerdeverfahren finden die im Civilprozeß und im Verwaltungsstreitverfahren geltenden Grundsätze über die Anschlußbeschwerde sinngemäße Anwendung. Dem Gegner des Beschwerdeführers ist daher, auch wenn er die Frist zur Einlegung des Rechtsmittels hat ungenutzt verstreichen lassen, der Anschluß an das Rechtsmittel mit der Wirkung einer selbständigen Beschwerdeeinlegung gestattet. Die Anschlußbeschwerde ist gebührenfrei.

§. 27.

Ist die Ertheilung des Patents endgültig beschlossen, so erläßt das Patentamt darüber durch den Reichsanzeiger eine Bekanntmachung und fertigt demnächst für den Patentinhaber eine Urkunde aus.

Wird die Anmeldung nach der Veröffentlichung (§. 23) zurückgenommen oder wird das Patent versagt, so ist dies ebenfalls bekannt zu machen. Die eingezahlte Jahresgebühr wird in diesen Fällen

erstattet. Mit der Versagung des Patents gelten die Wirkungen des einstweiligen Schutzes als nicht eingetreten.

Ein endgültiger Patentertheilungsbeschluß liegt nicht schon vor, wenn nach Ansicht des Patentamts — P.A. 78 (120) — derselbe dem Antrage des Patentsuchers vollkommen entspricht und mittels Einspruchs nicht angefochten worden ist, sondern erst, wenn die auch dem Patentsucher nach 26 P.G. zustehende Beschwerde unerhoben geblieben bezw. über dieselbe entschieden ist.

Die Bekanntmachung der Patentertheilung erfolgt nach §. 19 Abs. 4 (auf Kosten des Patentamts) auch im Patentblatt.

Die „Urkunde" heißt Patenturkunde; sie enthält Patentnummer, Titel, Namen des Inhabers, Beschreibung, Anspruch, Zeichnung, Beginn der Dauer des Patents, während der Beschluß über die Ertheilung des Patents, dessen Ausfertigung ebenfalls in urkundlicher Form den Betheiligten zugestellt wird, nur Titel und Beginn der Dauer des Patents neben dem Namen des Inhabers enthält. Zeichnung und Beschreibung werden im Patentamt redigirt und gedruckt und in dieser Form, in der sie auch in die Patentschriften übergehen, der Urkunde einverleibt; die Urkunde wird infolgedessen erst einige Zeit nach der Ertheilung des Patents fertiggestellt. Bei der Revision der Zeichnung und Beschreibung sind nur äußerliche, redaktionelle, nicht sachliche Aenderungen zulässig. Ueber die Bedeutung der Patentschrift für die Tragweite des Patents vgl. zu §. 19.

Schon vor Zustellung der Patenturkunde erhält der Patentsucher eine Mittheilung über die Eintragung des Patents in die Patentrolle und die dem Patent dort gegebene Nummer. Diese Mittheilung vergewissert ihn, daß die Ertheilung „endgültig" ist.

Uebertragungen oder Löschungen des Patents werden

ebenso wenig wie die Vertretungen auf der Patenturkunde vermerkt.

Die Drucklegung und Veröffentlichung der Patentschrift findet nach endgültiger Ertheilung des Patents auch gegen den Willen des Patentsuchers, selbst wenn das Patent durch Nichtzahlung der Gebühr oder infolge Verzicht seitens des Patentinhabers gelöscht worden ist, statt, um die einmal bekannt gemachte und später auch unter beschränkten Schutz gestellte Erfindung der allgemeinen Kenntniß nicht zu entziehen.

Patentschriften sind vom Patentamt unter den vom Patentamt vorgeschriebenen und bekannt gemachten Bedingungen zu beziehen, werden auch an bestimmte in- und ausländische Behörden und Vereine versandt und von denselben zur unentgeltlichen Einsichtnahme ausgelegt. S. Anlage. —

Mit der Verausgabung der Patentschrift wird dieselbe eine öffentliche Druckschrift im Sinne des §. 2.

Um die Allgemeinheit über das Schicksal einer einmal bekannt gemachten Anmeldung zu unterrichten, wird auch deren Zurücknahme und nicht allein (wie bisher) die endgültige Versagung des Patents im Reichsanzeiger und im Patentblatt bekannt gemacht.

An die Zurücknahme der bekannt gemachten Anmeldung knüpft sich dieselbe Rechtsfolge wie an die Versagung des Patents.

§. 28.

Die Einleitung des Verfahrens wegen Erklärung der Nichtigkeit oder wegen Zurücknahme des Patents erfolgt nur auf Antrag.

Im Falle des §. 10 Nr. 3 ist nur der Verletzte zu dem Antrage berechtigt.

Im Falle des §. 10 Nr. 1 ist nach Ablauf von

fünf Jahren, von dem Tage der über die Ertheilung des Patents erfolgten Bekanntmachung (§. 27 Absatz 1) gerechnet, der Antrag unstatthaft.

Der Antrag ist schriftlich an das Patentamt zu richten und hat die Thatsachen anzugeben, auf welche er gestützt wird. Mit dem Antrage ist eine Gebühr von fünfzig Mark zu zahlen. Erfolgt die Zahlung nicht, so gilt der Antrag als nicht gestellt. Die Gebühr wird erstattet, wenn das Verfahren ohne Anhörung der Betheiligten beendet wird.

Wohnt der Antragsteller im Auslande, so hat er dem Gegner auf dessen Verlangen Sicherheit wegen der Kosten des Verfahrens zu leisten. Die Höhe der Sicherheit wird von dem Patentamt nach freiem Ermessen festgesetzt. Dem Antragsteller wird bei Anordnung der Sicherheitsleistung eine Frist bestimmt, binnen welcher die Sicherheit zu leisten ist. Erfolgt die Sicherheitsleistung nicht vor Ablauf der Frist, so gilt der Antrag als zurückgenommen.

Die materiellen Voraussetzungen, unter denen ein endgültig ertheiltes Patent für nichtig erklärt bezw. zurückgenommen werden kann, sind in §§. 10 bezw. 11 vorgeschrieben. Beide Klagen sind Popularklagen, sie können von Jedermann, jeder physischen oder juristischen Person des In- und Auslandes, auch ohne Nachweis eines Interesses — O.H.G. 27. Mai 79 (309) — angestellt werden, abgesehen von dem Klagegrunde aus §. 10, 3 (8 Abs. 2), der unbefugten Entnahme der später geschützten Anmeldung aus dem gewerblichen Eigenthum eines Andern, der nur Letzterem die Aktivlegitimation gewährt. Gemäß §. 10, 8 gilt nicht nur der wirkliche Erfinder und sein Rechtsnachfolger, sondern auch schon der Besitzer der Erfindung als verletzt. Die Verletzung braucht nur eine Benachtheiligung, nicht eine Rechtsverletzung zu enthalten. O.H.G. 27. Mai 79 (309), R.G. 23. Mai 80 (81, 88). Während bisher die Nichtigkeitsklage an keine Frist gebunden war, ist dieselbe jetzt, sofern sie auf mangelnde Patentfähigkeit (§§. 1 u. 2) gegründet wird, nur innerhalb fünf Jahren seit dem Tage der Bekanntmachung der Patentertheilung zulässig, weil der Begriff der Erfindung sowie der Neuheit einer solchen zu verschiedenen Zeiten verschieden beurtheilt wird und deshalb die nachträgliche Prüfung der Patentfähigkeit sich schwieriger gestaltet.

Als „verletzt" im Sinne des §. 28 und zur Nichtigkeitsklage nach §. 10, 3 legitimirt ist derjenige anzusehen, der zur Einspruchserhebung aus §. 3 befugt ist, und zwar derjenige, der vermöge der in seinem Besitze befindlichen Beschreibungen u. s. w. oder des von ihm angewendeten Verfahrens thatsächlich im Stande ist, über die Erfindung zu verfügen, also nicht nur der wahre Erfinder, sondern auch der Erfindungsbesitzer. R.G. 23. Okt. 80.

Die Eröffnung des Konkursverfahrens über das Vermögen des Nichtigkeitsklägers ist auf die anhängige Streitsache wegen Vernichtung eines Patentts einflußlos. R.G. 17. Juni 93 (94, 12).

Die Frist nach §. 28 Abs. 3 ist nicht gewahrt, wenn innerhalb der vorgesehenen Frist zwar der Nichtigkeitsantrag eingegangen, die Gebühr aber erst nach ihrem Ablauf gezahlt worden ist. Im Nichtigkeitsverfahren wird vom Nichtigkeitskläger die Benennung des Gegners nicht verlangt, weil die Klage stets dem in der Patentrolle eingetragenen Inhaber des Patents mitzutheilen ist. P.A. 10. Jan. 95 (94/95, 223).

Die Einleitung des Verfahrens kann abgelehnt werden, wenn der Antrag formell nicht genügt oder den Anforderungen des §. 28 nicht entspricht; gegen den Ablehnungsbeschluß ist die Beschwerde nach §. 16. P.A. u. §. 2 Kaiserl. Verordn. v. 11. Juli 91 zulässig.

Gegen die Nichtigkeits- bezw. Zurücknahmeklage ist Widerklage nicht ausgeschlossen. P.G. 7. April 79 (287).

Der Parteieid ist auch in diesem Verfahren ausgeschlossen, P.A. 18. März 79 (241), während für dasselbe im Uebrigen die Vorschriften der C.P.O. entsprechende Anwendung finden, soweit dieselben nicht durch ausdrückliche Bestimmung oder durch den Zweck des Verfahrens ausgeschlossen sind. O.H.G. 27. Mai 79 (309), R.G. 24. Febr. 83 (182).

Wer unter Vorschiebung eines Dritten als Kläger in Wahrheit die Nichtigkeitsklage betreibt, kann nicht als Zeuge vernommen werden. R.G. 26. Juni 95 (94/95, 285).

Die Angabe von Thatsachen für den Nichtigkeitsantrag ist derart wesentlich, daß die an den Antrag geknüpften Folgen nicht eintreten, wenn jenes Erforderniß fehlt. Durch einen dieser Angabe ermangelnden Antrag wird die Frist des §. 28 Abs. 3 nicht gewahrt. P.A. 14. Febr. 95 (94/95, 246).

Der Verzicht des Beklagten auf einen mit der Nichtigkeitsklage angefochtenen Patentanspruch macht die Klage nicht gegenstandslos. Anerkenntniß der Nichtigkeit seitens des Beklagten ist an sich kein Nichtigkeitsgrund. P.A. 14. Febr. 95 (94/95, 247).

Um unbegründeten Nichtigkeits- und Zurücknahmeklagen möglichst vorzubeugen, ist jetzt die Zulassung der Klage von der Zahlung einer Gebühr abhängig gemacht. (Mot.)

Um den beklagten Patentinhaber nicht der Gefahr auszusetzen, für seine Auslagen ohne Ersatz zu bleiben, hat jetzt auf dessen Antrag nach Analogie des §. 102 ff. C.P.O. nicht sowohl der Ausländer, als vielmehr jeder im Auslande wohnende Antragsteller (§. 12 P.G.) binnen einer Ausschlußfrist eine vom Patentamt unter Berücksichtigung auch der etwa zweitinstanzlichen Kosten festzusetzende Sicherheit zu leisten.

Für die Sicherheitsleistung bezüglich der Prozeßkosten

ist im Patentnichtigkeitsstreite lediglich §. 28 Abs. 5 des Patentgesetzes und nicht §. 102 Abs. 1 der Civilprozeßordnung maßgebend. R.G. 21. Dez. 95 (96, 111).

Eines Vertreters aber bedürfen die im Auslande wohnenden Antragsteller nicht.

Wird die Zurücknahmeklage auf §. 11, 2 gegründet, so hat der Antragsteller den Nachweis zu führen, daß ihm selbst die Erlaubniß zur Benutzung der Erfindung dem öffentlichen Wohle zuwider versagt worden ist. P.A. 7. Febr. 84 (193). Der Antrag auf Zurücknahme darf nicht deshalb zurückgewiesen werden, weil die 3jährige Frist erst während des Verfahrens abgelaufen ist. R.G. 11. Dez. 86 (90).

Die Anträge auf Nichtigkeitserklärung bezw. Zurücknahme eines Patents gehören vor eine besondere Abtheilung des Patentamts. Vgl. §. 14, Nr. 2. Anträge auf Vernichtung und auf Zurücknahme eines Patents können mit einander verbunden, nicht aber im Laufe des Verfahrens durch einander ersetzt werden. Zunächst wird allein über die Nichtigkeit, und erst nach Ablehnung dieses Antrages über die Zurücknahme verhandelt.

Der Antrag ist in 2 Exemplaren einzureichen; P.A. 15. Okt. 79 (529), er kann jeder Zeit zurückgenommen und wiederholt werden. P.A. 19. Aug. 80 (81, 19). Ist er zurückgewiesen, so kann er aus demselben Klagegrunde, selbst nicht mit neuen Beweismitteln, wohl aber auf Grund neuer, erst nach der Zurückweisung eingetretener Thatsachen wiederholt werden. R.G. 12. Nov. 87 (825).

Der Antrag kann mehrere Patente desselben Beklagten anfechten, sofern nur dieselben dem gleichen technischen Gebiete angehören. In diesem Falle kann auch ein Theilurtheil ergehen, falls nicht die Fällung eines Gesammtendurtheils geboten erscheint. P.A. 89 (44 ff.).

Andererseits kann der Antrag auch nur gegen einen Theil des Patents gerichtet sein. Er muß sich auf einen bestimmten Klagegrund und auf bestimmte Thatsachen stützen;

Beweismittelangabe ist nicht unbedingt nothwendig, wohl aber geboten. Selbständige Klagegründe sind: Mangel der gewerblichen Verwerthung oder der Neuheit nach §. 1, Abs. 1, Verletzung nach §. 1, Nr. 1. u. 2 u. §. 3, 2 (§. 10, 2) oder §. 11, 1 u. 2.

Auch im patentrechtlichen Nichtigkeits- und Zurücknahmeverfahren hat der Nebenintervenient ein rechtliches Interesse im Sinne des §. 63 Civilprozeßordnung nachzuweisen. R.G. 27. Febr. 96 (96, 152).

§. 29.

Nachdem die Einleitung des Verfahrens verfügt ist, fordert das Patentamt den Patentinhaber unter Mittheilung des Antrags auf, sich über denselben innerhalb eines Monats zu erklären.

Erklärt der Patentinhaber binnen der Frist sich nicht, so kann ohne Ladung und Anhörung der Betheiligten sofort nach dem Antrage entschieden und bei dieser Entscheidung jede von dem Antragsteller behauptete Thatsache für erwiesen angenommen werden.

Gegenüber dem früheren Wortlaut dieses Paragraphen ist nur die Erklärungsfrist von 4 Wochen in 1 Monat geändert. Ueber die Berechnung der Frist vgl. zu §. 21.

Wenngleich im Falle der Nichterklärung des Patentinhabers das Versäumnißverfahren im Sinne des §. 295 C.P.O. zulässig ist, so ist es doch in das Ermessen des Patentamts gestellt, mit Rücksicht auf die bei Anfechtung eines Patents in Frage kommenden öffentlich rechtlichen Interessen, die Behauptungen des Antragstellers nicht unbedingt als zugestanden und erwiesen anzusehen, sondern über dieselben von Amtswegen zu befinden und erforderlichen Falles Beweis zu erheben.

Auch soll namentlich der Zurückweisung des Nichtigkeitsantrages stets das vollständige Verfahren, namentlich unter Ladung und Anhörung der Betheiligten voraufgehen, während bei Gewährung der Anträge auf Nichtigkeitserklärung oder Zurücknahme nach §. 29, 2 verfahren werden kann.

Die gesetzliche Frist zur Erklärung des Patentinhabers auf den Nichtigkeitsklageantrag kann zwar nicht verlängert, wohl aber kann für die nähere Begründung der Erklärung eine Frist gewährt, und ebenso eine verspätet eingegangene Erklärung noch berücksichtigt werden. R.G. 1. Mai 80 (101).

Alle Erklärungen sind in 2 Exemplaren einzureichen. P.A. 15. Okt. 79 (529).

In dem Termin zur Anhörung der Parteien können noch neue Thatsachen und Beweismittel, ebenso wie neue Einreden gegen die Klage vorgebracht, andererseits auch der Klageantrag auf andere Ansprüche ausgedehnt werden; nur die Aenderung, nicht die Erweiterung oder Ergänzung des Klagegrundes ist nach Mittheilung des Antrags an den Beklagten nicht mehr zulässig. R.G. 12. Mai 80 (108), R.G. 14. Juni 84 (268). P.A. 7. April 79 (287), 30. Okt. 79 (81, 16), 5. Juli 80 (205), 11. Jan. 81 (122).

Der beklagte Patentinhaber, der im Auslande wohnt, bedarf eines Vertreters, ohne den er nicht zugelassen wird.

Wer ein rechtliches Interesse an der Sache darthut, kann als Nebenintervenient zur Unterstützung des Klägers oder Beklagten auftreten und Rechtsmittel einlegen (§§. 63 ff. C.P.O.), dagegen ist Adhäsion an das gegnerische Rechtsmittel im patentrechtlichen Verfahren unzulässig. P.A. 22. Juni 82 R.G. 18. Febr. 84 (84, 189 ff.).

§. 30.

Widerspricht der Patentinhaber rechtzeitig, oder wird im Falle des §. 29 Absatz 2 nicht sofort nach

dem Antrage entschieden, so trifft das Patentamt, und zwar im ersteren Falle unter Mittheilung des Widerspruchs an den Antragsteller, die zur Aufklärung der Sache erforderlichen Verfügungen. Es kann die Vernehmung von Zeugen und Sachverständigen anordnen. Auf dieselben finden die Vorschriften der Civilprozeßordnung entsprechende Anwendung. Die Beweisverhandlungen sind unter Zuziehung eines beeidigten Protokollführers aufzunehmen.

Die Entscheidung erfolgt nach Ladung und Anhörung der Betheiligten.

Wird die Zurücknahme des Patents auf Grund des §. 11 Nr. 2 beantragt, so muß der diesem Antrage entsprechenden Entscheidung eine Androhung der Zurücknahme unter Angabe von Gründen und unter Festsetzung einer angemessenen Frist vorausgehen.

Zur Feststellung und Aufklärung des Sachverhalts kann das Patentamt von den Parteien Beweis verlangen und die beschlossene Beweiserhebung von der Stellung einer Sicherheit wegen der voraussichtlichen Kosten abhängig machen, auch von Amtswegen Ermittelungen über ihm nicht vorgetragene Thatsachen anstellen, ohne sich überhaupt bei Würdigung der Thatsachen an die Beweisanträge der Parteien zu binden. Die Widerklage ist im Nichtigkeitsverfahren statthaft, der Parteieneid unzulässig, Urkundenbeweis zulässig. P.A. 18. März 79 (241), 18. Febr. 79 (287), R.G. 12. Mai 80 (105), P.A. 28. Febr. 81 (146), 3. Jan. 84, R.G. 28. Juni 84 (294).

Wird das Hauptpatent für nichtig erklärt, so wird das

älteste Zusatzpatent ohne Weiteres Hauptpatent (unter der Verpflichtung der Fortzahlung der Gebühren für das frühere Hauptpatent). P.A. 25. Nov. 80 (80, 226). Vgl. im Uebr. zu §. 7 Abs. 2.

Die im Abs. 3 vorgeschriebene Androhung kann in jeder Lage des Verfahrens bis zur Entscheidung erfolgen; sie ist nach §. 16 anfechtbar. Nach Ablauf der Frist wird das Verfahren ohne neuen Antrag fortgesetzt; noch im Berufungsverfahren kann durch Einräumung einer angemessenen Benutzung des Patents die Abweisung der Klage herbeigeführt werden. (Kom.Bericht zum früh. P.G.)

Der Antrag auf Zurücknahme kann nicht deshalb zurückgewiesen werden, weil die dreijährige Frist erst während des Verfahrens abgelaufen ist. R.G. 11. Dez. 86 (39).

§. 31.

In der Entscheidung (§§. 29, 30) hat das Patentamt nach freiem Ermessen zu bestimmen, zu welchem Antheile die Kosten des Verfahrens den Betheiligten zur Last fallen.

Zu den Kosten des Verfahrens gehören, außer der mit dem Antrage zu zahlenden Gebühr (§. 28 Abs. 4) und den aus der Kasse des Patentamts für Zeugen- und Sachverständigen-, Schreibgebühren u. s. w. bestrittenen Auslagen, diejenigen den Betheiligten erwachsenen Kosten, die nach freiem Ermessen des Patentamts zur zweckentsprechenden Wahrung der Rechte, namentlich auch für Vertretung, nothwendig waren. Vgl. auch §. 14 Verordn. v. 11. Juli 91 unten unter Ausführungsbestimmungen.

Die Kosten werden vom Patentamt nach Maßgabe der C.P.O. (§§. 98 u. 99) festgesetzt, nachdem das Duplikat des Festsetzungsgesuchs dem Gegner zur Erklärung mitgetheilt worden ist. Der Festsetzungsbeschluß ist mit der

Beschwerde nach §. 16 anfechtbar. Auf vorausgehenden Antrag des Erstattungsberechtigten läßt das Patentamt den Festsetzungsbeschluß von dem Gericht, in dessen Bezirk die zahlungspflichtige Partei ihren Wohnsitz hat — (R.G. 19. Sept. 94. 94/95, 13) —, mit der Vollstreckungsklausel versehen und den Beschluß mit letzterer dem Gläubiger zugehen, der nunmehr im Wege der Zwangsvollstreckung die Kosten beitreiben kann.

Im Kostenfestsetzungsverfahren können nach Erlaß des Beschlusses Kosten, die vor Aufstellung der Kostenrechnung entstanden, aber in diese nicht aufgenommen waren, nicht nachgefordert werden. R.G. 28. Nov. 94 (94/95, 125).

Mit den Vorschriften der C.P.O. über die Vernehmung von Zeugen finden auch die Bestimmungen über deren Befähigung u. s. w. Anwendung. C.P.O. §§. 358 ff. u. 371 ff. Die Beweisführung kann ohne Zuziehung der Parteien erfolgen, dieselben werden aber von der bevorstehenden Vernehmung benachrichtigt und zur Aeußerung über das Ergebniß derselben verstattet.

Nach Analogie des §. 101 ff. C.P.O. kann der Beklagte mit seiner Erklärung auf den Nichtigkeitsantrag das Verlangen verknüpfen, daß der Kläger wegen des Ersatzes der ihm aus dem Verfahren erwachsenden Kosten Sicherheit bestelle. P.A. 4. Okt. 81 (411).

Das Ausbleiben einer Partei hat auf die Beurtheilung von Anträgen und Behauptungen keinen Einfluß. P.A. 16. Juli 81 (228).

Durch die Veräußerung des Patents wird das Verfahren nicht beeinflußt, sondern gegen den Veräußerer fortgesetzt. P.A. 21. Juli 82 (91).

Im Falle des Todes einer Partei wird das Verfahren ausgesetzt unter Bestimmung einer Frist, in welcher die Rechtsnachfolger der Partei sich zu erklären haben. Geht eine Erklärung nicht ein, so wird das Verfahren, wenn der Kläger gestorben, als erledigt angesehen, im Falle des Todes des Beklagten, ohne Rücksicht auf den

Patentinhaber, fortgeführt, geeigneten Falles unter sofortiger Vernichtung oder Zurücknahme des Patents. — Letzteres gilt auch für den Fall, daß der Kläger in Konkurs geräth. P.A. 4. Okt. 88 (89, 39).

§. 32.

Die Gerichte sind verpflichtet, dem Patentamt Rechtshülfe zu leisten. Die Festsetzung einer Strafe gegen Zeugen und Sachverständige, welche nicht erscheinen oder ihre Aussage oder deren Beeidigung verweigern, sowie die Vorführung eines nicht erschienenen Zeugen erfolgt auf Ersuchen durch die Gerichte.

Die Rechtshülfe wird nicht nach Maßgabe des Gesetzes vom 21. Juni 69 (B.G.B. 305), sondern nach Titel XIII Ger.Verf.Ges. v. 27. Jan. 77 (R.G.B. 305) §§. 157—169 beansprucht und geleistet, und zwar nach der Praxis auch in dem Patentertheilungs-Verfahren; sie wird auf Handlungen richterlicher Natur, zumeist zeugeneidliche Vernehmung außerhalb Berlins und seiner Umgebung wohnender Personen, beschränkt. Soweit angängig, werden Zeugen (und Sachverständige) vom Patentamt in allen vor demselben schwebenden Verfahren auch eidlich vernommen.

Die Verpflichtung der Gerichte, dem Patentamt Rechtshülfe zu leisten, erstreckt sich auch darauf, daß das Gericht, in dessen Bezirk die zahlungspflichtige Partei ihren Wohnsitz hat, die Ausfertigungen der Kostenfestsetzungsbeschlüsse des Patentamts mit der Vollstreckungsklausel zu versehen hat. R.G. 19. Sept. 94 (94/95, 18).

Bei Festsetzung der Strafen gegen Zeugen hat das Gericht auch den Anlaß zur Bestrafung zu prüfen.

§. 33.

Gegen die Entscheidung des Patentamts (§§. 29, 30) ist die Berufung zulässig. Die Berufung geht an das Reichsgericht. Sie ist binnen sechs Wochen nach der Zustellung bei dem Patentamt schriftlich anzumelden und zu begründen.

Durch das Urtheil des Gerichtshofs ist nach Maßgabe des §. 31 auch über die Kosten des Verfahrens zu bestimmen.

Im Uebrigen wird das Verfahren vor dem Gerichtshof durch ein Regulativ bestimmt, welches von dem Gerichtshof zu entwerfen ist und durch Kaiserliche Verordnung unter Zustimmung des Bundesraths festgestellt wird.

Nur gegen „Entscheidungen“, d. h. gegen Endurtheile, nicht schon gegen Beschlüsse der Nichtigkeitsabtheilung ist die Berufung zulässig. Letztere sind mit der Beschwerde nach §. 16 anzufechten.

Die Frist ist gewahrt, sofern die Schriftstücke, die sich am letzten Tage nach Schluß der Dienststunden in dem Briefkasten des Patentamts befinden, bei regelmäßiger Geschäftsbehandlung noch innerhalb der Frist durch Oeffnen des Kastens in den Besitz des Patentamts gelangen würden, oder sofern dieselben an einen Beamten des Patentamts persönlich am letzten Tage nach Schluß der Dienststunden zugestellt werden. R.G. 20. März 80 (82).

Vertretung im Berufungsverfahren ist nur durch einen zur Praxis bei dem Reichsgericht zugelassenen Rechtsanwalt möglich; der im Auslande wohnende Patentinhaber muß außerdem nach §. 12 vertreten sein. Den Parteien und ihren Vertretern ist es gestattet, mit einem technischen

Beistande zu erscheinen. Vgl. auch §. 14 Verordn. 6. Dez. 91, betr. das Berufungsverfahren in Patentsachen vor dem Reichsgericht unten unter Ausführungsbestimmungen.

Thatsachen, die von einer Partei zu spät oder gar nicht vorgebracht sind, können vom Gericht nach Ermessen gewürdigt werden. O.H.G. 10. Dez. 78, R.G. 24. Jan. 80 (54).

Dagegen kann ein in erster Instanz nicht erhobener Anspruch nicht in zweiter Instanz vorgebracht werden. Ebenso wenig kann das Gericht über den Antrag hinausgehen, oder einen andern Klagegrund unterstellen. Vgl. auch zu §. 29.

Auch können Berufungsanträge, welche nach Ablauf der Berufungsfrist gestellt werden, im Nichtigkeitsverfahren keine Berücksichtigung finden. R.G. 25. Sept 93 (93, 587).

Wie im Civilprozeß, so soll auch in dem patentrechtlichen Berufungsverfahren die Entscheidung über den Kostenpunkt für sich allein nicht Gegenstand der Berufung sein. R.G. 20. Dez. 81 (82, 25). Wohl aber entscheidet das Gericht auch über die Vertheilung der Kosten erster Instanz, soweit diese angefochten ist.

Wird ein Patent theilweise für nichtig erklärt, so wird die Patentschrift neugedruckt und mit einem Zusatz versehen, welcher der Bekanntmachung der theilweisen Nichtigkeitserklärung im Reichsanzeiger entspricht. Der Neudruck wird als zweite Auflage bezeichnet.

Das Regulativ zu Abs. 3 ist die Verordn. v. 6. Dez. 91, betr. Beruf.Verfahren vor dem Reichsgerichte. Siehe unten unter Ausführungsbestimmungen.

§. 34.

In Betreff der Geschäftssprache vor dem Patentamt finden die Bestimmungen des Gerichtsverfassungsgesetzes über die Gerichtssprache entsprechende

Anwendung. Eingaben, welche nicht in deutscher Sprache abgefaßt sind, werden nicht berücksichtigt.

Wie die Gerichtssprache nach §. 186 ff. G.V.G., so soll auch die Geschäftssprache vor dem Patentamte die deutsche sein, was indessen nicht ausschließt, daß auch in nichtdeutscher Sprache abgefaßte Eingaben und Anlagen sowie Urkunden, insbesondere Vollmachten, angenommen und berücksichtigt werden können.

Vierter Abschnitt.

Strafen und Entschädigung.

§. 35.

Wer wissentlich oder aus grober Fahrlässigkeit den Bestimmungen der §§. 4 und 5 zuwider eine Erfindung in Benutzung nimmt, ist dem Verletzten zur Entschädigung verpflichtet.

Handelt es sich um eine Erfindung, welche ein Verfahren zur Herstellung eines neuen Stoffes zum Gegenstand hat, so gilt bis zum Beweise des Gegentheils jeder Stoff von gleicher Beschaffenheit als nach dem patentirten Verfahren hergestellt.

Während im alten Patentgesetz die civil- und die strafrechtliche Patentverletzung in einem Paragraphen (34) behandelt war, sind im neuen Gesetz beide Verletzungsarten getrennt (im §. 35 u. 36) gehalten.

Als subjektive Voraussetzung der civilrechtlichen Entschädigungspflicht ist im neuen Gesetz der Wissentlichkeit (nach dem alten Gesetz) die grobe Fahrlässigkeit gleichgestellt. Nachdem in der Praxis bereits mit dem direkten Vorsatz der eventuelle in der Begründung der Strafbarkeit der Handlung identifizirt ist — R.G. 1. Nov. 86 (429) —, soll durch die neue Bestimmung auch bei civilrechtlichen Patentverletzungs-Verfolgungen dem Patent-Inhaber der bisher vielfach mit großen Schwierigkeiten verbundene Nachweis der Wissentlichkeit erleichtert, und andererseits derjenige zu verschärfter Aufmerksamkeit angehalten werden, den ohnehin sein Beruf in fortgesetzte Berührung mit den Erzeugnissen patentirter Erfindungen bringt. Mot. Wissentlichkeit ist ausgeschlossen, wenn der Thäter über Gegenstände und Umfang des Patents im (entschuldbaren) Irrthum sich befunden hat. R.G. 17. Mai 82 (89). Vorsatz setzt Wissentlichkeit nicht voraus. R.G. 5. Nov. 86 (427). Ebensowenig bedingt Fortsetzung der Benutzung der geschützten Erfindung seitens des Beklagten, nachdem gegen ihn auf Einstellung der Benutzung geklagt ist, nothwendigerweise Wissentlichkeit. R.G. 9. Juni 88.

Die Patentverletzungsklage setzt voraus, daß der Beklagte das Recht des Klägers verletzt habe oder wenigstens zu verletzen beabsichtige. — Liegt der Schluß nahe, daß das vom Beklagten angewendete Verfahren im Wesentlichen dasselbe sein muß, welches der Kläger anwendet, so hat der Beklagte den Nachweis zu erbringen, daß sein Verfahren von dem des Klägers in wesentlichen Punkten abweicht. R.G. 5. Juli 93 (504).

Eine Verletzung im Sinne des §. 4 ist nicht erst nach Ertheilung des Patents, sondern gemäß §. 23 bereits von der Bekanntmachung ab möglich.

„In Benutzung nehmen" heißt eines der im §. 4 bezeichneten Rechte gewerbsmäßig ausüben.

Vollendet ist die Verletzung des Patents mit der gewerbsmäßigen Ausübung eines dieser Rechte. Zur Erfüllung des Begriffs der Gewerbsmäßigkeit genügt eine Handlung, sofern durch dieselbe ein auf ihre Wiederholung gerichteter Erwerbswille bethätigt wird. R.G. 25. Jan. 88.

Als Patentverletzung ist auch der Transitverkehr anzusehen, d. h. die auch ohne Vertrieb im Inlande bewirkte Einfuhr und Ausfuhr ohne Einwilligung des Patentinhabers hergestellter geschützter Waaren. R.G. 25. Okt. 90.

Eine Verletzung nach §. 4 ist nicht erst nach Ertheilung des Patents, sondern bereits nach der Bekanntmachung der Anmeldung (§. 23) möglich. Vgl. R.G. 29. März 92 (346).

Verletzt und somit entschädigungsberechtigt ist Jeder, der zur Zeit der Verletzung zur gewerbsmäßigen Inbenutzungnahme des Patents nach §. 4 P.G. befugt ist. Die zu leistende Entschädigung umfaßt den ganzen, durch die Patentverletzung verursachten unmittelbaren und mittelbaren Schaden, also auch den entzogenen Gewinn. R.G. 9. Juni 88 (339).

Bei Feststellung von Patentverletzungen ist zu prüfen, welche Erfindung durch die Ertheilung des Patents als neu anerkannt und unter Schutz gestellt ist. Entscheidend ist, ob die Abweichungen der Maschine, durch welche die Patentrechtsverletzung begangen sein soll, das durch das Patent geschützte Wesen der Erfindung oder nur Punkte betreffen, in denen der nach Inhalt des Patents in der Konstruktion der Maschine verkörperte Erfindungsgedanke nicht zum Ausdruck gelangt ist. R.G. 29. März 92 (348).

Ebenso liegt eine Patentverletzung vor, wenn ein im Auslande mittels des im deutschen Reiche patentirten Verfahrens hergestelltes Produkt in Deutschland verkauft, aber vom Auslande aus nach dem Auslande geliefert wird, ohne daß das Produkt das deutsche Reich berührt hat. R.G. 15. 10. 92 (E.S. 30, 16).

Wegen fahrlässiger Ausbringung einer einstweiligen Verfügung wegen einer dem Beklagten vorgeworfenen Patentverletzung ist Kläger haftbar. R.G. 24. Jan. 94 (94, 238).

Bei Patentverletzungen sind einstweilige Verfügungen nach §. 819 Civ.-Proc.-Ordn. nur dann zu erlassen, wenn glaubhaft gemacht wird, daß der Verletzende sich in bösem Glauben befindet und daß der Erlaß der einstweiligen Verfügung nothwendig ist, um dem Patentinhaber den Beweis seines Schadens zu erbringen. R.G. 20. Jan. 94 (303).

Die Auslegung des vermeintlich verletzten Patents ist lediglich Sache des Richters. R.G. 9. Juni 94 (464).

In der Benutzung einzelner der in einem Apparat zur Verwendung gelangenden Einrichtungen und Stücke ist eine Verletzung des darauf ertheilten Kombinationspatentes zu finden, falls der aus dem Patent zu entnehmende Schutz einzelner Einrichtungen nur Ausfluß des dem Apparat als solchem gewährten Schutzes ist. R.G. 7. Dez. 91 (92, 206).

Für Entschädigungsklagen aus Patentverletzungen ist, abgesehen von dem Gerichte, in dessen Bezirk der Beklagte seinen Wohnsitz, bei dem er also seinen allgemeinen Gerichtsstand hat, — nach §. 32 C.P.O. auch das Gericht zuständig, in dessen Bezirk die patentverletzende Handlung begangen ist. R.G. 21. März 85.

Abs. 2 ist zum Schutze der einheimischen Chemie auf Antrag der Kommission aufgenommen worden. Während bisher der klagbare Patentinhaber den Beweis zu führen hatte, daß der nach einem ihm im Inlande patentirten Verfahren geschützte, ohne seine Erlaubniß feilgehaltene oder in Verkehr gebrachte Stoff mittels des geschützten Verfahrens hergestellt sei (R.G. 14. März 88 (187), hat nunmehr der Beklagte Patentverletzer das Gegentheil zu beweisen.

Ob die Voraussetzungen für die Ertheilung oder Vernichtung eines Patents vorliegen, hat der Richter nicht zu beurtheilen. R.G. 24. Okt. 82 (97).

§. 36.

Wer wissentlich den Bestimmungen der §§. 4 und 5 zuwider eine Erfindung in Benutzung nimmt, wird mit Geldstrafe bis zu fünftausend Mark oder mit Gefängniß bis zu einem Jahre bestraft.

Die Strafverfolgung tritt nur auf Antrag ein. Die Zurücknahme des Antrags ist zulässig.

Wird auf Strafe erkannt, so ist zugleich dem Verletzten die Befugniß zuzusprechen, die Verurtheilung auf Kosten des Verurtheilten öffentlich bekannt zu machen. Die Art der Bekanntmachung, sowie die Frist zu derselben ist im Urtheil zu bestimmen.

Die strafrechtlich verfolgbare Patentverletzung wird nicht wie die civilrechtliche auch durch das Vorhandensein von Fahrlässigkeit begründet; die Wissentlichkeit schließt aber auch den dolus eventualis in sich, sofern der Thäter, obwohl er die Möglichkeit des rechtsverletzenden Erfolges seiner Handlung in seine Vorstellung aufgenommen hatte, ohne den Glauben, daß er diesen Erfolg vermeiden werde, die Handlung dennoch ausführt und so den rechtsverletzenden Erfolg schafft. R.G. Str. 5. Nov. 85.

Das Strafverfahren ist auf Antrag des Beschuldigten auszusetzen, falls derselbe nachweislich den Antrag auf Vernichtung des verletzten Patents gestellt hat. Ob die Voraussetzungen für die Ertheilung oder Vernichtung eines Patentes vorliegen, hat der Richter nicht zu beurtheilen. R.G. 24. Okt. 82 (97). Nach der Vernichtung können auch ältere Patentverletzungen nicht mehr verfolgt werden. R.G. 2. Juli 86.

Antragberechtigt ist der Verletzte, und zwar auch der, dem der Patentinhaber für ein gewisses Gebiet die Ausübung seines Rechts überlassen hat. R.G. 25. Febr. 84 (155). Der im Auslande wohnende Patentinhaber bedarf zur Strafantragstellung keines Vertreters nach §. 12 P.G., R.G. 24. März 82.

Der Antrag ist frist- und formgerecht zu stellen, also innerhalb dreier Monate seit dem Tage, an welchem der Antragsberechtigte, nicht sein Vertreter (R.G. 24. März 82), von der Patentverletzung und von der Person des Thäters Kenntniß hatte (§. 65 St.G.B.), sowie bei einem Gerichte oder der Staatsanwaltschaft schriftlich oder zu Protokoll, bei einer anderen Behörde schriftlich (§. 156 Abs. 2 St.P.O.). In dem an die Staatsanwaltschaft gerichteten Ersuchen um Haussuchung (wegen Verletzung eines Patentrechts) liegt ein wirksamer Strafantrag. R.G 1. Dez. 92 (74).

Zum Thatbestande des §. 36 ist nur erforderlich, daß der Angeklagte wußte, daß das in dem Patente beschriebene Verfahren einem Dritten patentirt worden sei, und daß er ohne Zustimmung des Berechtigten von dem patentirten Verfahren Gebrauch mache. R.G. 1. Okt. 94 (94/95, 225).

Der Begriff des Inbenutzungnehmens wird auch nur durch eine der im §. 4 des Gesetzes vorgesehenen Thätigkeiten erfüllt. R.G. 25. Febr. 95 (Straff. 27, 51).

Die Thatsache, daß ein patentirter Gegenstand mittelbar auf Veranlassung des Patentinhabers gewerbsmäßig von einem dazu an sich nicht Berechtigten hergestellt worden ist, schließt den Vorwurf der Patentverletzung gegen den letzteren nicht aus, falls der Patentinhaber dem Dritten die gewerbliche Anfertigung, Benutzung oder Verwerthung des patentirten Gegenstandes als eine von ihm, dem Patentinhaber gebilligte Thätigkeit, die seinem aus dem bestehenden Patentrechte herfließenden Vermögensrechte entzogen sein sollte, in Wahrheit nicht gestatten und somit als eine das Patentrecht nicht verletzende Handlung sich nicht verwirklichen lassen, sondern zu der gewerblichen Anfertigung und Weiterveräußerung des patentirten Gegenstandes durch den Beschuldigten nur den äußeren Anlaß geben wollte und gegeben hat. R.G. 17. Dez. 92 (93, 62).

Das Vorhandensein einer Patentverletzung haben die Gerichte selbständig zu prüfen und festzustellen. Dagegen entzieht sich die Patentfähigkeit jeder Kognition der Gerichte. In dem Irrthum bei Auslegung eines Patents kann unter Umständen ein exculpirender Rechtsirrthum gefunden werden. R.G. 29. Jan. 94 (250).

Das Feilbieten einzelner, nicht selbst patentirter Theile eines Kombinationspatentes ist nur dann für eine Patentverletzung zu erachten, wenn der Verkäufer weiß, daß die verkauften Theile zum gewerbsmäßigen Gebrauch der Kombination ohne Erlaubniß des Patentinhabers verwendet werden sollte und hierzu verwendet worden sind. R.G. 17. Jan. 95 (Straff. 95, 877).

Die Zulässigkeit der Antragszurücknahme ist nach Analogie der übrigen Urheberrechtsgesetze in das neue Gesetz aufgenommen.

Zuständig als erkennende Gerichte für Patentverletzungen sind die Strafkammern der Landgerichte; im Falle des §. 40 kann auf Antrag der Staatsanwaltschaft die Verhandlung und Entscheidung dem Schöffengerichte überwiesen werden. §§. 73 Nr. 1 (27) und 75 Nr 14 G.V.G.

Die Strafverfolgung der Patentverletzungen verjährt in fünf Jahren. §. 67 Abs. 2 St.G.B. Vgl. zu §. 39. Die Veröffentlichung der Verurtheilung, d. h. des verfügenden Theiles des Urtheils (Tenor) ausschließlich der Gründe, ist obligatorisch und ev. durch das Gericht auf Grund des Preßgesetzes v. 7. Mai 74 (§§. 10 u. 19) R.G.B. 65 zu erzwingen.

In Betreff der Einziehung der zu den strafbaren Handlungen benutzten oder durch dieselben hervorgebrachten Gegenstände hat es bei den allgemeinen Rechtsgrundsätzen sein Bewenden. Vgl. St.G.B. §§. 40 und 42 der St.P.O. §. 477 ff. Es ist also auch ein objektives Patentverletzungsstrafverfahren, ohne die Verfolgung einer bestimmten Person, zulässig.

§. 37.

Statt jeder aus diesem Gesetze entspringenden Entschädigung kann auf Verlangen des Beschädigten neben der Strafe auf eine an ihn zu erlegende Buße bis zum Betrage von zehntausend Mark erkannt werden. Für diese Buße haften die zu derselben Verurtheilten als Gesammtschuldner.

Eine erkannte Buße schließt die Geltendmachung eines weiteren Entschädigungsanspruchs aus.

Buße ist die dem Verletzten nur in einem Strafverfahren zu gewährende Entschädigung für den durch die Patentverletzung verursachten Schaden. Das Verlangen (= Antrag) des Verletzten auf Zuerkennung der Buße ist in Gestalt der Nebenklage, einer schriftlichen Anschlußerklärung zur öffentlichen Klage bis zur Verkündung des Urtheils erster Instanz zu stellen. Der Antrag kann bis zur Verkündung des Urtheils zurückgenommen, ein zurückgenommener Antrag nicht erneuert werden. Wird das Strafverfahren durch Freisprechung des Angeklagten oder durch Einstellung mit oder ohne Urtheil erledigt, so gilt auch der Antrag ohne weitere Entscheidung für erledigt. §§. 435 ff. u. 443 ff. Str.P.O.

Der Anspruch auf Buße kann von dem Erben des Verletzten weder erhoben noch weiterverfolgt werden. Ist jedoch auf die Buße rechtskräftig erkannt, so besteht ein Rechtsanspruch, der auf und gegen die Erben übergeht. R.G. 8. Mai 86.

Der Verletzte hat den Betrag, welchen er als Buße verlangt, anzugeben, wenn auch nicht bestimmt nachzuweisen. Auf einen höheren als den beantragten Betrag der Buße ist nicht zu erkennen; es darf überhaupt auf Buße nicht erkannt werden, sofern ein Schaden offenbar nicht vorliegt.

Hinsichtlich der Voraussetzungen, unter denen vom Strafrichter auf eine Buße erkannt werden kann, sind lediglich die Bestimmungen des Strafgesetzbuchs maßgebend. Letzteren gegenüber kommen landesrechtliche Normen über die Statthaftigkeit eines aus einem Delikt hergeleiteten civilrechtlichen Entschädigungsanspruchs nicht in Betracht. R.G. 10. Nov. 79. — Durch einen Vergleich des Verletzten mit einem Dritten über Zahlung einer Entschädigung wird der Anspruch desselben auf Buße gegen den Thäter nicht aufgehoben. Ein solcher Vergleich kann aber bei Bemessung der Buße in Betracht kommen. R.G. 1. Juli 82.

Eine bereits im Civilrechtswege erstrittene oder thatsächlich geleistete Entschädigung schließt zwar die Zuerkennung einer Buße nicht aus, darf aber jedenfalls bei der Bemessung der Buße in Betracht gezogen werden. R.G. 29. Nov. 83.

§. 38.

In bürgerlichen Rechtsstreitigkeiten, in welchen durch Klage oder Widerklage ein Anspruch auf Grund der Bestimmungen dieses Gesetzes geltend gemacht ist, wird die Verhandlung und Entscheidung letzter Instanz im Sinne des §. 8 des Einführungsgesetzes zum Gerichtsverfassungsgesetze dem Reichsgericht zugewiesen.

Vgl. dazu Gesetz, betreffend das Urheberrecht an Schriftwerken ꝛc. 11. Juni 70 §. 32 R.G.B. 339, Gesetz über Markenschutz 30. Nov. 74 §. 19, Ges., betr. das Urheberrecht an Werken der bildenden Künste 9. Jan. 76 §. 16 R.G.B. 4, Ges., betr. das Urheberrecht an Mustern u. Modellen 11. Jan. 79 §. 14 R.G.B. 11, Ges., betr. den Schutz von Gebrauchsmustern 1. Juni 91 §. 12 R.G.B. 290, Gesetz zum Schutze der Waarenbezeichnungen 12. Mai

94 §. 21 und Gesetz zur Bekämpfung des unlauteren Wettbewerbes 27. Mai 96 §. 15.

§. 39.

Die Klagen wegen Verletzung des Patentrechts verjähren rücksichtlich jeder einzelnen dieselbe begründenden Handlung in drei Jahren.

Diese bereits im alten Patentgesetz enthaltene Bestimmung bezieht sich nach der ausdrücklichen Erklärung der damaligen Kommission behufs Herbeiführung einer Einheitlichkeit in dem Verjährungsrechte Deutschlands nur auf die civilrechtlichen Klagefristen, nicht auf die strafrechtliche Verfolgung von Patentverletzungen und somit auch nicht auf die von dem Strafverfahren nicht zu trennende Nebenklage auf Buße, rücksichtlich deren die fünfjährige Verjährungsfrist nach §. 67 Abs. 2 Str.G.B. Platz greift. — Die (civilrechtliche) Verjährung läuft nicht vom Zeitpunkte ab, an welchem der Verletzte von der die Verletzung des Patentrechts begründenden Handlung und der Person des Thäters Kenntniß hat, sondern von dem Augenblick der Vollendung der Handlung. R.G. 8. Mai 86.

§. 40.

Mit Geldstrafe bis zu eintausend Mark wird bestraft:

1. wer Gegenstände oder deren Verpackung mit einer Bezeichnung versieht, welche geeignet ist, den Irrthum zu erregen, daß die Gegenstände durch ein Patent nach Maßgabe dieses Gesetzes geschützt seien;
2. wer in öffentlichen Anzeigen, auf Aushängeschildern, auf Empfehlungskarten oder in ähnlichen Kundgebungen eine Bezeichnung

anwendet, welche geeignet ist, den Irrthum zu erregen, daß die darin erwähnten Gegenstände durch ein Patent nach Maßgabe dieses Gesetzes geschützt seien.

Auf Antrag der Kommission ist die bisherige Strafandrohung von 150 Mark (bezw. sechs Wochen Haft) in der obigen Weise erhöht worden, um nach §. 75, Nr. 14 Gerichtsverfass.Ges. den Strafkammern und erst auf deren ev. Beschluß den Schöffengerichten diese nunmehr ebenfalls als Vergehen anzusehenden patentrechtlichen Verstöße zur Entscheidung zu überweisen.

Eine nicht beizutreibende Geldstrafe ist nach §. 28 Str.G.B. in Freiheitsstrafe umzuwandeln. Zur Strafverfolgung bedarf es nicht der Stellung eines Antrages. Die Strafverfolgung verjährt in drei Jahren. §. 67 Abs. 3 Str.G.B. R.G. 27. Jan. 80.

Die Bezeichnung eines Gegenstandes als patentirt ist unzulässig, solange über die Ertheilung des Patents noch nicht endgültig Beschluß gefaßt ist, oder auch, wenn das Patent nicht mehr besteht.

Der Thatbestand des Delikts im vorstehenden Paragraphen verlangt nicht rechtswidrigen Vorsatz, es genügt Fahrlässigkeit. R.G. 23 Nov. 93 (672).

Es soll Jeder, dem die Möglichkeit offen steht, von der Anpreisung Kenntniß zu nehmen, vor Täuschung bewahrt bleiben. R.G. 12. Nov. 94 (Str. 26, 192).

„Aehnliche Kundgebung" im Sinne der Nr. 2 liegt dann vor, wenn dieselbe nach ihren besonderen Eigenschaften, ihrer Gestaltung und Erscheinungsform Züge an sich trägt, welche mit den entsprechenden Merkmalen der im Gesetze speciell aufgeführten Arten wesentlich übereinstimmen, der betreffenden Kundgebung das gleiche charakteristische Gepräge verleihen (R.G. 11. Jan. 94, Str. 25, 78).

Der Strafandrohung nach §. 40 unterliegt nicht derjenige, welcher eine Sache nicht nur mit der Nummer eines noch giltigen Patents, sondern außerdem noch mit den Nummern anderer, bezüglich derselben Sache erworbener, nachmals wieder erloschener Patente bezeichnet und in Verkehr bringt. R.G. 14. Nov. 95 (Str. 28, 14).

Als eine die deutsche Patentirung kundgebende Marke sind die Buchstaben D. R. P. nebst dem Datum, mit welchem das Patent begonnen, amtlich empfohlen. P.A. 9. Okt. 77 (27).

Artikel II.

Die Bestimmung im §. 28 Absatz 3 des Artikels I findet auf die zur Zeit bestehenden Patente mit der Maßgabe Anwendung, daß der Antrag mindestens bis zum Ablauf von drei Jahren nach dem Tage des Inkrafttretens dieses Gesetzes statthaft ist.

Nach §. 27 des Patentgesetzes vom 25. Mai 1877 war die Erhebung der Nichtigkeitsklage auch aus §. 10, 1 entgegen den jetzigen Bestimmungen des §. 28 Abs. 3 an keine Frist gebunden. Um nun die bei Eintritt der Gesetzeskraft des neuen Gesetzes bereits fünf Jahre bestehenden Patente gegenüber jüngeren nicht unanfechtbar zu lassen, ist obige Uebergangsbestimmung getroffen worden. Motive.

Artikel III.

Dieses Gesetz tritt mit dem 1. Oktober 1891 in Kraft.

Urkundlich unter Unserer Höchsteigenhändigen Unterschrift und beigedrucktem Kaiserlichen Insiegel.

Gegeben Kiel, den 7. April 1891.

(L. S.) **Wilhelm.**

von Boetticher.

Die Uebergangsbestimmungen der §§. 41—44 P.G. v. 25. Mai 77, betr. die Umwandlung der Landespatente in Reichspatente, sind hinfällig geworden, da die Landespatente, gleichgültig, ob in Reichspatente umgewandelt oder nicht, spätestens am 1. Juli 92 erloschen sind. Denn einerseits betrug auch in den einzelnen Bundesstaaten, z. B. in Bayern, die längste Schutzfrist fünfzehn Jahre, andrerseits war bei der Umwandlung die Zeit des Bestehens des Landespatentes in die Dauer des reichsgesetzlichen Schutzes von ebenfalls fünfzehn Jahren miteinzurechnen gewesen.

(Nr. 1957.) II.

Gesetz, betreffend den Schutz von Gebrauchsmustern.

Vom 1. Juni 1891.

(R.G.B. 1891 Nr. 18 S. 290—293.)

Wir **Wilhelm**, von Gottes Gnaden Deutscher Kaiser, König von Preußen 2c., verordnen im Namen des Reichs, nach erfolgter Zustimmung des Bundesraths und des Reichstags, was folgt:

§. 1.

Modelle von Arbeitsgeräthschaften oder Gebrauchsgegenständen oder von Theilen derselben werden, insoweit sie dem Arbeits- oder Gebrauchszweck durch eine neue Gestaltung, Anordnung oder Vorrichtung dienen sollen, als Gebrauchsmuster nach Maßgabe dieses Gesetzes geschützt.

Modelle gelten insoweit nicht als neu, als sie zur Zeit der auf Grund dieses Gesetzes erfolgten Anmeldung bereits in öffentlichen Druckschriften beschrieben oder im Inlande offenkundig benutzt sind.

Zwischen Modell und Muster besteht kein rechtlicher Unterschied. Der Gesetzgeber hat diese Begriffe nicht definirt, derartige Begriffsbestimmungen auch hier der Wissenschaft und Rechtsprechung überlassen. Modell ist das Vorbild für neue Gestaltung, Anordnung oder Verrichtung eines Arbeits- oder Gebrauchszwecken dienenden industriellen Erzeugnisses. Vgl. R.G. 19. März 81.

Während das Gesetz, betr. das Urheberrecht an Mustern und Modellen, vom 11. Jan. 76 seinen Schutz nur auf die sogenannten Geschmacksmuster, d. h. auf Muster erstreckt, welche durch neue und eigenthümliche Zeichnung, Formengebung und plastische Form eines industriellen Erzeugnisses diesem einen besonderen Werth, in erster Linie für die äußere Erscheinung, dann aber auch für die materielle, gewerbliche Gebrauchsfähigkeit verleihen (vgl. O.G.H. 3. Sept. 78), will das vorstehende Gesetz nur den Mustern seinen Schutz gewähren, die ohne jede Rücksicht auf ihre äußere Erscheinung einen Arbeits- oder Gebrauchsgegenstand durch neue Gestaltung einem Arbeits- oder Gebrauchszweck, also nur der materiellen Nutzbarkeit, zuführen. Ueber Aehnlichkeit und Unterschied der Gebrauchsmuster und Patente vgl. das in der Einleitung Gesagte.

Verfahren sowie Maschinen- und Betriebsvorrichtungen fallen nicht unter Gebrauchsmuster, sondern unter Patentschutz. Begründung vgl. auch R.G. 2. April 94 (25, 218). Spielwerke, die nicht lediglich dazu bestimmt sind, den Schönheitssinn des Spielenden zu beeinflussen, sondern das Spiel selbst wirksamer zu gestalten, sind, da es sich hierbei um einen Gebrauchszweck handelt, als Gebrauchsmuster zu schützen. Kom.Bericht.

Die Neuanwendung bekannten Materials für eine bekannte Gestaltung ist als Gebrauchsmuster nicht schutzfähig. R.G. 8. Juli 95 (94/95, 287).

Die einem Muster gesetzlich zustehenden Schutzrechte werden dadurch nicht beeinträchtigt, daß dasselbe nach seiner Gestaltung erkennbar nur für den Gebrauch eines einzelnen Abnehmers bestimmt ist. R.G. 30. April 85. Diese Entscheidung bezieht sich zwar nur auf Geschmacksmuster, ist aber in ihrer Allgemeinheit auch auf Gebrauchsmuster zu erstrecken.

Maschinen und Betriebseinrichtungen sowie Arbeitsgänge sind nicht Gegenstände des Gebrauchsmusterschutzes. Die äußere Formgebung, wie sie in der neuen Gestaltung, Anordnung und Vorrichtung zur Darstellung kommt, begründet der Gebrauchsmusterschutz. Dagegen kann der Arbeitsgang, der sich bei der Handhabung eines Arbeitsgeräthes vollzieht, die Wirkungsweise einer Vorrichtung, nicht Gegenstand des Gebrauchsmusterschutzes sein. Andrerseits ist nur diejenige neue Anordnung musterschutzberechtigt, welche sich in einer neuen äußeren Form darstellt. Daraus folgt, daß nicht schon die Zusammensetzung bekannter Theile zu einem Ganzen an sich schutzberechtigt ist, sondern nur eine solche Zusammenfügung, die auch in der äußeren Formgebung etwas Neues darbietet, gleichviel, ob die Neuheit in der Gestaltung der zusammengefügten Theile oder in der Art ihrer Verbindung liegt. R.G. 28. Okt. 95 (C.S. 36, 16).

Nicht ein Verfahren, sondern nur ein körperlicher Gegenstand kann als Modell Gegenstand des Gebrauchsmusterschutzes sein. Landger. Berlin I. 8. Febr. 95 (94/95, 257). R.G. 27. Nov. 95 (96, 61). Ebensowenig sind Schmuckgegenstände wegen des Mangels eines wirthschaftlichen oder technischen Nutzzweckes des Gebrauchsmusterschutzes fähig. R.G. 27. Nov. 95 (96, 65).

Lediglich neue „sinnfällige Gestaltungen sind des Gebrauchsmusterschutzes fähig. Weder ein Verfahren noch auch die bloße Verwendung neuen Materials für bekannte Formen sind daher schutzfähig. Landger. Bochum 14. April 94. Oberlandesger. Hamm 28. Mai 95. (96,100.)

Die Vorschrift des Abs. 2 erschöpft auch hier ebenso wie im Patentgesetz den Begriff der Neuheit. Vgl. das zu § 2. P.G. Gesagte. Die Neuheit liegt in der selbständigen, eigenartigen Abweichung von Bekanntem. Im Auslande verbreitete Muster gelten als bekannt. Die schutzhindernde Wirkung öffentlicher Druckschriften nach Analogie des Patentschutzes auf hundert Jahre festzulegen, erschien bei der Einfachheit der Gebrauchsmuster ebensowenig nothwendig, als dieselbe bei öffentlicher Beschreibung oder offenkundiger Benutzung von der Möglichkeit ihrer Benutzung durch andere Sachverständige abhängig zu machen. Die Neuheit ist ausgeschlossen, sofern infolge einer dieser beiden Thatsachen ohne Zuhülfenahme eines weiteren selbständigen Gedankens die Eigenschaften des Musters sich erkennen lassen.

In der Entwerfung des Modells und in der Uebersendung der entworfenen Zeichnung an dritte Personen, die zur Geheimhaltung dem Berechtigten gegenüber nicht verpflichtet sind, kann eine offenkundige Benutzung gefunden werden. Landgericht Bremen 28. März 1894 (94/95, 204).

Auch in der eigenen Benutzung des Gebrauchsmusters vor seiner Anmeldung kann eine offenkundige Vorbenutzung gefunden werden. R.G. 11. Jan. 94 (94/95, 229).

Offenkundige Vorbenutzung eines Gebrauchsmusters liegt vor, wenn dasselbe durch die Benutzung der Allgemeinheit zugänglich gemacht, dem Publikum von dem Muster eine solche Kunde gegeben worden ist, an der Kenntniß zu nehmen jedermann offen stand. „Offenkundig“ ist keineswegs gleichbedeutend mit „öffentlich“. Nicht der Verkauf einer Waare an sich, sondern dessen konkrete Gestaltung ist für die Frage der offenkundigen Vorbenutzung entscheidend. Es ist immer thatsächlich zu beurtheilen, ob in einem bestimmten vorliegenden Kaufgeschäfte das Kriterium der offenkundigen Vorbenutzung zu erblicken ist. R.G. 11. Jan. 94 (Nr. 25, 61). Offenkundig ist nach der allgemeinen sprachgebräuchlichen Bedeutung dieses Wortes jede Benutzung, welche über die Schwelle des Hauses, der Geschäfts- und Arbeitsräume des Benutzers in den geschäftlichen Verkehr hinaustritt und dieses Hinaustreten in den Verkehr nicht der Wahrnehmung dritter mitbetheiligter Personen entziehen will. Allein wesentlich ist, daß das Modell in den äußeren Verkehr gebracht wird, und zwar in einer Weise, welche klar erkennen läßt, daß nach dem Willen des Benutzers diese Benutzung der zufälligen Kenntnißnahme beliebiger Dritter offen stehen soll. R.G. 6. Febr. 96 (Nr. 28, 58).

Offenkundige Vorbenutzung liegt auch dann vor, wenn der später zum Gebrauchsmuster angemeldete Gegenstand in Jedermann zugänglichen Räumen ohne Geheimhaltung vorgelegt worden ist, und zwar Sachverständigen, welche das Wesentliche des Modells sofort erkennen konnten. R.G. 22 Sept. 94 (C.S. 33, 163). Benutzung eines Gebrauchsmusters in einer Gefängnißanstalt ist regelmäßig als nicht offenkundig anzusehen. R.G. 17. Febr. 96 (187). Der Begriff der offenkundigen Vorbenutzung ist für das Gebrauchsmusterschutzgesetz kein anderer als für das Patentgesetz. R.G. 11 April 96 (241).

§. 2.

Modelle, für welche der Schutz als Gebrauchsmuster verlangt wird, sind bei dem Patentamt schriftlich anzumelden.

Die Anmeldung muß angeben, unter welcher Bezeichnung das Modell eingetragen werden und welche neue Gestaltung oder Vorrichtung dem Arbeits- oder Gebrauchszweck dienen soll.

Jeder Anmeldung ist eine Nach- oder Abbildung des Modells beizufügen.

Ueber die sonstigen Erfordernisse der Anmeldung trifft das Patentamt Bestimmung.

Gleichzeitig mit der Anmeldung ist für jedes angemeldete Modell eine Gebühr von fünfzehn Mark einzuzahlen.

Um auch nach dem Beispiele anderer Länder, welche den Gebrauchsmustern Schutz gewähren (Großbritannien, Nordamerika, Schweiz), der betheiligten Industrie in ebensowenig umständlicher als kostspieliger Weise einen Ueberblick über die zur Anmeldung gebrachten Muster zu gewähren, erschien es zutreffend, von der Vertheilung der Eintragungen auf verschiedene Amtsstellen abzusehen, vielmehr mit den gesammten Eintragungen eine Centralbehörde zu betrauen; als die zu diesem Behufe geeignetste ergab sich das Patentamt schon wegen der Verwandtschaft des Gebrauchsmusterwesens mit dem Patentwesen.

Einen wesentlichen Bestandtheil der Anmeldung bildet die Angabe dessen, was die neue Gestaltung oder Vorrichtung des Modells sein soll; als das angemeldete, eingetragene und geschützte Modell kann daher auch nur dasjenige angesehen werden, welches diese neue Gestaltung oder Vorrichtung zeigt. (R.G. 26 Mai 94. C. 33, 99.)

Der Schutz tritt mit der Anmeldung, nicht erst mit der Eintragung ein; die Anmeldung muß aber, soll sie nicht wirkungslos bleiben, vollständig sein im Sinne des §. 2 sowie der Bestimm. über die Anmeldung von Gebrauchsmustern v. 31. Aug. 91 G.M. (45). S. unten unter Ausführungsbestimmungen. Die Nachbildung des Musters ist eine Probe des nach demselben gefertigten Erzeugnisses.

Vor der Anmeldung erfolgte Nachbildungen sind auch bei nachheriger Verbreitung straflos.

Ueber Errichtung, Einrichtung und Geschäftsbetrieb der

Anmeldestelle für Gebrauchsmuster vgl. Verordn. zur Ausführung des Gesetzes, betr. den Schutz der Gebrauchsmuster, v. 11. Juli 91 (349), §§. 19 ff. u. 25 ff. und über die Anmeldungen von Gebrauchsmustern. S. Bestimmung bezw. Bekanntmachung des Kaiserlichen Patentamts v. 31. Aug. 91 (R.A. Nr. 206) bezw. v. 7. Mai 93 (G.M. 155) unten unter Ausführungsbestimmungen. Nach der Praxis der Gebr.M.-Anmeldestelle wird als Bezeichnung des einzutragenden Modells eine kurze, sachliche Kennzeichnung des an dem Modell für neu und eigenthümlich Erachteten erfordert, eine solche dem Anmelder zur Genehmigung vorgeschlagen und zustimmenden Falles in dieser oder ablehnenden Falles in der angemeldeten Fassung eingetragen. Personen- und Phantasienamen werden grundsätzlich nicht in die Rolle eingetragen. Auch wenn eine Anmeldung mit einer älteren augenscheinlich übereinstimmt, wird der Anmelder hiervon benachrichtigt und je nach seiner Erwiderung, ob er auf Eintragung verharrt oder verzichtet, verfahren.

Ein Gebrauchsmuster, dessen unterscheidendes Merkmal als solches in Anwendung auf andere Gegenstände bereits patentirt oder sonst bekannt ist, kann gleichwohl neu sein. Die Einheitlichkeit des Gegenstandes der Anmeldung unterliegt nicht der Nachprüfung des Gerichts. Der Schutz wird dadurch nicht beeinträchtigt, daß mehrere Modelle als ein Gebrauchsmuster eingetragen sind. Der Inhaber eines Gebrauchsmusters, welches mit mehreren Merkmalen nebeneinander ausgestattet ist, hat nicht das Recht, einem Anderen die Benutzung eines nur einzelne dieser Merkmale aufweisenden Gegenstandes zu verbieten. Kammergericht Berlin 1. Mai 95 (96, 6).

§. 3.

Entspricht die Anmeldung den Anforderungen des §. 2, so verfügt das Patentamt die Eintragung in die Rolle für Gebrauchsmuster.

Die Eintragung muß den Namen und Wohnsitz des Anmelders, sowie die Zeit der Anmeldung angeben.

Die Eintragungen sind durch den Reichs=Anzeiger in bestimmten Fristen bekannt zu machen.

Aenderungen in der Person des Eingetragenen werden auf Antrag in der Rolle vermerkt.

Die Einsicht der Rolle sowie der Anmeldungen, auf Grund deren die Eintragungen erfolgt sind, steht jedermann frei.

Die Prüfung der Anmeldung eines Modells, für welches der Schutz des Gebrauchsmusters beansprucht wird, ist eine formale und erstreckt sich nur auf die im §. 2 anzugebenden Erfordernisse. Immerhin theilt die Anmeldestelle für Gebrauchsmuster die etwa bereits vorliegende Eintragung eines mit dem angemeldeten Modell offenbar identischen Modells dem Anmelder mit dem Anheimstellen mit, auf die Eintragung des letzteren zu verzichten, nimmt aber die Eintragung vor, falls binnen einer gestellten Frist ein solcher Verzicht nicht eingeht.

Ob der zutreffende Anmeldetag in die Musterrolle eingetragen ist, unterliegt der Nachprüfung der Gerichte. R.G. 11. April 96 (240).

Inhalt und Umfang des als Gebrauchsmuster zu schützenden Modells bestimmt sich nicht nach der gewählten Bezeichnung, sondern ausschließlich nach den oben erwähnten weiteren Angaben der Anmeldung hierüber, sowie der einen integrirenden Bestandtheil der Anmeldung darstellenden, eine Nach= oder Abbildung des Modells bildenden Anlage. R.G. 9. Nov. 95 (96, 134).

Falls der Anmelder im Inlande weder einen Wohnsitz noch eine Niederlassung hat, wird auch der von ihm zu bestellende, im Inlande wohnhafte Vertreter mit Angabe des Namens und Wohnsitzes in die Gebrauchsmusterrolle eingetragen. Vgl. auch über die Rechte und Pflichten des eingetragenen Vertreters §. 13.

Als Zeit der Anmeldung gilt der Zeitpunkt ihres Eingangs beim Patentamt, der mit der laufenden Nummer und mit dem Datum bezeichnet wird. Bei gleichzeitigen Eingängen gilt der als der spätere, der die höhere Geschäftsnummer trägt. Vgl. Verordnung zur Ausführung des Gesetzes, betr. den Schutz von Gebrauchsmustern, v. 11. Juli 91 §. 27 unten unter Ausführungsbestimmungen.

Die Eintragung der Gebrauchsmuster im Reichsanzeiger erfolgt wöchentlich einmal, und zwar in der am Montag zur Ausgabe gelangenden Nummer.

Aenderungen in der Person des Eingetragenen werden in der Gebrauchsmusterrolle vermerkt, ohne daß dieselben, entgegen den desfallsigen Bestimmungen des Patentgesetzes (§. 19 Abs. 2), in beweisender Form zur Kenntniß gebracht werden. Ein späterer Wechsel in der Person des Vertreters wird nicht eingetragen. Soll jedoch ein später bestellter Vertreter den Schutzberechtigten in das Gebrauchsmuster betreffenden Rechtsstreitigkeiten und behufs Stellung von Strafverträgen vertreten, so muß derselbe zuvor in die Rolle eingetragen sein. §. 13 Abs. 2.

Die Rolle ist unbedingt öffentlich und Jedermann ohne Nachweis rechtlichen Interesses zugängig. Eine Geheimhaltung des Schutzes wie bezüglich der im Interesse des Heeres oder der Flotte nachgesuchten Patente (§. 23 Abs. 5 P.G.) ist beim Gebrauchsmuster ausgeschlossen. — In Gebrauchsmusterschutzsachen können wie in Patentangelegenheiten nach Ermessen der Behörde an Jedermann Abschriften und Auszüge gegen Einzahlung der Kosten ertheilt werden. Vgl. Ausführungs-Verord. 11. Juli 91 §. 29.

§. 4.

Die Eintragung eines Gebrauchsmusters im Sinne des §. 1 hat die Wirkung, daß dem Eingetragenen

ausschließlich das Recht zusteht, gewerbsmäßig das Muster nachzubilden, die durch Nachbildung hervorgebrachten Geräthschaften und Gegenstände in Verkehr zu bringen, feilzuhalten oder zu gebrauchen.

Das durch eine spätere Anmeldung begründete Recht darf, soweit es in das Recht des auf Grund früherer Anmeldung Eingetragenen eingreift, ohne Erlaubniß des letzteren nicht ausgeübt werden.

Wenn der wesentliche Inhalt der Eintragung den Beschreibungen, Zeichnungen, Modellen, Geräthschaften oder Einrichtungen eines Anderen ohne Einwilligung desselben entnommen ist, so tritt dem Verletzten gegenüber der Schutz des Gesetzes nicht ein.

Vgl. zu Abs. 1 §. 4 P.G., zu Abs. 2 §. 5 Abs. 1, zu Abs. 3 §. 3 Abs. 2 P.G. und das dort Gesagte.

Nicht allein aus praktischen Rücksichten, sondern auch um die gleichartige Entwickelung beider Arten des Schutzes (Patent- und Gebrauchsmusterschutz) auf dem Gebiete der Rechtsverfolgung zu sichern, sind vom Gesetz die Voraussetzungen, unter welchen der Schutz eintritt, und unter denen er wegfällt, in gleicher Weise geregelt. Da jedoch beim Patentrecht der Erfindungsgedanke, beim Gebrauchsmusterrecht die in die äußere Erscheinung tretende Form, das zur Anmeldung gebrachte Vorbild den Gegenstand des Rechtes und des Schutzes darstellen, so besteht das Recht des Gebrauchsmusterschutzes in erster Linie nicht wie im Patentrecht in der Verkörperung des Erfindungsgedankens, in Herstellung des Gegenstandes der Erfindung, sondern vielmehr in der Nachbildung der vorbildlichen Form. An diese Befugniß reihen sich die dem Patentrecht entlehnten homogenen einzelnen Ausnutzungsrechte mit der Maßgabe an, daß, weil ein Verfahren nicht gebrauchsmusterschutzfähig ist, auch das Erzeugniß aus dem Verfahren den Schutz nicht genießen kann.

Unter Gewerbsmäßigkeit ist bei der Auslegung auch dieses Gesetzes eine auf fortgesetzten Erwerb gerichtete Thätigkeit, demnach aber unter gewerbsmäßigem Gebrauch jede Benutzung bei dem Betriebe eines Gewerbes zu verstehen. R.G. 8. März 95 (Strfſ. 27, 90).

Wie das durch Eintragung begründete Recht an sich (§. 7), so kann auch das Recht auf Ausnutzung des Schutzgegenstandes nach Analogie der patentrechtlichen Licenzertheilung unbeschränkt oder mit sachlicher, zeitlicher, räumlicher, persönlicher Beschränkung veräußert werden. Vgl. zu §. 6. P.G.

Gegenüber dem im Gesetz zum Ausdruck gelangten rein formalen Anmeldeprinzip kann das Recht nicht auf Eintragung, sondern aus der Eintragung angefochten werden, sofern die gesetzlichen Versagungsgründe vorliegen, d. i. sofern

a) das Recht aus der späteren Anmeldung in das Recht aus einer früheren Anmeldung eines Gebrauchsmusters oder eines Patents (Abs. 2 u. §. 5 Abs. 1) eingreift,

b) der wesentliche Inhalt der Erfindung dem gewerblichen Eigenthum eines Anderen widerrechtlich entnommen ist.

In beiden Fällen ist nur der Verletzte klageberechtigt (aktiv legitimirt); die Erörterung des Sachverhalts und die Feststellung des Schutzes kann nur im gerichtlichen Verfahren erfolgen.

Partielle Kollisionen mehrerer Gebrauchsmuster mit einander kennt das Gesetz ebensowenig wie ein infolgedessen etwa festzusetzendes Abhängigkeitsverhältniß im Sinne des §. 8 Abs. 1 P.G.

§. 5.

Soweit ein nach §. 4 begründetes Recht in ein Patent eingreift, dessen Anmeldung vor der Anmeldung des Modells erfolgt ist, darf der Eingetragene das Recht ohne Erlaubniß des Patentinhabers nicht ausüben.

Imgleichen darf, soweit ein nach §. 4 begründetes Recht durch ein später angemeldetes Patent eingegriffen wird, das Recht aus diesem Patent ohne Erlaubniß des Eingetragenen nicht ausgeübt werden.

Vgl. dazu §. 4. Abs. 2 stellt das nothwendige Correlat zu Abs. 1 dar. Im Falle der Identität eines angemeldeten Patents mit einem Gebrauchsmustergegenstand, welcher früher angemeldet und eingetragen worden ist, findet die Ertheilung des Patents, auch bei Personengleichheit der Anmelder, nicht statt, wenn in der nach §. 3 Abs. 3 erfolgten öffentlichen Bekanntmachung im Reichsanzeiger das Gebrauchsmuster derartig sachlich gekennzeichnet ist, daß eine Beschreibung desselben (in öffentlicher Druckschrift) nach §. 2 P.G. vorliegt. Es empfiehlt sich daher, wie es auch bereits oft geschieht, für einen als Gebrauchsmuster angemeldeten Gegenstand gebotenen Falles gleichzeitig den Patentschutz nachzusuchen, und umgekehrt.

§. 6.

Liegen die Erfordernisse des §. 1 nicht vor, so hat jedermann gegen den Eingetragenen Anspruch auf Löschung des Gebrauchsmusters.

Im Falle des §. 4 Absatz 3 steht dem Verletzten ein Anspruch auf Löschung zu.

Vgl. dazu §§. 10, 28 und 3 Abs. 2 P.G.

Um die Voraussetzungen gesetzlich zusammenzufassen, unter welchen die Klage auf Löschung des eingetragenen Gebrauchsmusters zulässig sein soll, ist auf Antrag der Kommission §. 6 dem Entwurf eingefügt und später beibehalten worden. Die Voraussetzungen bestehen einerseits in der materiellen Mangelhaftigkeit der Anmeldung, andererseits in der unbefugten Entnahme des Gegenstandes derselben aus dem gewerblichen Eigenthum eines Anderen (§§. 1 u. 4 Abs. 3). Im ersten Falle ist die Allgemeinheit berührt, da die Eintragung die Interessen aller Betheiligten verletzt bezw. verletzen kann, und steht deshalb, nach Analogie der Klage auf Erklärung der Nichtigkeit eines Patents, Jedermann der Anspruch auf Löschung des Gebrauchsmusters (Popularklage) zu, während im letzten Falle, ebenfalls nach Maßgabe der patentgesetzlichen Bestimmungen, nur der Verletzte antragsberechtigt ist. Als Beklagter ist nur der in die Rolle Eingetragene oder im Falle des Todes desselben sein auch nicht eingetragener Rechtsnachfolger in Anspruch zu nehmen, jedoch nur während der Dauer der Schutzfrist, da mit deren Ablauf die Eintragung von selbst erlischt (§. 8), und sofern die Löschung nicht etwa bereits vor Anstellung der Klage infolge Verzichts seitens des Eingetragenen erfolgt ist.

Zuständig für die Löschungsklage ist das Amtsgericht bezw. das Landgericht (Handelskammer) des Ortes, an welchem der Beklagte seinen Wohnsitz hat.

§§. 70 Abs. 1, 23 Nr. 1, 101 Nr. 3c G.V.G.; §. 13 C.P.O. In letzter Instanz ist die Verhandlung und Entscheidung dem Reichsgericht zugewiesen (§. 12).

Die Löschung der Eintragung des Gebrauchsmusters in der Rolle erfolgt erst, nachdem der Beklagte rechtskräftig verurtheilt wurde, dem Klageantrage gemäß in die Löschung zu willigen (d. h. auf den Schutz zu verzichten). §. 8 Abs. 2. Von Amtswegen findet die Löschung eines Gebrauchsmusters statt, falls dasselbe irrthümlicherweise eingetragen worden war.

§. 7.

Das durch die Eintragung begründete Recht geht auf die Erben über und kann beschränkt oder unbeschränkt durch Vertrag oder Verfügung von Todeswegen auf andere übertragen werden.

Vgl. dazu Anm. zu §. 6 P.G., welchem der vorstehende Paragraph nur bis auf die Abänderung entspricht, daß in letzterem von einem Anspruch auf Ertheilung eines Gebrauchsmusterschutzes nicht die Rede sein kann, da das Inslebentreten des Rechtes erst durch die ohne materielle Prüfung erfolgende Eintragung bedingt ist.

§. 8.

Die Dauer des Schutzes ist drei Jahre; der Lauf dieser Zeit beginnt mit dem auf die Anmeldung folgenden Tage. Bei Zahlung einer weiteren Gebühr von sechszig Mark vor Ablauf der Zeit tritt eine Verlängerung der Schutzfrist um drei Jahre ein. Die Verlängerung wird in der Rolle vermerkt.

Wenn der Eingetragene während der Dauer der Frist auf den Schutz Verzicht leistet, so wird die Eintragung gelöscht.

Die nicht in Folge von Ablauf der Frist stattfindenden Löschungen von Eintragungen sind durch den Reichsanzeiger in bestimmten Fristen bekannt zu machen.

Um gegenüber der Konzentrirung aller Anmeldungen bei einer und derselben Behörde die Eintragungen thunlichst einfach und gleichmäßig zu gestalten und um der nachträglichen Registrirung von Fristverlängerungen enge Grenzen zu ziehen, ist die Schutzfrist von vornherein auf drei Jahre bemessen, daneben eine Verlängerung auf einen gleichen Zeitraum, nach dem Vorschlage der Kommission gegenüber einem Zeitraum von zwei Jahren nach dem Entwurfe, zugelassen worden, jedoch nur gegen Zahlung einer weiteren, der gewerblichen Bedeutung des fernerhin zu schützenden Musters entsprechend erhöhten Gebühr.

Im Reichsanzeiger werden die infolge Verzichts (§ 8 Abs. 2) oder rechtskräftiger richterlicher Entscheidung erfolgten Löschungen der Eintragungen (§. 6) bekannt gemacht. Ueber die Fristen der Bekanntmachungen vgl. zu §. 3 Abs. 4.

§. 9.

Wer wissentlich oder aus grober Fahrlässigkeit den Bestimmungen der §§. 4 und 5 zuwider ein Gebrauchsmuster in Benutzung nimmt, ist dem Verletzten zur Entschädigung verpflichtet.

Die Klagen wegen Verletzung des Schutzrechtes verjähren rücksichtlich jeder einzelnen dieselbe begründenden Handlung in drei Jahren.

Um die Gleichmäßigkeit in der Entwicklung beider Arten des Patent- und Gebrauchsmusterschutzes zu gewährleisten, sind die Vorschriften über die civilrechtliche und strafrechtliche Verfolgung der Musterschutzverletzungen mit denen bezüglich der Patentverletzung in Einklang gebracht und in durchaus gleicher Weise geregelt. Die in §§. 9—11 enthaltenen Bestimmungen über die civil- und strafrechtlich verfolgbaren Verletzungen des Gebrauchsmusterschutzes entsprechen daher völlig den analogen Vorschriften des Patentgesetzes (§§. 35—39) sowohl was die Zulässigkeit der Entschädigungs- und der Strafklage, die Verjährung der ersteren, den Höchstbetrag der Geld- bezw. Freiheitsstrafe, als auch was die Art und den Termin der Veröffentlichung der strafrechtlichen Verurtheilung sowie die Zuerkennung einer Buße an Stelle jeder gesetzlichen Entschädigung betrifft. Vgl. hierzu das zu §. 35 P.G. Gesagte.

§. 9 behandelt nur die civilrechtliche Verfolgung der Schutzverletzung.

Inbenutzungnehmen, d. i. das Muster nachbilden oder durch Nachbildung desselben hervorgebrachte Geräthschaften und Gegenstände in Verkehr bringen, feilhalten oder gebrauchen. Ueber Entschädigung vgl. das zu §. 37 P.G. Gesagte.

Der von der Kommission als 8a angenommene Antrag, daß die in Gemäßheit des Gesetzes geschützten Gebrauchsgegenstände als „gesetzlich geschützt" ausdrücklich bezeichnet werden müßten und daß nur durch diese Bezeichnung die nach §§. 9 u. 11 zustehenden Entschädigungsansprüche bedingt, seien, ist zwar vom Reichstag abgelehnt, mit Rücksicht auf das aus betheiligten Kreisen geäußerte Bedürfniß ist aber den Inhabern von Gebrauchsmustern seitens des Pat.Amts eine einheitliche Bezeichnung der ihnen geschützten Gegenstände empfohlen worden. Bekanntmachung des Kaiserl. Patentamts 12. Mai 93. Vgl. unten unter Aufführungsbestimmungen.

Die im Abs. 2 angegebene Verjährungsfrist gilt nur für die im Civilrechtswege zu verfolgenden Ansprüche und für die Nebenklage auf Buße, aber nicht etwa für die nach allgemeinen Grundsätzen zu beurtheilende Strafverfolgung; die civilrechtliche Verjährung läuft von der Vollendung der das Schutzrecht verletzenden Handlung ab. Dagegen verjährt die Strafverfolgung von Verletzungen des Schutzrechts in fünf Jahren, vorausgesetzt, daß der Berechtigte binnen drei Monaten seit dem Tage, an welchem er von der Handlung und der Person des Thäters Kenntniß erlangt hat, den Strafantrag gestellt. R.G. 8. Mai 86. §. 61 ff. St.G.B. Vgl. auch das zu §. 36 P.G. Gesagte. Auch hier wird der nicht im Inlande wohnende Schutzberechtigte eines Vertreters nach §. 13 nicht bedürfen. R.G. 24. März 82.

§. 10.

Wer wissentlich den Bestimmungen der §§. 4 und 5 zuwider ein Gebrauchsmuster in Benutzung nimmt, wird mit Geldstrafe bis zu fünftausend Mark oder mit Gefängniß bis zu einem Jahre bestraft.

Die Strafverfolgung tritt nur auf Antrag ein. Die Zurücknahme des Antrags ist zulässig.

Wird auf Strafe erkannt, so ist zugleich dem Verletzten die Befugniß zuzusprechen, die Verurtheilung auf Kosten des Verurtheilten öffentlich bekannt zu machen. Die Art der Bekanntmachung, sowie die Frist zu derselben ist im Urtheil zu bestimmen.

Vgl. dazu das zu §. 9 und das zu §. 36 P.G. Gesagte; mit letzterem stimmt der vorstehende Paragraph wörtlich überein bis auf den selbstverständlichen Ersatz von „Erfindung" durch „Gebrauchsmuster".

Nur die gewerbsmäßige Inbenutzungnahme des Gebrauchsmusters ist strafbar. R.G. 8. März 95, Str. 27, 88. Ueber Gewerbsmäßigkeit s. Anm. zu §. 4.

Ein den Bestimmungen des §. 40 P.G. entsprechendes Verbot der fälschlichen Bezeichnung von Gegenständen als gesetzlich geschützte Gebrauchsmuster ist hier nicht aufgenommen worden.

Ist das Modell bezüglich der in der Anmeldung als neu angegebenen Gestaltung oder Vorrichtung nicht schutzfähig, so kommt es nicht darauf an, ob es nach einer anderen Richtung schutzfähig gewesen wäre. Insoweit das Gebrauchsmuster in die Rolle nicht eingetragen ist, ist seine Nachbildung nicht strafbar. Der Umstand, daß die wirkliche Neuerung in die Bezeichnung nicht aufgenommen ist, spricht gegen die Wissentlichkeit der Verletzung. Landger. Berlin I. 28. April 94 (94/95, 205).

Zur Feststellung des Abhängigkeitsverhältnisses zwischen mehreren Gebrauchsmustern ist der Strafrichter unbedenklich befugt.

Die Benutzung eines eingetragenen, von einem andern abhängigen Gebrauchsmusters ohne Genehmigung des Inhabers des älteren Gebrauchsmusters stellt eine Rechtsverletzung dar. R.G. 17. Dez. 94 (94/95, 205).

Das gewerbsmäßige Inverkehrbringen, Feilhalten oder Gebrauchen eines geschützten Modells ist auch dann strafbar, wenn die vom Thäter bewirkte Nachbildung selbst nicht strafbar ist. R.G. 10. Nov. 94 (94/95, 231).

§. 11.

Statt jeder aus diesem Gesetze entspringenden Entschädigung kann auf Verlangen des Beschädigten neben der Strafe auf eine an ihn zu erlegende Buße bis zum Betrage von zehntausend Mark erkannt werden. Für diese Buße haften die zu derselben verurtheilten als Gesammtschuldner.

Eine erkannte Buße schließt die Geltendmachung eines weiteren Entschädigungsanspruchs aus.

Vgl. §. 37 P.G. und das dazu Gesagte.

§. 12.

In bürgerlichen Rechtsstreitigkeiten, in welchen durch Klage oder Widerklage ein Anspruch auf Grund der Bestimmungen dieses Gesetzes geltend gemacht ist, wird die Verhandlung und Entscheidung letzter Instanz im Sinne des §. 8 des Ein-

führungsgesetzes zum Gerichtsverfassungsgesetze dem Reichsgericht zugewiesen.

Um eine einheitliche Rechtsprechung auf allen Gebieten des Urheberrechts herbeizuführen, bedurfte es der vorsteh. Bestimmung, nach welcher dem Reichsgericht die Verhandlung und Entscheidung in letzter Instanz aus dem Gebiete auch derjenigen Bundesstaaten zugewiesen wird, in welchen nach §. 8 Einführ.Ges. zum Ger.Verf.Ges. ein oberstes Landesgericht besteht. Vgl. §. 38 P.G.

§. 13.

Wer im Inlande einen Wohnsitz oder eine Niederlassung nicht hat, kann nur dann den Anspruch auf den Schutz dieses Gesetzes geltend machen, wenn in dem Staate, in welchem sein Wohnsitz oder seine Niederlassung sich befindet, nach einer im Reichs-Gesetzblatt enthaltenen Bekanntmachung deutsche Gebrauchsmuster einen Schutz genießen.

Wer auf Grund dieser Bestimmung eine Anmeldung bewirkt, muß gleichzeitig einen im Inlande wohnhaften Vertreter bestellen. Name und Wohnsitz des Vertreters werden in die Rolle eingetragen. Der eingetragene Vertreter ist zur Vertretung des Schutzberechtigten in den das Gebrauchsmuster betreffenden Rechtsstreitigkeiten und zur Stellung von Strafanträgen befugt. Der Ort, wo der Vertreter seinen Wohnsitz hat, und in Ermangelung eines solchen der Ort, wo das Patentamt seinen Sitz hat, gilt im Sinne des §. 24 der Civilprozeßordnung als der Ort, wo der Vermögensgegenstand sich befindet.

Zwischen Reichsangehörigen und Ausländern zieht das Gesetz keinen Unterschied. Auch der Inländer, der im Inlande weder einen Wohnsitz noch eine Niederlassung hat, genießt den Schutz des Gesetzes nur dann, wenn von dem Staate seines Wohnsitzes oder seiner Niederlassung die Gegenseitigkeit verbürgt ist und sofern er einen Vertreter bestellt hat. Nach Analogie des Gesetzes über den Markenschutz (§. 20) ist hier der Grundsatz internationaler Gegenseitigkeit streng durchgeführt.

§. 13 ist auch auf solche anzuwenden, die im Inlande nur eine Zweigniederlassung haben. R.G. 28. Febr. 88.

Ueber Wohnsitz und Niederlassung vgl. §. 22 C.P.O.

Die Bekanntmachung hat durch den Reichskanzler zu erfolgen. Dem Reichsgesetzblatt steht das Bundesgesetzblatt gleich. R.G. 17. Dez. 80.

Die Bekanntmachung setzt einen internationalen Vertrag nicht voraus, sie muß nur ergeben, daß die ausländische Gesetzgebung deutsche Muster schützt; in welchem Umfange dies der Fall, bleibt unerheblich. R.G. 18. April 82. Ergiebt sich aus einer neuen oder schon aus der ersten Bekanntmachung, daß der Schutz der deutschen Muster in dem ausländischen Staate mit einem bestimmten Zeitpunkte aufhört, so endet mit letzterem auch der deutsche Schutz der fremden Muster.

Uebereinkommen über gegenseitigen Gebrauchsmusterschutz sind mit Oesterreich-Ungarn 6. Dez. 91, mit Italien 18. Jan. 92 R.G.B. 92 (289 bezw. 293) und mit der Schweiz 13. April 92 (94, 511) getroffen. Die vor Erlaß dieses Gesetzes abgeschlossenen Verträge bezw. Uebereinkommen über gegenseitigen Schutz von Mustern und Modellen werden folgerichtig nur auf sogenannte Geschmacksmuster bezogen werden können. Vgl. §. 16 Ges., betr. Urheberrecht an Mustern 2c.

Die Bestimmungen im Abs. 2. über die gesetzlich vorgeschriebene Vertretung sind dieselben wie nach Patentrecht. Vgl. zu §. 12 P.G.

§. 14.

Die zur Ausführung dieses Gesetzes erforderlichen Bestimmungen über die Einrichtung und den Geschäftsgang des Patentamts werden durch Kaiserliche Verordnung unter Zustimmung des Bundesraths getroffen.

Die Verordnung ist unter dem 11. Juli 91 erlassen. Vgl. unten unter Ausführungsbestimmungen.

Ueber Fragen, welche den Schutz der Gebrauchsmuster betreffen, ist das Patentamt allgemein ermächtigt, auf Ersuchen der Gerichte und der Staatsanwaltschaft Gutachten abzugeben, sofern in dem gerichtlichen Verfahren von einander abweichende Gutachten mehrerer Sachverständiger vorliegen. Vgl. hierüber das zu §. 18 Pat.Ges. Gesagte.

§. 15.

Dieses Gesetz tritt mit dem 1. Oktober 1891 in Kraft.

Urkundlich unter Unserer Höchsteigenhändigen Unterschrift und beigedrucktem Kaiserlichen Insiegel.

Gegeben an Bord Meines Aviso „Greif“ den 1. Juni 1891.

(L. S.) **Wilhelm.**

von Boetticher.

Verordnung
zur
Ausführung des Patentgesetzes vom 7. April 1891 und des Gesetzes, betreffend den Schutz von Gebrauchsmustern, vom 1. Juni 1891.

Vom 11. Juli 1891.

(Reichs-Gesetzbl. S. 349.)

Wir **Wilhelm**, von Gottes Gnaden Deutscher Kaiser, König von Preußen ꝛc., verordnen auf Grund der Bestimmungen im §. 17 des Patentgesetzes vom 7. April 1891 (Reichs-Gesetzbl. S. 79) und im §. 14 des Gesetzes, betreffend den Schutz von Gebrauchsmustern, vom 1. Juni 1891 (Reichs-Gesetzbl. S. 290) im Namen des Reichs, nach erfolgter Zustimmung des Bundesraths, was folgt:

I. Patentangelegenheiten.

§. 1.

Im Patentamt werden für die Patentanmeldungen vier Abtheilungen gebildet, welche die Bezeichnung

Anmeldeabtheilung

führen und durch den Zusatz I, II, III, IV unterschieden werden.

Der Reichskanzler bestimmt, für welche Gebiete der Technik eine jede der Abtheilungen zuständig ist.

Zu dem Geschäftskreis der Anmeldeabtheilungen gehören auch die Beschlüsse über Eintragungen und Löschungen in der Patentrolle (§. 19 des Patentgesetzes) für das einer jeden Abtheilung zugewiesene Gebiet der Technik.

§. 2.

Für Beschwerden gegen die Beschlüsse der Anmeldeabtheilungen und der Nichtigkeitsabtheilung (§§. 16, 26 des Patentgesetzes) werden zwei Abtheilungen gebildet, welche die Bezeichnung

Beschwerdeabtheilung

führen und durch den Zusatz I und II unterschieden werden.

Die Beschwerdeabtheilung I ist zuständig für Beschwerden gegen Beschlüsse der Anmeldeabtheilungen I und II, sowie für Beschwerden gegen Beschlüsse der Nichtigkeitsabtheilung. Die Beschwerdeabtheilung II ist zuständig für Beschwerden gegen Beschlüsse der Anmeldeabtheilungen III und IV.

Die Beschwerdeabtheilungen sind außerdem, und zwar jede innerhalb des durch Absatz 2 festgesetzten Geschäftskreises, zuständig für die vom Patentamt abzugebenden Gutachten.

§. 3.

Meinungsverschiedenheiten zwischen mehreren Abtheilungen über die Zuständigkeit werden von dem Präsidenten entschieden.

Für Anträge oder Gesuche, welche andere, als die in den §§. 1 und 2 bezeichneten Angelegenheiten betreffen, wird die Zuständigkeit von dem Präsidenten bestimmt.

§. 4.

Die Geschäftsleitung in den Anmeldeabtheilungen steht dem zum Vorsitz berufenen rechtskundigen Mitgliede, die Geschäftsleitung in den Beschwerdeabtheilungen und in der Nichtigkeitsabtheilung dem Präsidenten zu. Ueber die Vertretung des Präsidenten im Vorsitz trifft der Reichskanzler Bestimmung.

§. 5.

Die Zuweisung der Mitglieder an die Abtheilungen erfolgt durch den Reichskanzler.

Im Falle des Todes, der Erkrankung oder der längeren Abwesenheit eines Mitgliedes können in die davon betroffene Abtheilung, solange das Bedürfniß dieses erfordert, durch den Präsidenten Mitglieder anderer Abtheilungen zur Aushülfe berufen werden.

§. 6.

In den Abtheilungen trifft der Vorsitzende die für den Fortgang der Sachen erforderlichen Verfügungen.

In den Anmeldeabtheilungen bezeichnet er für jede Klasse der Anmeldungen im Voraus das Mitglied, welchem die Vorprüfung (§. 21 des

Patentgesetzes) obliegt, sowie einen weiteren Berichterstatter für das Verfahren nach Erlaß des Vorbescheides.

In den Beschwerdeabtheilungen und in der Nichtigkeitsabtheilung bezeichnet der Präsident für jede Klasse im Voraus zwei Berichterstatter.

An Stelle der hiernach berufenen Mitglieder können für den einzelnen Fall andere Berichterstatter bezeichnet werden.

Die Berichterstatter halten den mündlichen Vortrag in der Sitzung und entwerfen alle Beschlüsse und Entscheidungen. Der Vorsitzende prüft die Entwürfe und stellt sie fest. Ueber sachliche Meinungsverschiedenheiten beschließt die Abtheilung.

§. 7.

In den Anmeldeabtheilungen bedarf es der Berathung und Abstimmung in einer Sitzung für Beschlüsse über die Bekanntmachung der Anmeldung, sowie für Beschlüsse, durch welche die Anmeldung oder ein Einspruch ganz oder theilweise zurückgewiesen wird.

Für die Beschlüsse der Beschwerdeabtheilungen, durch welche eine auf Grund des §. 16 des Patentgesetzes erhobene Beschwerde erledigt wird, sowie für die nach §§. 26, 29 und 30 des Patentgesetzes ergehenden Entscheidungen der Beschwerdeabtheilungen und der Nichtigkeitsabtheilung bedarf es der Berathung und Abstimmung in einer Sitzung. An den Entscheidungen nehmen außer dem Präsidenten und dem weiteren rechtskundigen Mitgliede die beiden für die Sache bestellten Berichterstatter und ein drittes von dem Präsidenten vorher bestimmtes technisches Mitglied Theil.

§. 8.

Bei den Abstimmungen entscheidet die absolute Mehrheit der Stimmen, bei Stimmengleichheit die Stimme des Vorsitzenden.

Ist eine Anhörung der Betheiligten (Patentgesetz §. 25, §. 26 Absatz 3, §. 30 Absatz 2) vorhergegangen, so kann ein Mitglied, welches hierbei nicht zugegen gewesen ist, an der Abstimmung nicht theilnehmen.

§. 9.

Dem Präsidenten liegt es ob, auf eine gleichmäßige Behandlung der Geschäfte und auf die Beobachtung gleicher Grundsätze hinzuwirken. Zu diesem Behufe ist er befugt, den Berathungen aller Abtheilungen beizuwohnen, auch sämmtliche Mitglieder zu Plenarversammlungen zu vereinigen und die Berathung des Plenums über die von ihm vorgelegten Fragen herbeizuführen.

§. 10.

Die Sitzungen der Abtheilungen finden der Regel nach an bestimmten Tagen und zu bestimmten Stunden statt. Die Verfügung darüber steht dem Präsidenten zu.

§. 11.

Die Ausfertigungen der Beschlüsse und Entscheidungen der Abtheilungen erhalten die Unterschrift:

Kaiserliches Patentamt

und zusätzlich die vorschriftsmäßige Bezeichnung der Abtheilung.

§. 12.

Für das Zustellungswesen gelten folgende Vorschriften:

1. Zustellungen, welche den Lauf der im §. 26 Absatz 1 des Patentgesetzes bezeichneten Frist bedingen, sowie Zustellungen in dem Verfahren vor der Nichtigkeitsabtheilung erfolgen durch die Post. Auf diese Zustellungen finden die Vorschriften der Civilprozeßordnung mit nachstehenden Maßgaben Anwendung.

Der vom Präsidenten bestimmte Beamte trägt für die Bewirkung der Zustellung Sorge und beglaubigt die zu übergebenden Abschriften. Er übergiebt die Schriftstücke in einem verschlossenen, mit der Adresse der Person, an welche zugestellt werden soll, sowie mit der Geschäftsnummer versehenen Briefumschlag der Post zur Zustellung. Auf den Briefumschlag wird der Vermerk gesetzt: „Vereinfachte Zustellung". Eine Bescheinigung der Uebergabe an die Post (Civilprozeßordnung §§. 177, 179) ist nicht erforderlich.

Die von dem Postboten aufzunehmende Zustellungsurkunde muß die Adresse und die Geschäftsnummer des Briefes, den Ort und die Zeit der Zustellung, sowie die Person, welcher zugestellt ist, und wenn die Zustellung nicht an den Adressaten persönlich erfolgt ist, den Grund hiervon angeben. Die Urkunde ist von dem Postboten zu unterschreiben. Abschrift der Zustellungsurkunde wird nicht übergeben. Der Tag der Zustellung ist von dem Postboten auf dem Briefumschlag zu vermerken.

2. Zustellungen, welche den Lauf sonstiger Fristen bedingen, erfolgen mittelst eingeschriebenen Briefes.

Kann in den Fällen der Nr. 1 und 2 eine Zustellung im Inlande nicht erfolgen, so wird sie durch Aufgabe zur Post nach Maßgabe der §§. 161, 175 der Civilprozeßordnung bewirkt.

§. 13.

Zeugen und Sachverständige erhalten Gebühren nach Maßgabe der Gebührenordnung vom 30. Juni 1878 (Reichs-Gesetzbl. S. 173).

§. 14.

Zu den Kosten des Verfahrens, über welche das Patentamt nach §. 26 Absatz 5 und §. 31 des Patentgesetzes zu bestimmen hat, gehören außer den aus der Kasse des Patentamts bestrittenen Auslagen diejenigen den Betheiligten erwachsenen Kosten, welche nach freiem Ermessen des Patentamts zur zweckentsprechenden Wahrung der Ansprüche und Rechte nothwendig waren.

§. 15.

Ist eine Patentgebühr (§. 8 Absatz 2 des Patentgesetzes) nicht innerhalb sechs Wochen nach der Fälligkeit entrichtet, so benachrichtigt das Patentamt hiervon den Patentinhaber.

Aus dem Umstande, daß der Patentinhaber eine Benachrichtigung nicht erhält, erwachsen Rechtsfolgen nicht.

§. 16.

Die Orte außerhalb Berlins, an welchen eine Auslegung der Patentanmeldungen erfolgen soll, sowie die Art und Zeitdauer dieser Auslegung werden vom Reichskanzler bezeichnet. Wenn eine Auslegung an diesen Orten unterbleibt, so wird dadurch ein Mangel des Verfahrens nicht begründet.

§. 17.

Der Präsident verfügt im Einvernehmen mit der für die Anmeldung zuständigen Abtheilung über Modelle und Proben, deren Rückgabe nicht binnen sechs Monaten nach endgültiger Abweisung der Anmeldung oder nach der Bekanntmachung von der Ertheilung des Patents (§. 27 Absatz 1 des Patentgesetzes) beantragt ist.

§. 18.

Soweit für Patentangelegenheiten aus der Zeit vor dem 1. Oktober 1891 Uebergangsbestimmungen erforderlich sind, werden dieselben vom Reichskanzler erlassen.

II. Angelegenheiten des Gebrauchsmusterschutzes.

§. 19.

Für Anträge in Sachen des Schutzes von Gebrauchsmustern wird in dem Patentamt eine besondere Anmeldestelle errichtet.

Die Leitung dieser Stelle liegt einem von dem Reichskanzler bezeichneten rechtskundigen Mitgliede ob.

Im Falle einer Verhinderung dieses Mitgliedes kann der Präsident einem anderen rechtskundigen Mitgliede die Vertretung übertragen.

§. 20.

Die Verfügungen der Anmeldestelle erhalten die Unterschrift:

Kaiserliches Patentamt,
Anmeldestelle für Gebrauchsmuster.

§. 21.

Ueber Vorstellungen gegen die Verfügung der Anmeldestelle befindet der Präsident.

§. 22.

Aenderungen in der Person des Eingetragenen oder des nach §. 13 Absatz 2 des Gesetzes vom 1. Juni 1891 bestellten Vertreters, welche in der Rolle vermerkt werden sollen, sind in beweisender Form zur Kenntniß des Patentamts zu bringen.

§. 23.

Nach der Eintragung in der Rolle erhält der Eingetragene eine Ausfertigung des Eintragungsvermerks.

§. 24.

Der Präsident verfügt über Modelle, deren Rückgabe nicht binnen vier Jahren nach Ablauf der Schutzfrist beantragt wird.

III. Gemeinschaftliche Bestimmungen.

§. 25.

Die Einrichtung der Büreaus, die Verwaltung der Kasse, der Bibliothek und der Sammlungen werden durch den Präsidenten geordnet. Der Präsident erläßt die erforderlichen Geschäftsanweisungen.

§. 26.

Die Leitung und Beaufsichtigung des gesammten Geschäftsbetriebes steht dem Präsidenten zu. Er verfügt in allen Verwaltungsangelegenheiten.

§. 27.

Sämmtliche eingehende Geschäftssachen werden, ohne Rücksicht auf ihren verschiedenen Inhalt, nach der Zeit ihres Eingangs mit einer laufenden Nummer als Geschäftsnummer, und mit dem Datum bezeichnet.

Geschäftssachen, welche während der Dienststunden eingehen, sind alsbald, andere Geschäftssachen bei dem Wiederbeginn der Dienststunden von dem dazu bestimmten Beamten hiernach zu bezeichnen. Wenn die Reihe des Eingangs nicht feststeht, so sind sie nach der Reihe, in welcher sie von dem Beamten übernommen werden, mit der Bezeichnung zu versehen.

Von zwei an demselben Tage an das Patentamt gelangten Geschäftssachen gilt diejenige als später eingegangen, welche die höhere Geschäftsnummer trägt.

§. 28.

Vertreter in Patentangelegenheiten und in Angelegenheiten des Gebrauchsmusterschutzes haben dem Patentamt gegenüber ihre Bevollmächtigung durch eine Vollmacht nachzuweisen.

Die Vollmachten müssen auf prozeßfähige, mit ihrem bürgerlichen Namen bezeichnete Personen lauten.

Sind mehrere Personen bevollmächtigt, so gelten dieselben für befugt, sowohl gemeinschaftlich als auch einzeln die Vertretung wahrzunehmen. Eine abweichende Bestimmung dürfen die Vollmachten nicht enthalten.

§. 29.

Das Patentamt kann nach seinem Ermessen von den bei ihm beruhenden Eingaben und Verhandlungen, soweit die Einsicht in dieselben gesetzlich nicht beschränkt ist, an jedermann Abschriften und Auszüge gegen Einzahlung der Kosten ertheilen.

§. 30.

Das Siegel des Patentamts enthält in der Mitte den Reichsadler und in der Umschrift die Worte „Kaiserliches Patentamt".

Urkundlich unter Unserer Höchsteigenhändigen Unterschrift und beigedrucktem Kaiserlichen Insiegel.

Gegeben Buckingham Palace London,
den 11. Juli 1891.

(L. S.) **Wilhelm.**
von Boetticher.

Bestimmungen

über

die Anmeldung von Erfindungen.

Bekanntmachung vom 11. Juli 1877.

(Deutscher Reichs-Anzeiger Nr. 161.)

§. 1.

Die Anmeldung und jede ihr beigefügte Zeichnung oder Beschreibung ist von dem Patentsucher oder dessen Vertreter zu unterzeichnen.

Erläuterungen des Gegenstandes der Erfindung dürfen nicht in der Anmeldung selbst, sondern nur in deren Anlagen gegeben werden.

§. 2.

Jede Anlage der Anmeldung ist mit einer laufenden Nummer zu versehen. Jede Anlage ist, soweit es sich nicht um Modelle oder Probestücke handelt, in zwei Exemplaren beizufügen.

§. 3.

Die Anmeldung muß die nachstehend verlangten Angaben, möglichst in der angegebenen Reihenfolge, enthalten:

a) Eine kurze aber genaue Bezeichnung dessen, was den Gegenstand der Erfindung bildet.

Aus der Bezeichnung soll sich mit Sicherheit der Patentanspruch, d. h. dasjenige ergeben, was der Patentsucher als neu und patentfähig ansieht.

b) Den Antrag, daß für den so bezeichneten Gegenstand der Erfindung ein Patent ertheilt werden möge. Soll dafür nur ein Zusatzpatent ertheilt werden (§ 7 des Patentgesetzes), so hat der Patentsucher dies ausdrücklich zu bemerken und das Hauptpatent, sowie dessen Nummer nebst Jahr der Ertheilung anzugeben. Soll das Patent nur an Stelle eines bestehenden Patents treten (§ 42 des Patentgesetzes), so hat der Patentsucher dies ebenfalls ausdrücklich zu bemerken und gleichzeitig die Urkunden über diejenigen Patente beizufügen, an deren Stelle das Patent treten soll. Das Gesuch ist in diesem Falle auf die Umwandlung des Landes- in ein Reichspatent zu beschränken. Wird zugleich ein Patent für eine Verbesserung beansprucht, so muß dieserhalb eine besondere Anmeldung erfolgen.

c) Die Erklärung, daß der gesetzliche Kostenbetrag von 20 Mark (§ 20 des Patentgesetzes) bereits an die Kasse des Patentamts eingezahlt sei oder gleichzeitig mit der Anmeldung eingehen werde.

d) Die Angabe des Namens, des Standes und Wohnortes des Patentsuchers, sofern die Anmeldung durch einen Vertreter erfolgt. Der letztere hat eine von dem Patentsucher unterzeichnete Vollmacht beizufügen.

Bei Bestellung eines Vertreters seitens eines Patentsuchers, der nicht im Inlande wohnt, wird angenommen, daß sich die Vertretung auf die im §. 12 des Gesetzes bezeichneten Befugnisse erstreckt.

e) Die Aufführung der einzelnen Anlagen der Anmeldung unter Angabe ihrer Nummer und ihres Inhalts.

§. 4.

Zu allen Schriftstücken der Anmeldung ist Papier in dem Format von 33 auf 21 cm zu verwenden.

Zu der Schrift soll tiefschwarze, nicht klebrige Tinte benutzt werden.

Die Zeichnungen sind in je einem Haupt- und einem Nebenexemplar einzureichen. Für das Hauptexemplar ist weißes, starkes und glattes Zeichenpapier (sog. Bristol- oder Kartonpapier) in dem Format

von 33 cm Höhe auf 21 cm Breite
oder von 33 = = = 42 = = .
oder von 33 = = = 63 = =

zu verwenden.

Die Zeichnung sowie alle Schrift auf dem Hauptexemplar ist mit chinesischer Tusche in tiefschwarzen Linien auszuführen, nicht zu koloriren oder zu tuschen.

Die Zeichnung ist durch eine einfache Randlinie einzufassen, welche 2 cm von der Papierkante entfernt ist.

Innerhalb des durch die Randlinie begrenzten Raumes muß auch alle Schrift fallen.

Die Unterschrift des Patentsuchers ist in der unteren rechten Ecke anzubringen.

An der oberen Seite des Blattes ist ein Raum von mindestens 3 cm Höhe innerhalb der Randlinie für Nummer, Datum und Bezeichnung des Patents zu bestimmen.

Als Nebenexemplar ist eine Durchzeichnung des Hauptexemplars auf Zeichenleinwand einzureichen. Bei demselben ist die Anwendung von bunten Farben zulässig und erwünscht.

Die Zeichnungen dürfen nicht geknifft und nicht gerollt sein, dieselben müssen auch so verpackt sein, daß sie in glattem Zustande an das Patentamt gelangen.

§. 5.

Alle Maß- und Gewichtsangaben müssen nach metrischem System erfolgen, Temperaturangaben nach Celsius, Dichtigkeitsangaben als spezifische Gewichte angegeben sein.

§ 6.

Die **Beschreibungen** müssen sich auf das zur **Beurtheilung des Patentgesuchs Gehörige beschränken**, allgemeine Erörterungen sind zu vermeiden. Im Uebrigen müssen die Beschreibungen so eingerichtet sein, wie sie sich bei Ertheilung des Patents zur Veröffentlichung eignen. Am Schlusse derselben sind die **Patentansprüche** näher, als es in der Anmeldung geschehen, zu bezeichnen.

§ 7.

Die Beifügung von Modellen und Probestücken ist erwünscht, sofern die Veranschaulichung der Erfindung dadurch erleichtert wird; sie ist geboten, wenn ohnedies die Beurtheilung des Patentgesuchs nicht mit Sicherheit erfolgen kann.

(Patentblatt 1887 S. 119 und Blatt für Patent-, Muster- und Zeichenwesen 1894 S. 55.)

Berlin, den $\frac{\text{19. März 1887.}}{\text{1. Dezember 1894.}}$

In Anbetracht, daß in den Patentgesuchen auf Verfahren zur Darstellung chemischer Stoffe häufig der Schutz von ganzen Körpergruppen beansprucht wird, ohne daß die Darstellung und die technische Verwerthbarkeit der einzelnen Glieder dieser Gruppen überzeugend dargethan ist, daß ferner Proben der dargestellten Stoffe, welche im Patentamte aufbewahrt werden, für etwa eintretende Streitfälle und für die Beurtheilung neuer Patentgesuche wichtige Beweisstücke bilden, wird in Uebereinstimmung mit den mehrfach ausgesprochenen Wünschen der betheiligten Industriellen Folgendes bestimmt:

Den Patentgesuchen, welche sich auf neue Darstellungsverfahren chemischer Stoffe beziehen, sind Proben dieser Stoffe, sowie der zur Ausübung des Verfahrens etwa erforderlichen Zwischenprodukte, welche zur Zeit noch unbekannt sind, beizufügen.

Diese Proben, im Gewicht von ungefähr 8 bis 10 g, sind in Glasflaschen von etwa 30 mm äußerem Durchmesser und 80 mm Gesammthöhe, mit Glasstopfen und dem Siegel des Patentsuchers verschlossen und mit genauer Bezeichnung des Inhaltes versehen, einzureichen.

Bei Theerfarbstoffen sind außerdem noch Ausfärbungen auf Wolle, Seide oder Baumwolle beizulegen; dieselben müssen in passender Weise auf Kartonpapier von 330 mm Höhe und 210 mm Breite befestigt sein und ebenfalls in zwei Exemplaren eingeliefert werden. Von jedem Farbstoff sind Ausfärbungen in 3 verschiedenen Nüancen anzufertigen, von Farbstoffen, die sich quantitativ ausfärben lassen, muß eine Probe mit einem Prozent gefärbt sein, während die beiden anderen Schattirungen nach der Stärke des Farbstoffs schwächer oder stärker sein können. Den Ausfärbungen ist eine Beschreibung des angewendeten

Färbeverfahrens beizulegen, mit genauen Angaben über die Konzentration der Flotte, die etwa gebrauchten Beizen, die Temperatur ꝛc., sowie auch darüber, ob die gebrauchte Flotte entfärbt war oder noch mehr oder weniger Farbstoff zurück gehalten hat.

Diese Färbevorschriften werden nur auf ausdrücklichen Wunsch des Patentsuchers in der Patentschrift abgedruckt.

Auf explosive Stoffe, insbesondere die der Klasse 78 angehörenden Stoffe, finden die vorstehenden Bestimmungen keine Anwendung.

Mittheilungen für das patentsuchende Publikum.

Die Prüfung der Patentfähigkeit einer Erfindung erfolgt nur auf Grund einer Patentanmeldung, welche den Bestimmungen des §. 20 des Patentgesetzes (S. 8) und den Vorschriften der Bekanntmachung vom 11. Juli 1877 (S. 13) zu entsprechen hat. Ein Modell ist erst dann einzusenden, sobald eine Aufforderung hierzu ergeht. Nach §. 18 des Patentgesetzes vom 7. April 1891 (S. 7) ist das Patentamt nicht befugt, außerhalb seines gesetzlichen Geschäftskreises Beschlüsse zu fassen oder Gutachten abzugeben, insbesondere auch nicht darüber, ob ein noch nicht angemeldeter Gegenstand patentfähig ist oder ob durch ein Verfahren oder eine Vorrichtung ein Patent oder ein Gebrauchsmuster verletzt wird. Auf die Ertheilung des Patentes hat nach §. 3 des Patentgesetzes (S. 6) Derjenige Anspruch, welcher die Erfindung zuerst nach Maßgabe des Patentgesetzes angemeldet hat. Vorläufige Anmeldungen kennt das deutsche Patentgesetz nicht.

Mit jeder Patentanmeldung sind zwanzig Mark und mit jeder Gebrauchsmusteranmeldung fünfzehn Mark ein=

zuzahlen; eine Stundung oder ein Erlaß dieser Anmeldegebühr ist gesetzlich unzulässig.

Bezüglich der weiteren Gebühren im Falle der Ertheilung eines Patents kommen die Bestimmungen der §§. 8 und 9 des Patentgesetzes (S. 6) in Betracht.

Einsprüche gegen die Patentertheilung (§. 24 des Patentgesetzes, S. 8), Anträge auf Nichtigkeitserklärung (§§. 10, 28 ff. des Patentgesetzes, S. 7, 9) oder Zurücknahme (§§. 11, 28 ff. des Patentgesetzes, S. 7, 9) eines Patentes gelangen zur Prüfung nur dann, wenn die Anmeldung bezw. das Patent entsprechend der im Reichs-Anzeiger erfolgten Bekanntmachung (§§. 23, 24, 27 des Patentgesetzes, S. 8, 9) bezeichnet ist.

Modelle, für welche der Schutz als Gebrauchsmuster verlangt wird, sind bei dem Patentamte schriftlich anzumelden nach Maßgabe des Gesetzes, betreffend den Schutz von Gebrauchsmustern, vom 1. Juni 1891 (S. 14 ff.), sowie der Bekanntmachungen vom 31. August 1891 und 7. Mai 1893 (S. 15, 16). Der Anspruch auf Löschung eines Gebrauchsmusters ist durch Klage bei den ordentlichen Gerichten geltend zu machen.

Auskünfte über Patent-Ertheilungen, Löschungen, Uebertragungen u. s. w., sowie über Gebrauchsmuster werden der Regel nach nicht ertheilt; vielmehr muß es den Betheiligten überlassen bleiben, die erforderlichen Ermittelungen selbst anzustellen. Es wird hierbei auf die unten näher bezeichneten Veröffentlichungen und, soweit Patente in Frage stehen, auf die Auslegestellen (S. 4, 5) verwiesen, wo die in Betracht kommenden Patentschriften ermittelt und unentgeltlich eingesehen werden können.

Die Unterlagen der bekannt gemachten Patentanmeldungen, sowie der eingetragenen Gebrauchsmuster, werden in der Auslegehalle des Kaiserlichen Patentamts vorgelegt. Ueber Anmeldungen, die zur Bekanntmachung bezw. Eintragung nicht oder noch nicht gelangt sind, wird keinerlei Auskunft ertheilt.

Als das amtliche Blatt, welches in Gemäßheit des §. 19 des Patentgesetzes herauszugeben ist, gelten das **Patentblatt** und die zugehörigen **Patentschriften.**

Das **„Patentblatt“**

ist zunächst für die durch das Patentgesetz vorgeschriebenen, auch in dem Reichs-Anzeiger zu veröffentlichenden Bekanntmachungen bestimmt. Demgemäß finden darin Aufnahme: alle Bekanntmachungen über die Anmeldung von Erfindungen behufs Erlangung eines Patentes, über die Zurückziehung der Anmeldung, über die Ertheilung oder Versagung des Patentes, über den Anfang, den Ablauf, das Erlöschen, die Erklärung der Nichtigkeit und Zurücknahme, die Uebertragung der Patente.

Ferner enthält das Patentblatt die auch im Reichs-Anzeiger zu veröffentlichenden amtlichen Bekanntmachungen des Patentamts in Angelegenheiten des Gebrauchsmuster-Schutzes.

Seit dem Jahre 1880 veröffentlicht das Patentamt regelmäßig auch

„Auszüge aus den Patentschriften“.

Dieselben erscheinen alsbald nach Ausgabe der betr. Patentschriften.

Zweck der Auszüge ist, die betheiligten Kreise alsbald und in leichter Weise von dem wesentlichen Inhalt der neuen Erfindungen in Kenntniß zu setzen; sie sollen einem Jeden die Prüfung erleichtern, ob sein Interesse durch die ertheilten Patente berührt wird und ob er daher von den vollständigen Patentschriften Einsicht zu nehmen veranlaßt ist. Abbildungen der zu den Patentschriften gehörigen Zeichnungen werden auf die zum Verständnisse der Beschreibung unerläßlichen Theile beschränkt und überhaupt nur dann beigefügt, wenn dies im Interesse einer leicht übersichtlichen Darstellung erforderlich oder dienlich erscheint.

Neben dem Patentblatt wird vom Patentamte das

„Blatt für Patent-, Muster- und Zeichenwesen“

und das

„Waarenzeichen-Blatt“

herausgegeben.

Das Blatt für Patent-, Muster- und Zeichenwesen erscheint in mehrwöchigen Zwischenräumen und bezweckt die Mittheilung von Vorgängen auf den Gebieten des Patent-, Muster- und Waarenzeichenrechts, einschließlich des Geschmacksmusterrechts, welche für die betheiligten gewerblichen Kreise und für die juristische Wissenschaft und Praxis ein besonderes Interesse darbieten, insbesondere von Gesetzen und Verordnungen, Entscheidungen und Verfügungen des In- und Auslandes, internationalen Verträgen, statistischen Zusammenstellungen, auch Abhandlungen u. s. w.

Der Verlag des Patentblattes, sowie des Blattes für Patent-, Muster- und Zeichenwesen ist der Verlagsbuchhandlung Carl Heymann's Verlag, Berlin W. 41, Mauerstraße 44, übertragen. Für das Inland beträgt der halbjährige Bezugspreis des Patentblattes mit den Auszügen aus den Patentschriften 25 M., ohne die Auszüge 10 M.; der Preis des Blattes für Patent-, Muster- und Zeichenwesen beträgt für den Jahrgang 6 M.

Das Waarenzeichen-Blatt ist für die im §. 3 des Gesetzes zum Schutz der Waarenbezeichnungen vom 12. Mai 1894 vorgeschriebene Veröffentlichung der Uebersichten über die eingetragenen und gelöschten Zeichen, sowie für die sonstigen amtlichen Bekanntmachungen bestimmt, welche den Geschäftskreis der Abtheilung für Waarenzeichen betreffen.

Mit dem Verlage dieses allmonatlich erscheinenden Blattes ist die Buchdruckerei von P. Stankiewicz,

Berlin SW., Bernburgerstraße 14, betraut. Der Bezugspreis für den Jahrgang beträgt 20 M.

Abnehmer des Patentblattes oder des Waarenzeichen-Blattes erhalten das Blatt für Patent-, Muster- und Zeichenwesen kostenfrei.

Außerdem erscheint alljährlich in Carl Heymann's Verlag ein systematisch und chronologisch geordnetes Verzeichniß der im Vorjahre ertheilten Patente mit alphabetischem Namen- und Sachregister, unter Hinweis auf die oben erwähnten Auszüge, und in Verbindung hiermit ein Verzeichniß der im Vorjahre übertragenen, sowie der gelöschten Patente. Das im Jahre 1889 unter der Bezeichnung „Hauptverzeichniß der ertheilten und noch in Wirkung stehenden Patente" erschienene gleichartige Verzeichniß umfaßt die Zeit vom 1. Juli 1877 bis zum 31. Dezember 1888.

Das „**Repertorium der technischen Journal-Literatur**", welches 1879 wöchentlich im Patentblatte mitgetheilt wurde, wird in besonderen Jahresheften fortgesetzt und kann durch vorgenannte Verlagsbuchhandlung bezogen werden.

Neben dem Patentblatte erscheinen die

„Patentschriften"

in besonderen Heften, welche je nach der Fertigstellung ausgegeben werden. Dieselben enthalten — für jedes Patent getrennt — die vollständigen

Beschreibungen und Zeichnungen, auf Grund deren die Ertheilung der Patente erfolgt ist.

Zum Zwecke dieser Veröffentlichungen sind die Patente in 89 Klassen getheilt. Ein Verzeichniß dieser Klassen wird hierunter mitgetheilt.

Die Patentschriften sind durch das Kaiserliche Patentamt (Bekanntmachung vom 9. September 1895, Blatt für Patent-, Muster- und Zeichenwesen 1895, Heft 12) unter folgenden Bedingungen zu beziehen:

Einzelne Hefte der Patentschriften werden, soweit der Vorrath reicht, zum Preise von 1 M. abgegeben. Bei der Bestellung sind die Nummern der gewünschten Patentschriften anzugeben.

Vorbestellungen, bei denen das Heft mit 0,50 M. berechnet wird, werden angenommen:

a) auf einzelne Klassen:

Die Bestellung hat schriftlich zu erfolgen und muß enthalten:

1. die vollständige Adresse des Bestellers,
2. die genaue Angabe derjenigen Klassen, deren Zusendung erfolgen soll,
3. die Angabe des Datums, von welchem ab die erschienenen Patentschriften gewunscht werden.

Gleichzeitig mit der Bestellung ist ein Betrag von 20 M. oder ein Vielfaches desselben einzuzahlen, worauf die Zusendung der gewünschten Patentschriften so lange erfolgt, bis der eingezahlte Betrag erschöpft ist;

b) auf 20 oder mehr Hefte einer bestimmten Patentschrift:

Die Bestellung ist innerhalb der ersten 14 Tage nach der Veröffentlichung der Ertheilung des Patentes im Reichs-Anzeiger schriftlich zu machen und muß enthalten:

1. die vollständige Adresse des Bestellers,
2. die genaue Bezeichnung des Patentes nach Nummer, Namen und Gegenstand.

Gleichzeitig ist der Betrag von 0,50 M. für je ein Heft einzuzahlen.

Später eingehende Bestellungen können nur soweit Berücksichtigung finden, als der vorhandene Vorrath der Patentschriften es gestattet.

Bestellungen auf Patentschriften, welche vor der Veröffentlichung der Ertheilung des Patentes eingehen, finden keine Berücksichtigung; die mit vorzeitigen Bestellungen eingezahlten Gelder werden zurückgewiesen. Bestellkarten auf einzelne Patentschriften und zu den Vorbestellungen nach Klassen werden im Kaiserlichen Patentamt unentgeltlich abgegeben. In Ermangelung einer solchen Bestellkarte kann die Bestellung unter genauer Bezeichnung der gewünschten Patentschriften mittelst gewöhnlicher Postkarte erfolgen.

Alle an das Kaiserliche Patentamt gerichteten Sendungen sind ausreichend zu frankiren. Unfrankirte oder unzureichend frankirte Sendungen werden nicht angenommen. Die Geldbeträge sind in den gesetzlichen Zahlungsmitteln, also mit Ausschluß von Postfreimarken und sonstigen Werthzeichen, portofrei und unter Werthangabe einzusenden.

Bestellungen, welche den obigen Bedingungen nicht entsprechen, bleiben unberücksichtigt.

Die Verlagsbuchhandlung Carl Heymann's Verlag ist bereit, Bestellungen auf Patentschriften zu den vorstehend angegebenen Preisen anzunehmen und auszuführen.

Patentklassen.

1. **Aufbereitung** von Erzen, Mineralien, Brennstoffen
2. **Bäckerei.**
3. **Bekleidungsindustrie.**
4. **Beleuchtung,** außer elektrischer, Kl. 21, und Gasbeleuchtung, Kl. 26.
5. **Bergbau,** Gewinnung und Förderung von Erzen u. s. w., Erd- und Gesteinbohren, Tunnelbau, Sprengen (außer Sprengstoffen, Kl. 78).
6. **Bier, Branntwein, Wein, Essig, Hefe.**
7. **Blech- und Drahterzeugung.**
8. **Bleichen, Färben, Zeugdruck und Appretur.**

9. **Borstenwaaren,** Bürsten, Besen, Pinsel.
10. **Brennstoffe,** Verkohlung, Verkokung, Brikettfabrikation (ausschließlich der Brikettpressen, Kl. 80).
11. **Buchbinderei,** auch Briefordner, Sammelmappen, Alben u. dergl.
12. **Chemische Apparate** und Prozesse, nicht besonders genannte.
13. **Dampfkessel** nebst Ausrüstung, auch Dampfleitungen.
14. **Dampfmaschinen** (auch an Lokomotiven und für Schiffe).
15. **Druckerei,** Geräthe und Maschinen, Verfahrungsweisen, Herstellung von Druckplatten u. s. w. (außer Zeugdruck, Kl. 8).
16. **Düngerbereitung.**
17. **Eisbereitung,** Aufbewahrung und Kälteerzeugung (außer Eisschränken, Kl. 34).
18. **Eisenerzeugung.**
19. **Eisenbahn- und Straßenbau,** einschließlich des Brückenbaues.
20. **Eisenbahnbetrieb,** Fahrzeuge, Signalwesen, Weichenstellvorrichtungen u. s. w., einschließlich der elektrischen, Seil- und Pferde-Eisenbahnen.
21. **Elektrische Apparate und Maschinen, Telegraphie und Telephonie.**
22. **Farbstoffe,** einschließlich der Roh- und Zwischenprodukte, sowie Firnisse, Lacke, Anstreichen, Anstrichfarben, Kitte, Leim, Harze, Gummi.
23. **Fettindustrie,** Kerzen, Seife, Leuchtstoffe.
24. **Feuerungsanlagen** (siehe auch Kl. 36).
25. **Flechtmaschinen, Strickmaschinen, Posamentierwaarenfabrikation.**
26. **Gasbeleuchtung und -Bereitung.**
27. **Gebläse und Lüftungsvorrichtungen.**
28. **Gerberei, Lederbearbeitung.**
29. **Gespinnstfasern,** Gewinnung und Zubereitung.

80. **Gesundheitspflege**, Chirurgie, Medizin, Pharmacie, Zahnersatz und Zahnheilkunde, Desinfektion, Leichenbestattung, Einbalsamirung.
81. **Gießerei und Formerei.**
82. **Glas**, Erzeugung und Verarbeitung.
83. **Hand- und Reisegeräthe**, Schirme, Stöcke, Fächer, Koffer, Taschen, Tornister u. s. w.
84. **Hauswirthschaftliche Geräthe** u. Maschinen, Möbel, Kinderwagen, Abtritte (außer Wasserklosets, Kl. 85), Zeitungshalter, auch Särge.
85. **Hebezeuge.**
86. **Heizungsanlagen.**
87. **Hochbauwesen**, äußerer und innerer Ausbau des Hauses, auch Zäune.
88. **Holz-Bearbeitung** und Konservirung, auch Holz-Imitation.
89. **Horn**, Elfenbein, Kautschuk, plastische Massen u. gen.
40. **Hüttenwesen** (außer Eisenerzeugung, Kl. 18).
41. **Hutfabrikation**, auch Filzbereitung.
42. **Instrumente** für Messungen und Beobachtungen, physikalische, chemische, Zeicheninstrumente, Waagen, auch Lehrmittel, Zählwerke (außer Gasmessern, Kl. 26, und Wassermessern, Kl. 85), Rechenmaschinen, Phonographen, selbsteinkassirende Verkaufsapparate.
43. **Korbflechterei, Rohrflechterei.**
44. **Kurzwaaren**: Knöpfe, Schnallen, Beschläge, Rauchgeräthe, Schmucksachen u. s. w.
45. **Land- und Forstwirthschaft, Garten- und Weinbau, Zootechnik**: Bodenbearbeitung, Gewinnung der Bodenerzeugnisse, Molkerei, Jagd und Fischerei, Thierzucht, Thierfang und -Vertilgung, Abrichtung der Thiere, Veterinärwesen, Hufbeschlag.
46. **Luft- und Gasmaschinen**, sowie alle nicht zu Kl. 14 und 88 gehörigen Kraftmaschinen, wie Feder-, Gewichtsmotoren, Göpel, Tretwerke u. s. w.
47. **Maschinenelemente.**

48. **Metallbearbeitung, chemische.**
49. **Metallbearbeitung, mechanische.**
50. **Müllerei,** sowie Zerkleinerungsmaschinen u. gen.
51. **Musik-Instrumente** nebst Zubehör.
52. **Nähmaschinen.**
53. **Nahrungsmittel,** Aufbewahrung und Zubereitung.
54. **Papiererzeugnisse, Papier-Verarbeitung, Reklame-Vorrichtungen.**
55. **Papierfabrikation.**
56. **Pferdegeschirr** (siehe auch Kl. 63).
57. **Photographie.**
58. **Pressen.**
59. **Pumpen,** Wasserhebewerke jeder Art, Feuer- und Gartenspritzen.
60. **Regulatoren** für Kraftmaschinen.
61. **Rettungswesen,** Geräthe, Maschinen, Vorrichtungen (außer Rettungsbooten, Kl. 65).
62. **Salinenwesen.**
63. **Sattlerei und Wagenbau,** auch Fahrräder.
64. **Schankgeräthe,** Flaschenverschlüsse, Korkmaschinen, Korkzieher, Getränkpumpen, Spülvorrichtungen u. s. w.
65. **Schiffbau und Schiffsbetrieb,** auch Schiffsmöbel.
66. **Schlächterei** und Fleischbearbeitung (vergl. auch Nahrungsmittel, Kl. 53).
67. **Schleifen und Poliren.**
68. **Schlosserei,** Erzeugnisse und Geräthe, auch Geldschränke und Briefkasten.
69. **Schneidwerkzeuge,** Messer, Scheeren, Aexte, Hieb- und Stichwaffen.
70. **Schreib- u. Zeichenwaaren u. Comptoir-Geräthe.**
71. **Schuhwerk,** Erzeugnisse, Geräthe und Maschinen (außer Schuh-Nähmaschinen, Kl. 52).
72. **Schußwaffen, Geschosse, Verschanzung,** auch Kinderschußwaffen, Patronentaschen, Scheiben, Kugelfänge.

73. **Seilerei,** Reepschlägerei, Herstellung von Telegraphenkabeln, letztere auch in Kl. 21.
74. **Signalwesen** (außer Eisenbahnsignalen, Kl. 20, Fahrradglocken, Kl. 63, und Seesignalen, Kl. 65).
75. **Soda,** sowie die übrige chemische Großindustrie.
76. **Spinnerei.**
77. **Sport:** Spiele, Spielzeug, Turngeräthe, Schlittschuhe, Luftschifffahrt, Karoussels u. s. w.
78. **Sprengstoffe, Zündwaaren, Feuerwerkerei, Zündholzmaschinen.**
79. **Tabak:** Rauchtabak, Schnupftabak, Cigarren und Cigaretten.
80. **Thonwaaren-, Stein-, Cementindustrie,** auch Brikettpressen.
81. **Transportwesen,** n. gen., auch Verladung, Verpackung (vgl. Kl. 5, 20, 35, 63, 65).
82. **Trockenvorrichtungen,** auch Darren (außer Malzdarren, Kl. 6), Röstapparate, Centrifugen, n. gen., u. a.
83. **Uhren.**
84. **Wasserbau,** Fluß-, See-, Hafen-, Schleusen-, Marschbau.
85. **Wasserleitung,** auch Wasserreinigung (mechan.), Badeeinrichtungen, Wasserklosets, Kanalisation u. a.
86. **Weberei.**
87. **Werkzeuge und Geräthe,** nicht besonders genannte.
88. **Wind- und Wasserkraftmaschinen.**
89. **Zucker- und Stärkefabrikation.**

Verzeichniß
der
Behörden, Vereine u. s. w., welche die Patentschriften erhalten und zur unentgeltlichen Einsichtnahme auslegen.

I. Deutsches Reich.

Aachen ..... Technische Hochschule.
Altona ..... Industrie-Verein.
Augsburg ... Technischer Verein.
Barmen .... Stadtbibliothek.
Berlin ..... Kaiserliches Patentamt. — Technische Hochschule. — Berg-Akademie. (Klassen 1, 4, 5, 7, 10, 12, 13, 14, 16, 17, 18, 19, 20, 21, 24, 26, 27, 30, 31, 32, 35, 36, 38, 40, 42, 45, 46, 47, 48, 49, 50, 57, 58, 59, 60, 61, 62, 67, 70, 73, 74, 75, 78, 80, 82, 88.) — Hygiene-Museum. (Klassen 30 und 61.)
Bielefeld .... Handelskammer. (Klassen 3, 6, 8, 13, 14, 28, 29, 31, 32, 42, 46, 49, 50, 52, 53, 55, 60, 63, 66, 68, 73, 76, 79, 86, 87, 89.)
Bochum ..... Verein technischer Grubenbeamten.
Bonn ...... Handelskammer.
Braunschweig . Polytechnikum.
Bremen .... Gewerbekammer.
Breslau .... Magistrat.
Cassel ...... Bezirksverein deutscher Ingenieure.
Chemnitz .... Direktion der technischen Lehranstalten.
Cöln ...... Bezirksverein deutscher Ingenieure.
Crefeld ..... Kuratorium der Königl. höheren Webeschule. (Klassen 3, 4, 8, 10, 12, 13, 14, 21, 22, 23, 24, 25, 26, 27, 29,

86, 42, 46, 47, 48, 49, 59, 60, 75, 76, 81, 82, 85, 86, 88.)

Danzig . . . . . Bezirksverein deutscher Ingenieure. (Klassen 6, 12, 13, 14, 19, 20, 21, 24, 26, 30, 31, 35, 36, 37, 38, 42, 45, 46, 47, 49, 50, 59, 60, 65, 68, 72, 80, 84, 85, 88, 89.)

Darmstadt . . . Technische Hochschule. — Großherzogl. Centralstelle für die Gewerbe.

Dessau . . . . . Bezirksverein deutscher Ingenieure.

Dortmund . . . Magistrat.

Dresden . . . . Polytechnische Hochschule.

Düsseldorf . . . Central-Gewerbe-Verein.

Erfurt . . . . . Gewerbeverein.

Flensburg . . . Magistrat.

Frankfurt a. M. Handelskammer.

Frankfurt a. O. Bezirksverein deutscher Ingenieure. (Klassen 6, 13, 14, 20, 21, 24, 27, 30, 32, 36, 37, 47, 49, 59, 80, 82, 85, 89.)

Freiberg i. S. . Berg-Akademie.

Furtwangen . . Großherzoglich Badische Uhrmacherschule. (Klassen 21, 83.)

Görlitz . . . . . Magistrat.

Gotha . . . . . Herzogliche Bibliothek.

Hagen i. W. . . Gewerbeschule.

Halberstadt . . . Handelskammer. (Klassen 1, 6, 10, 13, 15, 16, 17, 22, 24, 28, 31, 34, 36, 38, 40, 49, 50, 55, 60, 71, 75, 79, 80, 89.)

Halle a. S. . . . Bezirksverein deutscher Ingenieure.

Hamburg . . . . Architekten- und Ingenieur-Verein.

Hanau . . . . . Handelskammer.

Hannover . . . Polytechnische Schule.

Hirschberg i. Schl. Magistrat.

Kaiserslautern . Pfälzisches Gewerbemuseum.

Karlsruhe . . . Polytechnische Schule.
Kattowitz . . . . Bezirksverein deutscher Ingenieure.
Kiel . . . . Handelskammer.
Königsberg i. Pr. Gewerblicher Centralverein der Provinz Ostpreußen.
Leipzig . . . . . Handelskammer.
Liegnitz . . . . . Fabrikanten-Verein. (Klassen 6, 8, 23, 25, 31, 34, 36, 38, 50, 51, 58, 80, 86, 89.)
Ludwigshafen a. Rh. Pfälzische Handels- und Gewerbekammer. (Klassen 6, 8, 12, 13, 14, 15, 16, 20, 22, 23, 24, 26, 27, 28, 31, 34, 35, 36, 37, 38, 42, 45, 46, 47, 49, 50, 55, 57, 58, 59, 60, 75, 76. 79, 80, 85, 86, 89.)
Lübeck . . . . . Gewerbekammer.
Lüdenscheid . . . Handelskammer.
Magdeburg . . Stadtbibliothek.
Mannheim . . . Handelskammer.
Metz . . . . . . Handelskammer.
Minden . . . . . Handelskammer. (Klassen 6, 13, 14, 15, 16, 21, 22, 24, 28, 29, 31, 38, 46, 49, 50, 55, 59, 64, 75, 76, 79, 80, 86, 89.)
Mülhausen i. E. Handelskammer.
München . . . . Technische Hochschule. — Polytechnischer Verein.
Nürnberg . . . Gewerbe-Museum.
Offenbach . . . Handelskammer.
Oppeln . . . . . Handelskammer. (Klassen 1, 4, 5, 6, 7, 10, 12, 13, 16, 18, 24, 26, 27, 31, 32, 38, 40, 49, 50, 59, 71, 76, 78, 79, 86, 89.)
Plauen i. V. . . Königl. Industrieschule. (Klassen 8, 8, 9, 25, 29, 43, 52, 76, 86.)
Pforzheim . . . . Handelskammer. (Klassen 12, 15,

22, 26, 27, 33, 34, 39, 40, 42, 44, 48, 49, 50, 54, 55, 67, 68, 70, 74, 80.)

Posen . . . . . . Gräflich Raczynski'sche Bibliothek.

Remscheid . . . Bergischer Fabrikanten-Verein. (Klassen 13, 14, 24, 27, 31, 38, 46, 49, 59, 67, 68, 69, 88.)

Saarbrücken . . Bezirksverein deutscher Ingenieure.

Solingen . . . . Handelskammer. (Klassen 31, 67, 69.)

Stettin . . . . . Bezirksverein deutscher Ingenieure.

Straßburg i. E. Handelskammer.

Stuttgart . . . . Königlich Württembergische Centralstelle für Handel und Gewerbe. — Polytechnikum.

Trier . . . . . . Handelskammer.

Waldenburg i. Schl. Verein für die bergbaulichen Interessen Niederschlesiens.

Wiesbaden . . . Gewerbeverein.

Würzburg . . . Handels- und Gewerbekammer für Unterfranken und Aschaffenburg.

II. Ausland.

1. Belgien.

Brüssel . . . . . Ackerbau-Ministerium.

2. Dänemark.

Kopenhagen . . Ministerium des Innern.

3. Frankreich.

Paris . . . . . . Handelsministerium.

4. Großbritannien.

London . . . . . Patentamt.

5. Japan.

Tokio . . . . . . Patentamt.

6. **Italien.**

Rom . . . . . . Ministerium für Ackerbau, Industrie und Handel.

7. **Luxemburg.**

Luxemburg . . . Staatsministerium und Präsidium des Großherzogthums Luxemburg.

8. **Oesterreich-Ungarn.**

Budapest . . . . Handels-Ministerium.
Wien . . . . . . Handels-Ministerium.
Technische Hochschule.
Niederösterreichischer Gewerbe-Verein. (Klassen 8, 12, 22, 29, 43.)

9. **Portugal.**

Lissabon . . . . Ministerium des Handels und der Industrie.

10. **Rußland.**

Petersburg . . . Reichs-Ministerium.
Kaiserliche öffentliche Bibliothek.
Riga . . . . . . Polytechnische Schule.

11. **Schweden und Norwegen.**

Christiania . . . Ministerium des Innern.
Stockholm . . . Patentamt.

12. **Schweiz.**

Bern . . . . . . Eidgenössisches Amt für geistiges Eigenthum.
Zürich . . . . . Polytechnikum.

13. **Spanien.**

Madrid . . . . . Ministerium des Innern.

14. **Vereinigte Staaten von Amerika.**

Boston . . . . . Oeffentliche Bibliothek.
St. Louis . . . Oeffentliche Bibliothek.
Washington . . Patentamt.

Verordnung,

betreffend

das Berufungsverfahren beim Reichsgericht in Patentsachen.

Vom 6. Dezember 1891.

(Reichs-Gesetzblatt 1891, Nr. 28, S. 389.)

Wir **Wilhelm**, von Gottes Gnaden Deutscher Kaiser, König von Preußen ꝛc. verordnen auf Grund des §. 33 des Patentgesetzes vom 7. April 1891 (Reichs-Gesetzblatt S. 79) im Namen des Reichs, nach erfolgter Zustimmung des Bundesraths, was folgt:

§. 1.

Die in Gemäßheit des §. 33 Absatz 1 des Patentgesetzes vom 7. April 1891 bei dem Patentamt einzureichende Berufungsschrift muß die Berufungsanträge sowie die Angabe der neuen Thatsachen und Beweismittel enthalten, welche der Berufungskläger geltend machen will.

§. 2.

Ist die Berufungsschrift nicht rechtzeitig eingegangen oder nicht in deutscher Sprache abgefaßt oder enthält sie nicht die Berufungsanträge, so hat das Patentamt die Berufung als unzulässig zu verwerfen.

Der Berufungskläger kann binnen einer Woche nach Zustellung dieses Beschlusses auf die Entscheidung des Reichsgerichts antragen.

§. 3.

Ist die Berufung zulässig, so wird die Berufungsschrift von dem Patentamt dem Berufungsbeklagten mit der Auflage mitgetheilt, seine schriftliche Erklärung innerhalb eines Monats nach der Zustellung bei dem Patentamt einzureichen.

Die Erklärung muß die Gegenanträge sowie die Angabe der neuen Thatsachen und Beweismittel enthalten, welche der Berufungsbeklagte geltend machen will.

§. 4.

Das Patentamt legt die Verhandlungen nebst den Akten erster Instanz dem Reichsgericht vor und benachrichtigt hiervon die Parteien unter Mittheilung der Gegenerklärung an den Berufungskläger.

§. 5.

Das Reichsgericht trifft nach freiem Ermessen die zur Aufklärung der Sache erforderlichen Verfügungen.

Beweiserhebungen können durch Vermittelung des Patentamts erfolgen.

§. 6.

Das Urtheil des Reichsgerichts ergeht nach Ladung und Anhörung der Parteien.

Die Ladungsfrist beträgt mindestens zwei Wochen.

§. 7.

Die Geltendmachung neuer Thatsachen und Beweismittel im Termin ist nur insoweit zulässig, als sie durch das Vorbringen des Berufungsbeklagten in der Erklärungsschrift veranlaßt wird.

Das Gericht kann auch Thatsachen und Beweise berücksichtigen, mit welchen die Parteien ausgeschlossen sind.

Auf eine noch erforderliche Beweisaufnahme findet die Bestimmung im §. 5 Anwendung.

Soll das Urtheil auf Umstände gegründet werden, welche von den Parteien nicht berührt sind, so sind diese zu veranlassen, sich hierüber zu äußern.

§. 8.

Von einer Partei behauptete Thatsachen, über welche die Gegenpartei sich nicht erklärt hat, können für erwiesen angenommen werden.

Erscheint in dem Termin keine der Parteien, so ergeht das Urtheil auf Grund der Akten.

§. 9.

Das Reichsgericht kann zu der Berathung Sachverständige zuziehen; dieselben dürfen an der Abstimmung nicht theilnehmen.

§. 10.

Zu den Kosten des Verfahrens, über welche das Reichsgericht nach §. 33 Absatz 2 des Patentgesetzes zu bestimmen hat, gehören außer den aus der Kasse des Patentamts zu bestreitenden Auslagen diejenigen den Parteien erwachsenen Auslagen, welche nach freiem Ermessen des Gerichtshofes zur zweckentsprechenden Wahrung der Ansprüche und Rechte nothwendig waren.

§. 11.

In dem Termin ist ein Protokoll aufzunehmen, welches den Gang der Verhandlung im Allgemeinen angiebt.

Das Protokoll ist von dem Vorsitzenden und dem Gerichtsschreiber zu unterschreiben.

§. 12.

Die Verkündung des Urtheils erfolgt in dem Termin, in welchem die Verhandlung geschlossen ist, oder in einem sofort anzuberaumenden Termin.

Wird die Verkündung der Entscheidungsgründe für angemessen erachtet, so erfolgt sie durch Verlesung der Gründe oder durch mündliche Mittheilung des wesentlichen Inhalts.

Die Ausfertigungen des mit Gründen zu versehenden Urtheils werden durch Vermittelung des Patentamts zugestellt.

§. 13.

Wird beantragt, daß in Abänderung der Entscheidung des Patentamts die Zurücknahme des Patents auf Grund des §. 11 Nr. 2 des Patentgesetzes ausgesprochen werde, so findet die Vorschrift des §. 30 Absatz 3 dieses Gesetzes entsprechende Anwendung.

§. 14.

Die zur Praxis bei dem Reichsgericht zugelassenen Rechtsanwälte sind befugt, im Berufungsverfahren in Patentsachen die Vertretung zu übernehmen.

Den Parteien und deren Vertretern ist es gestattet, mit einem technischen Beistande zu erscheinen.

§. 15.

Im Uebrigen ist für das Berufungsverfahren in Patentsachen das den Geschäftsgang beim Reichsgericht normirende Regulativ maßgebend.

Urkundlich unter Unserer Höchsteigenhändigen Unterschrift und beigedrucktem Kaiserlichen Insiegel.

Gegeben Neues Palais, den 6. Dezember 1891.

(L. S.) **Wilhelm.**

von Boetticher.

Bestimmungen
über
die Anmeldung von Gebrauchsmustern.
Vom 31. August 1891.

(Deutscher Reichs-Anzeiger Nr. 206.)

Auf Grund des §. 2 Absatz 4 des Gesetzes, betreffend den Schutz von Gebrauchsmustern, vom 1. Juni 1891 (Reichs-Gesetzbl. S. 290) werden die folgenden Bestimmungen über die Anmeldung von Gebrauchsmustern erlassen:

§. 1.

Die Anmeldung muß enthalten:

a) den Antrag, daß das Modell in die Rolle für Gebrauchsmuster eingetragen werde;
b) die Bezeichnung, unter welcher das Modell eingetragen werden soll;
c) die Angabe, welche neue Gestaltung, Anordnung oder Vorrichtung dem Arbeits- oder Gebrauchszwecke dienen soll. Erachtet der Anmelder eine besondere Beschreibung für erforderlich, so ist dieselbe in einer Anlage beizufügen;
d) die Erklärung, daß die gesetzliche Gebühr von 15 Mark an die Kasse des Patentamts —

Berlin, NW., Luisenstraße 33/34 — eingezahlt sei oder gleichzeitig mit der Anmeldung eingehen werde;

e) die Angabe des Namens, der Berufsstellung und des Wohnortes des Anmelders, sofern die Anmeldung durch einen Vertreter erfolgt;

f) die Aufführung der Anlagen der Anmeldung unter Angabe ihrer Nummer und ihres Inhalts;

g) die Unterschrift des Anmelders oder seines Vertreters mit Angabe der Berufsstellung und des Wohnortes.

Bei dem Wohnorte des Anmelders und des Vertreters ist erforderlichen Falls Straße und Hausnummer anzugeben.

§. 2.

Der Anmeldung ist eine Abbildung oder Nachbildung des Modells beizufügen.

Für die Abbildung ist Kartonpapier oder Zeichenleinwand zu benutzen.

Die Abbildung auf Kartonpapier (Photographie, Handzeichnung in schwarzen oder bunten Linien, Umdruck oder dergleichen) darf die Größe von 33 zu 21 cm nicht überschreiten. Die Abbildung auf Zeichenleinwand darf nicht höher als 33 cm sein.

Die Nachbildung muß sauber und dauerhaft

ausgeführt sein; sie darf in Höhe, Breite und Tiefe 50 cm nicht überschreiten.

§. 3.

Die Anlagen einschließlich der Abbildungen müssen die Bezeichnung des Modells (§. 1b), den Namen und Wohnort des Anmelders und das Datum des Gesuches tragen. Dieselben Angaben müssen auf oder an den Nachbildungen in dauerhafter Weise angebracht sein.

§. 4.

Zu allen Schriftstücken sind ganze Bogen in der Größe von 33 zu 21 cm zu verwenden. Die Schriftstücke müssen leserlich geschrieben oder gedruckt sein.

§. 5.

Für jede Anmeldung ist eine besondere Eingabe erforderlich.

§. 6.

Für abschriftliche Mittheilung von Eintragungen in die Gebrauchsmusterrolle sind, und zwar für jeden Auszug, 50 Pfennig zu zahlen.

Berlin, 31. August 1891.

Kaiserliches Patentamt.
Bojanowski.

Bekanntmachung.

Die in §. 3 des Gesetzes, betreffend den Schutz von Gebrauchsmustern, vom 1. Juni 1891 vorgeschriebene Offenlegung der Gebrauchsmuster-Anmeldungen ist unerwünschten Verzögerungen ausgesetzt, wenn die Anmeldungen anderweit im Geschäftsgange gebraucht werden oder an andere Behörden (Gerichte, Staatsanwaltschaften) versendet sind. Auch hat sich ergeben, daß die Schriftstücke derjenigen Anmeldungen, welche geschäftlich stark in Anspruch genommen werden, einer schnellen Abnutzung unterliegen.

Mit Rücksicht hierauf wird auf Grund des §. 2 Abs. 4 des genannten Gesetzes in Ergänzung der Vorschriften über die Anmeldung von Gebrauchsmustern vom 31. August 1891 (Reichs-Anzeiger Nr. 206) Folgendes bestimmt:

> Die zu einer Gebrauchsmuster-Anmeldung gehörigen Schriftstücke sind fortan in zwei Exemplaren vorzulegen. Dasselbe gilt von der Abbildung des Modells. Gehört zu der Anmeldung eine Nachbildung des Modells, so genügt ein Exemplar derselben; doch ist es erwünscht, daß in solchem Falle noch eine der Nachbildung entsprechende Abbildung beigefügt wird.

Berlin, den 7. Mai 1893.

Kaiserliches Patentamt.
von Koenen.

Bekanntmachung.

Durch Verfügung des Kaiserlichen Patentamts vom 9. Oktober 1877 (Reichsanzeiger 1877 Nr. 239, Patentblatt S. 27) ist den gewerblichen Kreisen zur Erleichterung der Erkennbarkeit patentirter Gegenstände der Gebrauch bestimmter Bezeichnungen (Deutsches Reich. Patent oder D. R. P.) empfohlen worden. Diese Bezeichnungen haben im Verkehr inzwischen allgemein Geltung gewonnen. Da das Bedürfniß einer solchen einheitlichen Uebung, wie mehrfache Anfragen aus den betheiligten Kreisen erkennen lassen, auch für die nach dem Gesetze vom 1. Juni 1891 (Reichs-Gesetzblatt 1891 S. 290) geschützten Gebrauchsmuster besteht, so wird den Inhabern von Gebrauchsmustern die Aneignung folgender Bezeichnung empfohlen:

Deutsches Reich. Gebrauchsmuster.

oder

D. R. G. M.

Die Bezeichnung würde auf den geschützten Gegenständen selbst oder, wenn dies nicht möglich ist, auf der Verpackung anzubringen sein. Auch empfiehlt es sich, der Bezeichnung die Nummer der Gebrauchsmusterrolle beizufügen, z. B. $\frac{\text{D. R. G. M.}}{\text{Nr. } 10000}$.

Berlin, den 12. Mai 1893.

Kaiserliches Patentamt.

von Koenen.

Verordnung
zur
Ausführung des Gesetzes, betr. den Schutz von Gebrauchsmustern vom 1. Juni 1891.
Vom 30. Juni 1894.

(Reichs-Gesetzblatt S. 495.)

Wir **Wilhelm**, von Gottes Gnaden Deutscher Kaiser, König von Preußen rc. verordnen auf Grund der Bestimmung im §. 14 des Gesetzes, betreffend den Schutz von Gebrauchsmustern, vom 1. Juni 1891 (Reichs-Gesetzblatt S. 290) im Namen des Reichs, nach erfolgter Zustimmung des Bundesraths, was folgt:

§. 9. Insoweit in Angelegenheiten des Schutzes von Gebrauchsmustern das Patentamt zur Erstattung von Gutachten ermächtigt wird, sind hierfür die Beschwerdeabtheilungen, und zwar jede innerhalb derjenigen Zweige der Technik zuständig, welche ihr hinsichtlich der Patentangelegenheiten gemäß §§. 1 und 2 der Kaiserlichen Verordnung vom 11. Juli 1891 zugewiesen sind.

Urkundlich unter Unserer Höchsteigenhändigen Unterschrift und beigedrucktem Kaiserlichen Insiegel.

Gegeben Kiel, den 30. Juni 1894,
an Bord Meiner Yacht „Hohenzollern".

(L. S.) **Wilhelm.**

von Boetticher.

Uebereinkommen zwischen dem Reich und Oesterreich-Ungarn über den gegenseitigen Patent-, Muster- und Markenschutz.

Vom 6. Dezember 1891.

(R.=G.=Bl. 1892. S. 289 ff.)

Artikel 1.

Die Angehörigen des einen der vertragschließenden Theile sollen in den Gebieten des anderen in Bezug auf den Schutz von Erfindungen, von Mustern (einschließlich der Gebrauchsmuster) und Modellen, von Handels= und Fabrikmarken, von Firmen und Namen dieselben Rechte wie die eigenen Angehörigen genießen.

Artikel 2.

Den Angehörigen im Sinne dieser Vereinbarung sind gleichgestellt andere Personen, welche in den Gebieten des einen der vertragschließenden Theile ihren Wohnsitz oder ihre Hauptniederlassung haben.

Artikel 3.

Wird eine Erfindung, ein Muster oder Modell, eine Fabrik= oder Handelsmarke in den Gebieten des einen der vertragschließenden Theile behufs Erlangung des Schutzes angemeldet, und binnen einer Frist von drei Monaten die Anmeldung auch in den Gebieten des anderen vertragschließenden Theiles bewirkt, so soll

a) diese spätere Anmeldung allen Anmeldungen vorgehen, welche in den Gebieten des anderen Theiles nach dem Zeitpunkt der ersten Anmeldung eingereicht worden sind;

b) durch Umstände, welche nach dem Zeitpunkt der ersten Anmeldung eintreten, dem Gegenstande derselben die Neuheit in den Gebieten des anderen Theiles nicht entzogen werden.

Artikel 4.

Die im Artikel 3 vorgesehene Frist beginnt:

a) bei Mustern und Modellen, sowie Handels- und Fabrikmarken mit dem Zeitpunkt, in welchem die erste Anmeldung erfolgt;

b) bei Erfindungen mit dem Zeitpunkt, in welchem auf die erste Anmeldung das Patent ertheilt wird;

c) bei Gegenständen, welche in Deutschland als Gebrauchsmuster, in Oesterreich-Ungarn als Erfindungen angemeldet werden, mit dem Zeitpunkt der ersten Anmeldung, falls diese in Deutschland erfolgt, und mit dem Zeitpunkt, in welchem das Patent auf die erste Anmeldung ertheilt wird, falls diese in Oesterreich-Ungarn erfolgt.

Der Tag der Anmeldung oder der Ertheilung wird in die Frist nicht eingerechnet.

Als Tag der Ertheilung gilt der Tag, an welchem der Beschluß über die endgültige Ertheilung des Patents zugestellt worden ist.

Artikel 5.

Die Einfuhr einer in den Gebieten des einen Theiles hergestellten Waare in die Gebiete des anderen Theiles soll in den letzteren den Verlust des auf Grund einer Erfindung, eines Musters oder Modells für die Waare gewährten Schutzrechtes nicht zur Folge haben.

Artikel 6.

Dem Inhaber einer in den Gebieten des einen Theiles eingetragenen Handels- und Fabrikmarke kann die Eintragung in den Gebieten des anderen Theiles nicht aus dem Grunde versagt werden, weil die Marke den hier geltenden Vorschriften über die Zusammensetzung und äußere Gestaltung der Marken nicht entspricht.

Zu den Vorschriften über die Zusammensetzung und äußere Gestaltung der Marken werden diejenigen Vorschriften nicht gerechnet, welche in den Marken die Verwendnng von Bildnissen der Landesherren oder der Mitglieder der landesherrlichen Häuser oder von Staats- und anderen öffentlichen Wappen verbieten.

Artikel 7.

Handels- und Fabrikmarken, welche in den Gebieten des einen Theiles als Kennzeichen der Waaren von Angehörigen eines bestimmten gewerblichen Verbandes, eines bestimmten Ortes oder Bezirkes Schutz genießen, sind, sofern die Anmeldung dieser Marken vor dem 1. Oktober 1875 in den Gebieten des anderen Theiles erfolgt ist, hier von der Benutzung als Freizeichen ausgeschlossen. Außer den Angehörigen eines solchen Verbandes, Ortes oder Bezirkes hat niemand Anspruch auf Schutz dieser Marken.

Waarenzeichen, welche öffentliche Wappen aus den Gebieten des einen Theiles enthalten, sind in den Gebieten des anderen Theiles von der Benutzung als Freizeichen ausgeschlossen. Außer demjenigen, welcher die Erlaubniß zur Benutzung der Wappen besitzt, hat niemand Anspruch auf Schutz dieser Zeichen.

Artikel 8.

Jeder der vertragschließenden Theile wird, soweit dies noch nicht geschehen ist, Bestimmungen gegen den Verkauf und das Feilhalten solcher Waaren treffen, welche zum Zweck der Täuschung in Handel und Verkehr mit Staatswappen des anderen Theiles oder mit Namen oder Wappen bestimmter, in den Gebieten des anderen Theiles belegenen Orte oder Bezirke behufs Bezeichnung des Ursprungs versehen sind.

Artikel 9.

Muster und Modelle, sowie Handels- und Fabrikmarken, für welche deutsche Angehörige in der Oesterreichisch-Ungarischen Monarchie einen Schutz erlangen wollen, sind sowohl bei der Handels- und Gewerbekammer in Wien für die im Reichsrath vertretenen Königreiche und Länder, als auch bei der Handels- und Gewerbekammer in Budapest für die Länder der Ungarischen Krone anzumelden.

Artikel 10.

Das gegenwärtige Uebereinkommen tritt am 1. Februar 1892 in Kraft und bleibt bis zum Ablauf von sechs Monaten nach erfolgter Kündigung von Seite eines der vertragschließenden Theile in Wirksamkeit.

Das Uebereinkommen soll ratifizirt und die Ratifikationen sobald als möglich in Wien ausgewechselt werden.

Zu Urkund dessen haben die beiderseitigen Bevollmächtigten das gegenwärtige Uebereinkommen unterzeichnet und ihre Siegel beigedrückt.

So geschehen zu Wien, den 6. Dezember 1891.

(L. S.) H. VII. P. Reuß. (L. S.) Kálnoky.

Schlußprotokoll.

Bei der am heutigen Tage erfolgten Unterzeichnung des Uebereinkommens zwischen dem Deutschen Reich und der Oesterreichisch-Ungarischen Monarchie über den gegenseitigen Patent-, Muster- und Markenschutz haben die beiderseitigen Bevollmächtigten folgende Erklärung in das gegenwärtige Protokoll niedergelegt:

Die Bestimmung im Artikel 6 Absatz 1 des Uebereinkommens bezweckt nicht, der in den Gebieten des einen Theiles eingetragenen Marke in den Gebieten des anderen Theiles auch dann einen Anspruch auf Eintragung zu gewähren, wenn hier befunden wird, daß der Inhalt der Marke gegen die Sittlichkeit oder gegen die öffentliche Ordnung verstößt, oder mit den thatsächlichen Verhältnissen in einem das Publikum irreführenden Widerspruch steht. Liegt eine dieser Voraussetzungen vor, so kann die Eintragung versagt werden.

Das gegenwärtige Protokoll, welches einen integrirenden Bestandtheil des Uebereinkommens bildet, auf das es sich bezieht, und welches ohne besondere Ratifikation durch die bloße Thatsache der Auswechselung der Ratifikationen dieses Uebereinkommens als von den vertragschließenden Theilen gebilligt und bestätigt anzusehen ist, wurde in doppelter Ausfertigung zu Wien am 6. Dezember 1891 unterzeichnet.

(L. S.) H. VII. P. Reuß. (L. S.) Kálnoky.

Uebereinkommen zwischen dem Reich und Italien über den gegenseitigen Patent-, Muster- und Markenschutz.

Vom 18. Januar 1892.

(R.-G.-Bl. 1892. S. 293 ff.)

Artikel 1.

Die Angehörigen des einen der vertragschließenden Theile sollen in den Gebieten des anderen in Bezug auf den Schutz von Erfindungen, von Mustern (einschließlich der Gebrauchsmuster) und Modellen, von Handels- und Fabrikmarken, von Firmen und Namen dieselben Rechte wie die eigenen Angehörigen genießen.

Sie werden demgemäß denselben Schutz und dieselben gesetzlichen Mittel gegen jede Verletzung ihrer Rechte haben wie die Inländer, vorausgesetzt, daß sie die Förmlichkeiten und Bedingungen erfüllen, welche die innere Gesetzgebung eines jeden der beiden Staaten den Inländern auferlegt.

Artikel 2.

Den Angehörigen im Sinne dieser Vereinbarung sind gleichgestellt andere Personen, welche in den Gebieten des einen der vertragschließenden Theile ihren Wohnsitz oder ihre Hauptniederlassung haben.

Artikel 3.

Wird eine Erfindung, ein Muster oder Modell,

eine Fabrik- oder Handelsmarke in den Gebieten des einen der vertragschließenden Theile behufs Erlangung des Schutzes angemeldet, und binnen einer Frist von drei Monaten die Anmeldung auch in den Gebieten des anderen vertragschließenden Theiles bewirkt, so soll:

a) diese spätere Anmeldung allen Anmeldungen vorgehen, welche in den Gebieten des anderen Theiles nach dem Zeitpunkt der ersten Anmeldung eingereicht worden sind;

b) durch Umstände, welche nach dem Zeitpunkt der ersten Anmeldung eintreten, dem Gegenstande derselben die Neuheit in den Gebieten des anderen Theiles nicht entzogen werden.

Artikel 4.

Die im Artikel 3 vorgesehene Frist beginnt:

a) bei Mustern und Modellen, sowie bei Handels- und Fabrikmarken mit dem Zeitpunkt, in welchem die erste Anmeldung erfolgt;

b) bei Erfindungen mit dem Zeitpunkt, in welchem auf die erste Anmeldung das Patent ertheilt wird;

c) bei Gegenständen, welche in Deutschland als Gebrauchsmuster, in Italien als Erfindungen angemeldet werden, mit dem Zeitpunkt der ersten Anmeldung, falls diese in Deutschland erfolgt, und mit dem Zeitpunkt, in welchem das Patent auf die erste Anmeldung ertheilt wird, falls diese in Italien erfolgt.

Der Tag der Anmeldung oder der Ertheilung wird in die Frist nicht eingerechnet.

Als Tag der Ertheilung gilt der Tag, an welchem der Beschluß über die endgiltige Ertheilung des Patents zugestellt worden ist.

Artikel 5.

Die Rechtsnachtheile, welche nach den Gesetzen der vertragschließenden Theile eintreten, wenn eine Erfindung, ein Muster oder ein Modell nicht innerhalb einer bestimmten Frist ausgeführt oder nachgebildet wird, sollen auch dadurch ausgeschlossen werden, daß die Ausführung oder Nachbildung in dem Gebiete des anderen Theiles erfolgt.

Demgemäß soll auch die Einfuhr einer in den Gebieten des einen Theiles hergestellten Waare in die Gebiete des anderen Theiles in den letzteren den Verlust des auf Grund einer Erfindung, eines Musters oder eines Modells für die Waare gewährten Schutzrechts nicht zur Folge haben.

Artikel 6.

Dem Inhaber einer in den Gebieten des einen Theiles eingetragenen Handels- und Fabrikmarke kann die Eintragung in den Gebieten des anderen Theiles nicht aus dem Grunde versagt werden, weil die Marke den hier geltenden Vorschriften über die Zusammensetzung und äußere Gestaltung der Marken nicht entspricht.

Artikel 7.

Handels- und Fabrikmarken, welche in dem Ursprungslande im freien Gebrauch stehen, können auch in den Gebieten des anderen Theiles nicht den Gegenstand ausschließlicher Benutzung bilden.

Artikel 8.

Das gegenwärtige Uebereinkommen tritt am 1. Februar 1892 in Kraft und bleibt bis zum Ablauf von sechs Monaten nach erfolgter Kündigung von Seite eines der vertragschließenden Theile in Wirksamkeit.

Das Uebereinkommen soll ratifizirt und die Ratifikationen sobald als möglich in Rom ausgewechselt werden.

Zu Urkund dessen haben die beiderseitigen Bevollmächtigten das gegenwärtige Uebereinkommen unterzeichnet und ihre Siegel beigedrückt.

So geschehen zu Rom, den 18. Januar 1892.

(L. S.) Graf Solms. (L. S.) Rudini.

Bekanntmachung

über

die Anmeldung von Erfindungen und von Gebrauchsmustern, für welche die Rechte aus Artikel 3 und 4 der Uebereinkommen mit Oesterreich-Ungarn vom 6. Dezember 1891 und mit Italien vom 18. Januar 1892 über den gegenseitigen Patent-, Muster- und Markenschutz (R.G.Bl. 1892 S. 289 und 293) in Anspruch genommen werden.

Auf Grund des §. 2 des Patentgesetzes vom 7. April 1891 und des §. 2 Absatz 4 des Gesetzes, betreffend den Schutz von Gebrauchsmustern, vom 1. Juni 1891 wird bestimmt:

Wer bei der Anmeldung einer Erfindung oder eines Gebrauchsmusters im Deutschen Reiche die vertragsmäßigen Rechte aus einer früheren Anmeldung in Oesterreich-Ungarn oder in Italien geltend machen will, hat vorzulegen:

1. eine beglaubigte Abschrift der früheren Anmeldung und ihrer Beilagen mit einer Bescheinigung über den Zeitpunkt der Anmeldung,
2. eine Bescheinigung über die auf Grund der früheren Anmeldung erfolgte Patentertheilung.

Diese Urkunden müssen von der für die Entgegennahme von Patentanmeldungen oder für die Ertheilung von Patenten zuständigen Behörde Oesterreich-Ungarns oder Italiens ausgefertigt sein.

Sind die Urkunden nicht in deutscher Sprache abgefaßt, so ist eine beglaubigte Uebersetzung beizufügen.

Berlin, den 8. März 1892.

Kaiserliches Patentamt.
Bojanowski.

Verordnung des Oesterreichischen Handelsministeriums vom 8. November 1892,

betreffend die Durchführung der Artikel 3 und 4 des Uebereinkommens mit Deutschland über Patent-, Marken- und Musterschutz.

Im Einvernehmen mit dem Königlich Ungarischen Handelsministerium wird angeordnet, wie folgt:

Angehörige des Deutschen Reiches, sowie die ihnen gleichgestellten Personen, welche die im Artikel 3 und 4 des genannten Uebereinkommens in der Oesterreichisch-Ungarischen Monarchie eingeräumten Rechte hinsichtlich des Schutzes ihrer Erfindungen, Gebrauchs- und Geschmacksmuster, Modelle und Marken in Anspruch nehmen, haben bei der Anmeldung in den im Reichsrathe vertretenen Königreichen und Ländern folgende Nachweise beizubringen, und zwar:

1. Bei der Anmeldung von Patenten, wenn der Anspruch auf ein Patent des Deutschen Reiches gegründet wird:

1. Ein Exemplar der vom Kaiserlich Deutschen Patentamte im Druck herausgegebenen Patentschrift oder in Ermangelung derselben:

a) eine beglaubigte Abschrift der im Deutschen Reiche überreichten, die Grundlage des dort ertheilten Patentes bildenden Beschreibung und Zeichnung der Erfindung;

b) eine Bescheinigung über den Tag der Anmeldung dieser Erfindung;

c) eine Bescheinigung über die Ertheilung des deutschen Patentes auf Grund der vorgenannten Beschreibung dieser Erfindung.

2. In allen Fällen eine Bescheinigung über den Tag der Zustellung des Beschlusses über die endgültige Ertheilung des deutschen Patentes.

II. Bei der Anmeldung von Patenten, wenn der Anspruch auf ein im Deutschen Reiche angemeldetes Gebrauchsmuster gegründet wird:

a) eine beglaubigte Nach- oder Abbildung des im Deutschen Reiche überreichten Gebrauchsmusters (Modelles) nebst einer beglaubigten Bescheinigung darüber, für welche an diesem Muster (Modelle) angebrachte neue Gestaltung, Anordnung oder Vorrichtung dasselbe im Deutschen Reiche angemeldet wurde, und wofern eine besondere Beschreibung des Gebrauchsmusters im Deutschen Reiche überreicht wurde, auch eine beglaubigte Abschrift dieser Beschreibung;

b) eine Bescheinigung über die erfolgte Eintragung dieses Gebrauchsmusters in die Gebrauchsmusterrolle nebst einer Bescheinigung über die Dauer des Schutzes, oder an Stelle dieser beiden Bescheinigungen einen beglaubigten Auszug aus der diese Daten enthaltenden Gebrauchsmusterrolle;

c) eine Bescheinigung über den Tag der Anmeldung des Gebrauchsmusters, sofern nicht ein diese Angabe enthaltender Auszug aus der Gebrauchsmusterrolle beigebracht wird.

III. Bei der Anmeldung von Mustern und Modellen:

a) Ein beglaubigtes Exemplar oder eine beglaubigte Nach- oder Abbildung des im Deutschen Reiche überreichten Gebrauchsmusters oder Geschmacksmusters oder Modelles, oder soferne das Muster oder Modell versiegelt hinterlegt wurde, entweder einen beglaubigten Auszug aus dem Musterregister, aus welchem die Fabriks- oder Geschäftsnummer des Musters oder Modelles bestimmt zu entnehmen ist, oder ein Exemplar des „Deutschen Reichsanzeigers“ mit der vorschriftsmäßigen Bekanntmachung des versiegelt hinterlegten Musters oder Modelles;

b) eine Bescheinigung über die erfolgte Eintragung des betreffenden Gebrauchsmusters in die Gebrauchsmusterrolle, beziehungsweise des Musters oder Modelles in das Musterregister, oder einen beglaubigten Auszug aus der Gebrauchsmusterrolle, beziehungsweise aus dem Musterregister, oder endlich ein Exemplar des „Deutschen Reichsanzeigers“ mit der Bekanntmachung der erfolgten Eintragung des Gebrauchsmusters in die Gebrauchsmusterrolle oder des Musters und Modelles in das Musterregister;

c) eine Bescheinigung über den Tag der Anmeldung dieses Gebrauchsmusters, beziehungsweise dieses Musters oder Modelles, soferne nicht ein diese Angaben enthaltender Auszug aus der Gebrauchsmusterrolle, beziehungsweise aus dem Musterregister oder ein Exemplar des „Deutschen Reichsanzeigers“ beigebracht wird.

IV. Bei der Anmeldung von Marken:

a) Ein beglaubigtes Exemplar der im Deutschen Reiche überreichten Marke;

b) eine Bescheinigung über die erfolgte Eintragung dieser Marke in das Markenregister oder ein Exemplar des „Deutschen Reichsanzeigers“ mit der Bekanntmachung der erfolgten Eintragung, und

c) eine Bescheinigung über den Tag der erfolgten Anmeldung dieser Marke, sofern nicht ein diese Angabe enthaltendes Exemplar des „Deutschen Reichsanzeigers“ beigebracht wird.

Die vom Kaiserlich Deutschen Patentamte im Drucke herausgegebenen Patentschriften bedürfen ebensowenig wie die Exemplare des „Deutschen Reichsanzeigers“ einer Beglaubigung.

Alle Beglaubigungen müssen von den für die Entgegennahme der Anmeldungen zuständigen Behörden (Kaiserlichen Patentamt oder Gericht) ausgestellt sein, und bedürfen im Sinne des Artikels I, Abs. 1 und 4 lit c des Legalisirungsvertrages mit dem Deutschen Reiche vom 25. Februar 1880 (R.-G.-Bl. Nr. 85) keiner weiteren Beglaubigung.

Diese Verordnung tritt mit dem Tage ihrer Kundmachung in Wirksamkeit.

Uebereinkommen zwischen dem Deutschen Reich und der Schweiz, betreffend den gegenseitigen Patent-, Muster- und Markenschutz.

Vom 13. April 1892.

(R.G.Bl. 1892. S. 511 ff.)

Artikel 1.

Die Angehörigen des einen der vertragschließenden Theile sollen in dem Gebiete des anderen in Bezug auf den Schutz von Erfindungen, von Mustern (einschließlich der Gebrauchsmuster) und Modellen, von Handels- und Fabrikmarken, von Firmen und Namen dieselben Rechte wie die eigenen Angehörigen genießen. Sie werden demgemäß denselben Schutz und dieselben gesetzlichen Mittel gegen jede Verletzung ihrer Rechte haben, wie die Inländer, vorausgesetzt, daß sie die Förmlichkeiten erfüllen, welche die innere Gesetzgebung eines jeden der beiden Staaten den Inländern auferlegt.

Artikel 2.

Den Angehörigen im Sinne dieser Vereinbarung sind gleichgestellt andere Personen, welche in dem Gebiete des einen der vertragschließenden Theile ihren Wohnsitz oder ihre Hauptniederlassung haben.

Artikel 3.

Wird eine Erfindung, ein Muster oder Modell, eine Handels- oder Fabrikmarke in dem Gebiete des einen der vertragschließenden Theile angemeldet und binnen einer Frist von drei Monaten die Anmeldung auch in dem Gebiete des anderen vertragschließenden Theiles bewirkt, so soll diese spätere Anmeldung dieselbe Wirkung haben, als wenn sie am Tage der ersten Anmeldung geschehen wäre.

Artikel 4.

Die im Artikel 3 vorgesehene Frist beginnt:

a) bei Mustern und Modellen, sowie bei Handels- und Fabrikmarken mit dem Zeitpunkt, in welchem die erste Anmeldung erfolgt;

b) bei Erfindungen mit dem Zeitpunkt, in welchem auf die erste Anmeldung das Patent ertheilt wird;

c) bei Gegenständen, welche in Deutschland als Gebrauchsmuster, in der Schweiz als Erfindungen angemeldet werden, mit dem Zeitpunkt der ersten Anmeldung, falls diese in Deutschland erfolgt, und mit dem Zeitpunkt, in welchem das Patent auf die erste Anmeldung ertheilt wird, falls diese in der Schweiz erfolgt.

Der Tag der Anmeldung oder der Ertheilung wird in die Frist nicht eingerechnet.

Als Tag der Ertheilung gilt in Deutschland der Tag, an welchem der Beschluß über die endgültige Ertheilung des Patentes zugestellt, in der Schweiz der Tag, an welchem das Patent in das Patentregister eingetragen worden ist.

Artikel 5.

Die Rechtsnachtheile, welche nach den Gesetzen der vertragschließenden Theile eintreten, wenn eine Erfindung, ein Muster oder Modell, eine Handels- oder Fabrikmarke nicht innerhalb einer bestimmten Frist ausgeführt, nachgebildet oder angewendet wird, sollen auch dadurch ausgeschlossen werden, daß die Ausführung, Nachbildung oder Anwendung in dem Gebiete des anderen Theiles erfolgt.

Die Einfuhr einer in dem Gebiete des einen Theiles hergestellten Waare in das Gebiet des anderen Theiles soll in dem letzteren nachtheilige Folgen für das auf Grund einer Erfindung, eines Musters oder Modells oder einer Handels- oder Fabrikmarke gewährte Schutzrecht nicht nach sich ziehen.

Artikel 6.

Dem Inhaber einer in den Gebieten des einen Theiles eingetragenen Handels- und Fabrikmarke kann die Eintragung in den Gebieten des anderen Theiles nicht aus dem Grunde versagt werden, weil die Marke den hier geltenden Vorschriften über die Zusammensetzung und äußere Gestaltung der Marken nicht entspricht.

Artikel 7.

Angehörige des einen der vertragschließenden Theile, welche ein Patent in dem Gebiete des anderen Theiles erlangt haben, sind in dem letzteren von jeder gesetzlichen Verpflichtung befreit, behufs Geltendmachung der aus dem Patent sich ergebenden Rechte, die nach dem Patent hergestellten Gegenstände oder deren Verpackung als patentirt zu kennzeichnen. Ist eine solche Kennzeichnung nicht erfolgt, so muß behufs Verfolgung des Nachahmers der Nachweis schuldhaften Verhaltens besonders geführt werden.

Artikel 8.

Jeder der vertragschließenden Theile wird, soweit dies noch nicht geschehen ist, Bestimmungen gegen den Verkauf und das Feilhalten solcher Waaren treffen, welche unrichtigerweise und in der Absicht zu täuschen als von einem im Gebiete des anderen vertragschließenden Theiles belegenen Orte oder Bezirke herrührend bezeichnet sind.

Artikel 9.

Das gegenwärtige Uebereinkommen soll ratifizirt und die Ratifikations-Urkunden sollen sobald als möglich in Berlin ausgewechselt werden.

Das Uebereinkommen tritt mit dem Ablauf von zwei Wochen von dem Tage des Austausches der Ratifikations-Urkunden ab in Kraft und bleibt in Wirksamkeit bis zum Ablauf von sechs Monaten nach erfolgter Kündigung seitens eines der vertragschließenden Theile.

Zu Urkund dessen haben die beiderseitigen Bevollmächtigten das gegenwärtige Uebereinkommen unterzeichnet und ihre Siegel beigedrückt.

So geschehen zu Berlin, den 13. April 1892.

(L. S.) Freiherr von Marschall.

(L. S.) Roth.

Schlußprotokoll.

Bei der am heutigen Tage erfolgten Unterzeichnung des Uebereinkommens zwischen dem Deutschen Reich und der Schweiz über den gegenseitigen Patent-, Muster- und Markenschutz haben die beiderseitigen Bevollmächtigten folgende Erklärungen in das gegenwärtige Protokoll niedergelegt.

1. Zu Artikel 1.

Die Gleichstellung der beiderseitigen Staatsangehörigen soll hinsichtlich des Firmenschutzes auch die Wirkung haben, daß Firmen aus dem Gebiete des einen Theiles, um einen Schutz gegen mißbräuchliche Verwendung zur Waarenbezeichnung in dem Gebiete des anderen Theiles zu genießen, hier der Hinterlegung und Eintragung als Marke nicht bedürfen.

2. Zu Artikel 3.

Angehörige des einen der vertragschließenden Theile, welche eine Erfindung, ein Muster oder Modell, eine Handels- oder Fabrikmarke in einem dritten Staate anmelden, können auf Grund dieser Anmeldung in dem Gebiete des anderen vertragschließenden Theiles Rechte aus dem vorliegenden Uebereinkommen nicht herleiten.

3. Zu Artikel 4.

Im Sinne des Artikels 4 Absatz 1 kann eine Erfindung auch vor dem Zeitpunkt, in welchem auf die erste Anmeldung das Patent ertheilt wird, in dem Gebiete des anderen Theiles mit der im Artikel 3 vorgesehenen Wirkung angemeldet werden, vorausgesetzt, daß die Ertheilung des Patentes auf die erste Anmeldung nachträglich erfolgt.

4. Zu Artikel 5.

Rechtsnachtheile, welche nach den Gesetzen der vertragschließenden Theile bei Erfindungspatenten im Fall der Licenzverweigerung eintreten, werden durch die Vorschriften des Artikels 5 nicht ausgeschlossen.

5. Zu Artikel 6.

Die Bestimmung im Artikel 6 Absatz 1 des Uebereinkommens bezweckt nicht, der in den Gebieten des einen Theiles eingetragenen Marke in den Gebieten des anderen Theiles auch dann einen Anspruch auf Eintragung zu gewähren, wenn hier befunden wird, daß der Inhalt der Marke gegen die Sittlichkeit oder gegen die öffentliche Ordnung verstößt, oder mit den thatsächlichen Verhältnissen in einem das Publikum irreführenden Widerspruch steht. Liegt eine dieser Voraussetzungen vor, so kann die Eintragung versagt werden.

Das vorliegende Protokoll bildet einen integrirenden Bestandtheil des Uebereinkommens, auf das es sich bezieht, und ist ohne besondere Ratifikation durch die bloße Thatsache der Auswechselung der Ratifikationen dieses Uebereinkommens als von den vertragschließenden Theilen gebilligt und bestätigt anzusehen. Dasselbe wurde in doppelter

Ausfertigung zu Berlin am 13. April 1892 unterzeichnet.

Freiherr von Marschall.
Roth.

Zusatzprotokoll.

In Ergänzung zu dem zwischen dem Deutschen Reich und der Schweiz am 13. April 1892 abgeschlossenen Uebereinkommen über den gegenseitigen Patent-, Muster- und Markenschutz haben die Unterzeichneten auf Grund erhaltener Ermächtigung Folgendes vereinbart.

Die Bestimmungen des Artikels 5 des Uebereinkommens finden auf diejenigen Erfindungen nicht Anwendung, welche nach den Gesetzen eines der vertragschließenden Theile vom Patentschutz ausgeschlossen sind.

Das vorliegende Zusatzprotokoll bildet einen integrirenden Bestandtheil des Uebereinkommens, auf das es sich bezieht, und ist ohne besondere Ratifikation durch die bloße Thatsache der Auswechselung der Ratifikationen dieses Uebereinkommens als von den vertragschließenden Theilen gebilligt und bestätigt anzusehen. Dasselbe wurde in doppelter Ausfertigung zu Berlin am 16. Juni 1893 unterzeichnet.

Freiherr von Marschall.
Roth.

Die Union.[1])

Internationaler Vertrag zum Schutze des gewerblichen Eigenthums.[2])

(Paris, den 20. März 1883.)

Seine Majestät der König der Belgier, Seine Majestät der Kaiser von Brasilien, Seine Majestät der König von Spanien, der Präsident der französischen Republik, der Präsident der Republik Guatemala, Seine Majestät der König von Italien, Seine Majestät der König der Niederlande, Seine Majestät der König von Portugal und Algarbien, der Präsident der Republik San Salvador,[3]) Seine Majestät der König von Serbien und der Bundesrath der Schweizer Eidgenossenschaft,

gleichmäßig von dem Wunsche beseelt, der

---

[1]) Ueber Geschichte und Bedeutung der Union vgl. das am Schlusse der Einleitung Gesagte.

[2]) Der nachfolgenden Uebersetzung liegt der (französische) Urtext des in „La propriété industrielle" 1885 (Bern) S. 2 ff. wiedergegebenen Wortlautes des Vertrages zu Grunde.

[3]) San Salvador ist am 17. August 1887 aus der Union wieder ausgetreten, dagegen sind Großbitannien und Irland unter dem 17. März 84, Tunis unter dem 20. März 84, Republik San Domingo unter dem 20. Oktober 84, Schweden und Norwegen unter dem 26. Juni 85 und die Vereinigten Staaten unter dem 30. Mai 87 der Union beigetreten.

Industrie und dem Handel der Angehörigen ihrer betreffenden Staaten durch eine gemeinsame Uebereinkunft einen vollkommenen und wirksamen Schutz in völliger Uebereinstimmung zu sichern und zur Gewährleistung der Rechte der Erfinder und der Redlichkeit der Handelsgeschäfte beizutragen, haben beschlossen, zu diesem Zweck einen Vertrag zu schließen, und haben zu ihren Bevollmächtigten ernannt, nämlich . . . . .

Dieselben sind, nachdem sie sich ihre betreffenden Vollmachten mitgetheilt und dieselben in guter und gehöriger Form befunden, über die folgenden Artikel übereingekommen.

Art. 1. Die Regierungen von Belgien, Brasilien, Spanien, Frankreich, Guatemala, Italien, den Niederlanden, Portugal, Salvador, Serbien und der Schweiz sind zu einer Union zum Schutze des gewerblichen Eigenthums zusammengetreten.

Art. 2. Die Unterthanen oder Bürger der vertragschließenden Staaten sollen in allen anderen Staaten der Union in Betreff der Erfindungspatente, der gewerblichen Muster oder Modelle, der Fabrik- oder Handelsmarken und der Handelsfirmen die Vortheile genießen, welche die betreffenden Gesetze den Staatsangehörigen thatsächlich gewähren oder in Zukunft gewähren werden.

Demzufolge sollen sie denselben Schutz wie diese und dieselbe gesetzliche Rechtshilfe gegen jeden Angriff auf ihre Rechte haben, vorbehaltlich der Erfüllung der Förmlichkeiten und Bedingungen, welche den Staatsangehörigen durch die innere Gesetzgebung jedes Staats auferlegt sind.

Art. 3. Den Unterthanen oder Bürgern der vertragschließenden Staaten werden die Unterthanen oder Bürger der der Union nicht beigetretenen Staaten gleichgestellt, welche auf dem Gebiet eines der Vereinsstaaten ihren Wohnsitz oder gewerbliche oder Handelsniederlassungen haben.

Art. 4. Derjenige, welcher in einem der vertragschließenden Staaten ein Gesuch um ein Erfindungspatent, ein gewerbliches Muster oder Modell, eine Fabrik- oder Handelsmarke vorschriftsmäßig niederlegt, soll zum Zweck der Niederlegung (eines gleichen Gesuches) in den anderen Staaten während der unten bestimmten Fristen und vorbehaltlich der Rechte Dritter ein Prioritätsrecht genießen.

Demzufolge soll die später, jedoch vor Ablauf dieser Fristen in einem der übrigen Vereinsstaaten bewirkte Hinterlegung durch inzwischen eingetretene Umstände, namentlich durch eine anderweitige Niederlegung, durch Veröffentlichung oder Verwerthung der Erfindung seitens eines Dritten, durch Feilhalten von Exemplaren des Musters oder Modelles, durch Benutzung der Marke nicht unwirksam gemacht werden können.

Die oben erwähnten Prioritätsfristen sollen sechs Monate für Erfindungspatente und drei Monate für gewerbliche Muster oder Modelle sowie für Fabrik- oder Handelsmarken betragen; sie sollen für überseeische Länder um einen Monat verlängert werden.

Art. 5. Die Einfuhr von Gegenständen, welche in einem oder dem anderen Vereinsstaat hergestellt sind, seitens des Patentinhabers in das Land, in welchem das Patent ertheilt worden ist, soll den Verfall des letzteren nicht zur Folge haben.

Gleichwohl soll der Patentinhaber der Verpflichtung unterworfen bleiben, sein Patent nach Maßgabe der Gesetze des Landes, in welches er die patentirten Gegenstände einführt, zur Ausführung zu bringen.

Art. 6. Jede in dem Ursprungslande vorschriftsmäßig eingetragene Fabrik- oder Handelsmarke soll in gleicher Weise in allen anderen Vereinsstaaten zur Eintragung zugelassen und geschützt werden.

Als Ursprungsland soll das Land angesehen werden, in welchem der Anmelder bezw. Inhaber der Marke seine Hauptniederlassung hat. Liegt die Hauptniederlassung nicht in einem der Vereinsstaaten, so soll als Ursprungsland dasjenige angesehen werden, welchem der Anmelder bezw. Inhaber der Marke angehört.

Die Eintragung kann zurückgewiesen werden, wenn der Gegenstand, für welchen sie verlangt wird, den guten Sitten oder der öffentlichen Ordnung zuwiderläuft.

Art. 7. Die Natur des Erzeugnisses, auf welchem die Fabrik- oder Handelsmarke angebracht werden soll, darf in keinem Falle für die Eintragung der Marke ein Hinderniß bilden.

Art. 8. Die Handelsfirma soll in allen Vereinsstaaten, ohne Verpflichtung zur Eintragung, geschützt werden, gleichviel, ob sie einen Theil einer Fabrik- oder Handelsmarke bildet oder nicht.

Art. 9. Jedes widerrechtlich mit einer Fabrik- oder Handelsmarke oder mit einer Handelsfirma versehene Erzeugniß kann bei der Einführung in diejenigen Vereinsstaaten, in welchen die Marke oder die Handelsfirma Recht auf gesetzlichen Schutz hat, beschlagnahmt werden.

Die Beschlagnahme soll nach Maßgabe der inneren Gesetzgebung jedes Staats auf Antrag der Staatsanwaltschaft oder der Betheiligten stattfinden.

Art. 10. Die Bestimmungen des voraufgehenden Artikels sollen auf jedes Erzeugniß anwendbar sein, welches fälschlicherweise als Herkunftsbezeichnung den Namen eines bestimmten Ortes trägt, wenn diese Bezeichnung mit einer erfundenen oder entlehnten Handelsfirma in betrügerischer Absicht in Verbindung gebracht ist.

Als Betheiligter gilt jeder Fabrikant oder Kaufmann, welcher sich mit der Herstellung oder dem Vertriebe dieses Erzeugnisses befaßt und der in dem fälschlich als Herkunftsort bezeichneten Orte seine Niederlassung hat.

Art. 11. Die vertragschließenden Theile verpflichten sich, den patentfähigen Erfindungen, den gewerblichen Mustern und den Modellen sowie den Fabrik- oder Handelsmarken für Erzeugnisse, welche auf amtlichen oder amtlich anerkannten Weltausstellungen ausgestellt werden, einen zeitweiligen Schutz zu gewähren.

Art. 12. Jeder der vertragschließenden Theile verpflichtet sich, eine besondere Behörde für das gewerbliche Eigenthum und eine Centralstelle zur Mittheilung der Erfindungspatente, der gewerblichen Muster oder Modelle und der Fabrik- oder Handelsmarken an das Publikum einzurichten.

Art. 13. Unter der Bezeichnung: „Internationales Bureau des Vereins zum Schutze des gewerblichen Eigenthums" soll ein internationales Amt eingerichtet werden.

Dieses Bureau, dessen Kosten durch die Regierungen sämmtlicher vertragschließenden Staaten zu tragen sind, wird der Autorität der obersten Behörde (des Bundesraths) der Schweizerischen Eidgenossenschaft unterstellt und soll unter deren Aufsicht thätig sein. Die Befugnisse desselben werden durch gemeinsame Uebereinkunft der Vereinsstaaten bestimmt.

Art. 14. Der gegenwärtige Vertrag soll wiederkehrenden Prüfungen unterzogen werden, um Verbesserungen behufs Vervollkommnung der Union vorzunehmen.

Zu diesem Zweck sollen in einem der vertragschließenden Staaten der Reihe nach Konferenzen zwischen den Delegirten der genannten Staaten stattfinden.

Die nächste Zusammenkunft soll 1885 in Rom*) stattfinden.

Art. 15. Man ist darüber einverstanden, daß die vertragschließenden Theile sich das Recht vorbehalten, besondere Uebereinkommen zum Schutze des gewerblichen Eigenthums mit einander zu treffen, sofern dieselben den Bestimmungen des gegenwärtigen Vertrages nicht entgegenstehen.

Art. 16. Den Staaten, welche an dem gegenwärtigen Vertrage nicht theilgenommen haben, soll der Beitritt auf ihren Antrag gestattet sein.

Dieser Beitritt ist auf diplomatischem Wege der Regierung der schweizerischen Eidgenossenschaft und von dieser den übrigen anzuzeigen.

Er erfolgt zu allen Bestimmungen mit voller Rechtswirkung und hat die Zulassung zu allen Vortheilen zur Folge, welche in dem gegenwärtigen Vertrage vereinbart sind.

Art. 17. Die Ausführung der in dem gegenwärtigen Vertrage enthaltenen gegenseitigen Verbindlichkeiten unterliegt, soweit erforderlich, der Er-

*) Vgl. das in der Einleitung über die Union gesagte.

füllung der Förmlichkeiten und Vorschriften, welche die verfassungsmäßigen Gesetze derjenigen vertragschließenden Theile erfordern, die deren Anwendung herbeizuführen gehalten sind, was diese in möglichst kürzester Frist zu thun sich verpflichten.

Art. 18. Der gegenwärtige Vertrag soll innerhalb eines Monats nach Austausch der Ratifikationen in Kraft treten und auf unbestimmte Zeit bis nach Ablauf eines Jahres vom Tage der erfolgten Kündigung ab in Kraft bleiben.

Diese Kündigung ist an die mit der Entgegennahme von Beitrittserklärungen beauftragte Regierung zu richten. Sie erstreckt ihre Wirkung nur auf den Staat, welcher sie ausspricht; für die übrigen vertragschließenden Theile bleibt der Vertrag in Kraft.

Art. 19. Der gegenwärtige Vertrag soll ratificirt und die Ratifikationen sollen in Paris spätestens binnen Jahresfrist ausgetauscht werden.

Zur Beurkundung haben die Bevollmächtigten den Vertrag unterzeichnet und ihm ihre Siegel beigedrückt.

Geschehen zu Paris, am 20. März 1883.

(Unterschriften.)

Schluß-Protokoll.

Im Begriff, den am heutigen Tage zwischen den Regierungen von Belgien, Brasilien, Spanien,

Frankreich, Guatemala, Italien, den Niederlanden, Portugal, San Salvador, Serbien und der Schweiz zum Schutz des gewerblichen Eigenthums abgeschlossenen Vertrag zu unterzeichnen, haben die unterzeichneten Bevollmächtigten noch Folgendes vereinbart:

1. Die Worte „Gewerbliches Eigenthum“ sollen in ihrer weitesten Bedeutung verstanden werden, so daß sie nicht bloß auf Erzeugnisse der Industrie im eigentlichen Sinne, sondern ebenso auf die Erzeugnisse der Landwirthschaft (Wein, Getreide, Früchte, Vieh rc.) und auf die in den Handel gebrachten mineralischen Erzeugnisse (Mineralwasser rc.) zu beziehen sind.

2. Unter dem Namen „Erfindungspatente“ sind die von den Gesetzgebungen der vertragschließenden Staaten zugelassenen verschiedenen Arten gewerblicher Patente, wie Einführungs-, Verbesserungs- rc. Patente, einbegriffen.

3. Man ist darüber einverstanden, daß die Schlußbestimmung des Art. 2 des Vertrages die Gesetzgebung jedes der vertragschließenden Staaten in Betreff des Verfahrens vor den Gerichten und der Zuständigkeit dieser Gerichte in keiner Weise berühren soll.

4. Absatz 1 des Art. 6 ist in dem Sinne zu verstehen, daß keine Fabrik- oder Handelsmarke von dem Schutze in einem der Vereinsstaaten lediglich der Thatsache wegen ausgeschlossen werden darf,

daß dieselbe hinsichtlich der Zeichen, aus denen sie besteht, den Anforderungen der Gesetzgebung dieses Staates nicht genügt, vorausgesetzt, daß sie in dieser Beziehung der Gesetzgebung des Ursprungslandes genügt und daß sie in diesem letzteren Lande Gegenstand einer vorschriftsmäßigen Eintragung gewesen ist. Von dieser Ausnahme abgesehen, welche nur die Form der Marke betrifft, und vorbehaltlich der Bestimmungen der übrigen Artikel des Vertrages soll die innere Gesetzgebung jedes Staates Anwendung finden.

Um jede falsche Auslegung zu vermeiden, ist man darüber einig, daß der Gebrauch der öffentlichen Wappen und Ehrenzeichen als im Sinne des Schlußsatzes des Artikels 6 der öffentlichen Ordnung zuwiderlaufend angesehen werden kann.

5. Bei Einrichtung der im Artikel 12 erwähnten besonderen Behörde für das gewerbliche Eigenthum soll auf die Veröffentlichung eines periodischen amtlichen Blattes in jedem Staate möglichst Bedacht genommen werden.

6. Die gemeinsamen Kosten des nach Artikel 13 eingesetzten internationalen Bureaus dürfen in keinem Falle eine Gesammtsumme von durchschnittlich 2000 Frank jährlich für jeden vertragschließenden Staat übersteigen.

Um den Beitrag jedes Staates zu dieser Gesammtsumme der Kosten zu bestimmen, werden die vertragschließenden Staaten und diejenigen, welche dem Verein später beitreten würden, in sechs Klassen getheilt, von denen jede im Verhältniß einer bestimmten Zahl von Einheiten beisteuert, nämlich:

die 1. Klasse . . .	25	Einheiten
„ 2. „	20	„
„ 3. „	15	„
„ 4. „	10	„
„ 5. „	5	„
„ 6. „	3	„

Diese Koeffizienten werden mit der Zahl der Staaten jeder Klasse multiplizirt, und die Summe der so erhaltenen Produkte bildet die Zahl der Einheiten, mit der die Gesammtausgabe zu dividiren ist. Der Quotient ergiebt dann den Betrag der Beitragseinheit.

Die vertragschließenden Staaten werden hinsichtlich der Vertheilung der Kosten, wie folgt, klassifizirt:

1. Klasse Frankreich, Italien,
2. „ Spanien,
3. „ Belgien, Brasilien, Portugal, Schweiz,
4. „ Niederlande,
5. „ Serbien,
6. „ Guatemala, San Salvador.

Die schweizerische Regierung wird die Ausgaben des internationalen Bureaus überwachen, die nöthigen Vorschüsse leisten und die Jahresrechnung aufstellen, welche allen anderen Regierungen mitgetheilt wird.

Das internationale Bureau hat die auf den Schutz des gewerblichen Eigenthums bezüglichen Mittheilungen jeder Art zu sammeln und in einer allgemeinen Statistik zusammenzustellen, welche an alle Regierungen zu vertheilen ist. Es hat sich mit gemeinnützigen Studien, welche für den Verein von Interesse sind, zu befassen und mit Hilfe des ihm von den verschiedenen Regierungen zur Verfügung gestellten Aktenmaterials ein periodisches Blatt in französischer Sprache zu redigiren, welches die den Zweck des Vereins betreffenden Fragen behandelt.

Die Nummern dieses Blattes sowie alle von dem internationalen Bureau veröffentlichten Schriftstücke sind an die Regierungen der Vereinsstaaten im Verhältniß der Zahl der oben erwähnten Beitragseinheiten zu vertheilen. Die außerdem von den genannten Regierungen oder von Gesellschaften oder Privatpersonen etwa bestellten Exemplare und Schriftstücke sind besonders zu bezahlen.

Das internationale Bureau hat sich jeder Zeit zur Verfügung der Mitglieder der Union zu halten, um ihnen über die auf die internationale Verwaltung des gewerblichen Eigenthums bezüglichen Fragen die speziellen Mittheilungen zu machen, deren sie bedürfen könnten.

Die Regierung des Landes, in welchem die nächste Konferenz tagen soll, hat mit Hilfe des internationalen Bureaus die Arbeiten dieser Konferenz vorzubereiten.

Der Vorsteher des internationalen Bureaus hat den Sitzungen der Konferenzen beizuwohnen und an den Verhandlungen ohne beschließende Stimme theilzunehmen. Ueber seine Amtsführung hat er jährlich einen Bericht zu erstatten, welcher den Mitgliedern des Vereins mitzutheilen ist.

Die Amtssprache des internationalen Bureaus soll die französische Sprache sein.

7. Das gegenwärtige Schlußprotokoll, welches gleichzeitig mit dem am heutigen Tage abgeschlossenen Vertrage ratifizirt werden wird, ist als integrirender Theil dieses Vertrages anzusehen und soll dieselbe Kraft, Giltigkeit und Dauer haben.

Zur Beurkundung dessen haben die unterzeichneten Bevollmächtigten das gegenwärtige Protokoll aufgenommen.

(Unterschriften.)

III.

Gesetz, betreffend das Urheberrecht an Mustern und Modellen.

1. Gesetz vom 11. Januar 1876.

(R.G.B. 11.)

§. 1.

Das Recht, ein gewerbliches Muster oder Modell ganz oder theilweise nachzubilden, steht dem Urheber desselben ausschließlich zu.

Als Muster oder Modelle im Sinne dieses Gesetzes werden nur neue und eigenthümliche Erzeugnisse angesehen.

Der Begriff des Urhebers ist entnommen dem Gesetz, betreffend das Urheberrecht an Schriftwerken u. s. w., 11. Juni 70, B.G.B. 339. Er bildet eigentlich nur eine theoretische Konstruktion; praktisch ist nach §§. 2, 18 der Musterschutz, gleich dem Erfindungsschutz, von dem Nachweis persönlicher Produktion losgelöst.

Als Urheber eines Musters ist nur derjenige anzusehen, der aus seiner eigenen geistigen schaffenden Thätigkeit heraus ein Erzeugniß mit gewissen wesentlichen, charakteristischen Eigenschaften hervorbringt. R.G. 5. Jan. 86.

Der Urheber hat das ihm zugesprochene Recht nur unter der Voraussetzung, daß er die formellen Anforderungen des Gesetzes erfüllt. Das Recht steht jedem, nicht nur demjenigen von mehreren Urhebern zu, welcher jenen Anforderungen zuerst genügt; vgl. zu §. 7.

Schutzberechtigte Muster müssen neu, d. i. von Bekanntem abweichend und eigenthümlich sein, d. i. nicht lediglich eine mechanische Veränderung enthalten. Muster und Modelle sind im Sinne dieses Gesetzes alle Vorbilder für die Form von Industrie-Erzeugnissen, sofern diese Vorbilder zugleich dazu bestimmt oder geeignet sind, den Geschmack oder das ästhetische Gefühl zu befriedigen. Nicht jedes Vorbild für die Form eines Industrie-Erzeugnisses ist also Gegenstand des Musterschutzes; Voraussetzung dieses Schutzes ist vielmehr, daß das Erzeugniß, für welches das Muster bestimmt ist, eben dadurch, daß es nach diesem hergestellt wird, den Geschmack oder das ästhetische Gefühl befriedigt und dadurch besonderen Werth erhält. R.G. 19. März 81.

Unter Muster und Modell im Sinne dieses Gesetzes ist nur die Form der Industrieerzeugnisse, d. h. die äußere Erscheinung nach Zeichnung, Farbe und plastischer Gestaltung zu verstehen. Der Urheber muß eine neue Individualform für die Gestaltung geschaffen haben. — Den Schutz einer neuen Fabrikationsmethode bezweckt das Patentrecht. R.G. 25. April 92. (Str. 28, 92).

In der vereinzelten Uebersendung eines Musters zur Probe für spätere Bestellungen ist eine die Neuheit desselben ausschließende Verbreitung nicht zu finden. R.G. 11. Jan. 82.

Wenn auch die einzelnen Bestandtheile eines Figurenbildes, jeder Theil für sich betrachtet, bekannten und allgemein verbreiteten Vorbildern entlehnt sind, so kann doch durch die Kombinirung und Ausschmückung derselben ein neues und eigenthümliches Erzeugniß hervorgebracht werden. R.G. 30. April 85.

Im Auslande verbreitete Muster gelten als bekannt.

Ob ein Muster sich mechanisch vervielfältigen läßt oder, wie bei Schnitzereien, dies ausschließt, ist unerheblich. Zwischen Muster und Modell besteht rechtlich kein Unterschied; auch Muster können für plastische Verwerthung bestimmt sein; vgl. §. 6, 2.

Die einem Muster gesetzlich zustehenden Schutzrechte werden dadurch nicht beeinträchtigt, daß das fragliche Muster nach den mit ihm verbundenen Zeichen, Buchstaben oder dergleichen erkennbar nur für den Gebrauch eines einzelnen Abnehmers bestimmt ist. R.G. 30. April 85.

Nur „gewerbliche" Muster, d. i. solche, die im Gewerbe Anwendung finden sollen, werden geschützt. Dahin gehören auch Werke der bildenden Kunst, soweit sie an gewerblichen Fabrikaten nachgebildet werden sollen — Ges., betreffend das Urheberrecht an Werken der bildenden Künste, 9. Jan. 76 §. 14, R.G.B. 4 —, aber nur, falls sie nach dem Musterschutzgesetz angemeldet sind, R.G. 15. Febr. 81, 5. Juni 82. Erzeugnisse der Schriftschneidekunst sind gewerbliche Muster, R.G. 19. März 81, 8. Juni 85. Auch in der besonderen Form eines Monogramms, Waarenzeichens ꝛc. kann ein schutzberechtigtes Muster liegen; R.G. 30. April 85.

Was unter die Werke der bildenden Künste fällt, fällt nicht unter den Musterschutz; auch dann nicht, wenn es, wie Werke der Baukunst, als Kunstwerk nicht geschützt ist. Andererseits fällt unter den Musterschutz auch ein Muster nicht, das nicht der Befriedigung des Formensinns, sondern technischen Zwecken dienen soll; O.H.G. 3. Sept. 78, Preuß. gewerbl. Sachverständigen-Verein 15. Dez. 77 (78, 88), 4. Okt. 78 (79, 98), R.G. 8. Juni 85. Hier tritt Patentschutz oder Gebrauchsmusterschutz ein. Vgl. dazu Einleitung III bis V.

§. 2.

Bei solchen Mustern und Modellen, welche von den in einer inländischen gewerblichen Anstalt beschäftigten Zeichnern, Malern, Bildhauern ꝛc. im Auftrage oder für Rechnung des Eigenthümers der gewerblichen Anstalt angefertigt werden, gilt der letztere, wenn durch Vertrag nichts anderes bestimmt ist, als der Urheber der Muster und Modelle.

Der Besteller eines Musters ist nicht ohne Weiteres Urheber, R.G. 11. Jan. 82. Er wird es auch nicht dadurch, daß er es vom Verfertiger erwirbt. Der Zeichner ist Urheber, solange er auf Grund besonderer Verträge einzelne Aufgaben ausführt; R.G. 5. Jan. 86. Anders wird es bei regelmäßiger Arbeit in der durch §. 2 bezeichneten Art. Der Grundsatz des §. 1 tritt hier erst ein, wenn die Betheiligten einen ausdrücklichen Vorbehalt machen; der Vorbehalt kann nur zu Gunsten des wirklichen Urhebers, nicht eines Dritten lauten.

„Inländisch“ ist jede Anstalt, die im Reiche liegt, auch wenn sie einem Ausländer gehört; vgl §. 16. Zu den „gewerblichen“ Anstalten gehören nicht Kunstateliers, in welchen das Muster zunächst künstlerischen Zwecken dient, nicht Zeichenschulen, nicht Baustellen. Dem „Eigenthümer“ der Anstalt ist jeder diese selbständig leitende Unternehmer gleich zu achten. „In der Anstalt“ sind auch solche Arbeiter beschäftigt, welche außerhalb der Anstaltsräume regelmäßig, ohne über die einzelnen Arbeiten besondere Verträge abzuschließen, für den Unternehmer dauernd arbeiten; Motive, R.G. 5 Jan. 86.

§. 3.

Das Recht des Urhebers geht auf dessen Erben über. Dieses Recht kann beschränkt oder unbeschränkt durch Vertrag oder durch Verfügung von Todeswegen auf Andere übertragen werden.

Entnommen aus Gef., betreffend das Urheberrecht an Schriftwerken u. s. w., 11. Juni 70 §. 3, B.G.B. 339.

Vgl. zu §. 6 des Patentgesetzes u. §. 7 Gebrauchsmusterschutzgesetzes. Die Zwangsvollstreckung, die bei Schriftwerken nicht eintritt, ist, wie bei Erfindungen, auch bei Mustern zulässig; der Gläubiger erhält dann die Befugniß, das Muster zu vervielfältigen und zu verwerthen.

§. 4.

Die freie Benutzung einzelner Motive eines Musters oder Modells zur Herstellung eines neuen Musters oder Modells ist als Nachbildung nicht anzusehen.

Einzelne Theile des Musters sind nicht ohne Weiteres Motive; jene sind durch §. 1 Abs. 1 geschützt. Der Begriff des Motivs schließt aus, daß dasselbe selbständig als Muster verwerthet werden kann.

„Neu" ist hier, abweichend von §. 1 Abs. 2, im Sinne von neu und eigenthümlich gebraucht.

Die „freie" Benutzung setzt voraus, daß nicht lediglich eine mechanische Uebertragung vorliegt.

Zu anderen Zwecken als zu neuen Musterkompositionen ist die Entlehnung einzelner Motive ebenfalls gestattet; vgl. §§. 5, 6. Ebenso ist die freie Benutzung einzelner Motive eines Musters oder Modells zur Herstellung eines in seiner charakteristischen Gesammtindividualität neuen Musters oder Modells sowie die Einzelkopie ohne Absicht gewerblicher Verbreitung statthaft. O.H.G. 10. Febr. 79.

Immer muß die Nachbildung, wenn sie nach §. 4 statthaft sein soll, sich als ein neues, auf einer eigenen schöpferischen Thätigkeit beruhendes Kunstwerk darstellen. R.G. 9. Nov. 95. (C. 36, 46.)

§. 5.

Jede Nachbildung eines Musters oder Modells, welche in der Absicht, dieselbe zu verbreiten, ohne

Genehmigung des Berechtigten (§§. 1—3) hergestellt wird, ist verboten. Als verbotene Nachbildung ist es auch anzusehen:

1. wenn bei Hervorbringung derselben ein anderes Verfahren angewendet worden ist, als bei dem Originalwerke, oder wenn die Nachbildung für einen anderen Gewerbszweig bestimmt ist, als das Original;
2. wenn die Nachbildung in anderen räumlichen Abmessungen oder Farben hergestellt wird, als das Original, oder wenn sie sich vom Original nur durch solche Abänderungen unterscheidet, welche nur bei Anwendung besonderer Aufmerksamkeit wahrgenommen werden können;
3. wenn die Nachbildung nicht unmittelbar nach dem Originalwerke, sondern mittelbar nach einer Nachbildung desselben geschaffen ist.

„Nachbildung" ist gesetzlich nicht definirt; sie wird durch die Wahl anderer Abmessungen oder Farben in einzelnen Theilen des Musters nicht nothwendig ausgeschlossen, aber auch nicht nothwendig gegeben. Auch in der theilweisen Wiederholung des Musters kann eine Nachbildung liegen. Unerheblich ist es, ob das Muster in Waaren oder anderweit, z. B. in Musterbüchern, nachgebildet wird. Unerheblich auch, ob die Nachbildung in einem mechanischen Verfahren oder ohne solches geschehen ist. In letzterem Falle liegt die sogen. Einzelkopie vor, welche übrigens das Dasein einer größeren Zahl von Exemplaren nicht ausschließt. Bestimmte Einschränkungen des Begriffes in §. 6.

Nachbildung lediglich für den eigenen Gebrauch ist nicht

strafbar. Es genügt zur Strafbarkeit die Absicht der Verbreitung, also auch die Ankündigung; vgl. Ges., betreffend das Urheberrecht an Schriftwerken u. s. w., 11. Juni 70 §. 22 B.G.B. 339. Gleich ist, ob das Verbreiten gegen Entgelt oder nicht geschieht, im Verkaufe oder in Gebrauchsüberlassung besteht, auch das Auslegen zur Ansicht ist Verbreitung; O.H.G. 11. Dez. 74, R.G. 11. Jan. 82. Die Verbreitung im Auslande begründet ebenfalls Strafbarkeit; vgl. § 16. Das Vergehen (der verbotenen Nachbildung) ist bereits mit der Herstellung der Muster in der Absicht der Verbreitung vollendet. Hat Jemand ein Muster kopirt, welches er als Sachverständiger älteren Mustern gegenüber als neu und eigenartig erkennen müßte, so hat er auf die Gefahr hin (mit event. Vorsatz) gehandelt, daß das nachgeahmte Muster geschützt, die Nachahmung daher eine verbotene und strafbare Handlung sei. O.H.G. 27. Nov. 78.

Geringfügige Aenderungen schützen nicht vor Bestrafung. Den Beweis der angeblich mangelnden Neuheit hat der Angeklagte zu führen. Landger. Leipzig, 7. Januar 95 (94/95, 207).

Die Genehmigung des Berechtigten braucht nicht schriftlich zu sein, sie muß aber vom Nachbildenden bewiesen werden; O.H.G. 21. April 74.

Spätere Verbreitung einer ohne Absicht der Verbreitung erfolgten Nachbildung ist nicht strafbar.

Die Veräußerung eines nachgebildeten Musters an nur eine Person erfüllt schon den Begriff der Verbreitung. R.G. 30. April 85.

§. 6.

Als verbotene Nachbildung ist nicht anzusehen:

1. die Einzelkopie eines Musters oder Modells, sofern dieselbe ohne die Absicht der gewerbs-

mäßigen Verbreitung und Verwerthung angefertigt wird;

2. die Nachbildung von Mustern, welche für Flächenerzeugnisse bestimmt sind, durch plastische Erzeugnisse, und umgekehrt;

3. die Aufnahme von Nachbildungen einzelner Muster oder Modelle in ein Schriftwerk.

Die Bestimmung umfaßt solche Fälle, bei denen an sich die Voraussetzungen des §. 5 vorliegen.

Ueber „Einzelkopie" vgl. zu §. 5. Die „Verbreitung" kommt bei mehreren Exemplaren, die „Verwerthung" bei einem Exemplar der Einzelkopie in Betracht; dort wie hier muß das Verfahren gewerbsmäßig sein.

Die mehrfache Nachbildung eines Musters durch einen zusammenhängenden Fabrikationsakt ist keine Einzelkopie. R.G. 30. April 85.

Nach Nr. 2 dürfen Flachmuster in plastischer Form und Modelle als Flachzeichnung wiedergegeben werden. Die Wiedergabe eines Flachmusters als Flachzeichnung an plastischen Sachen ist nicht zulässig. Nr. 2 gestattet auch nicht die Wiedergabe von Modellen als solchen, abgesehen von dem Fall in Nr. 3, in Musterbüchern mittelst Flachzeichnung. Hiernach hat der Urheber von vornherein anzugeben, ob das Muster für Flächenerzeugnisse oder für plastische Sachen bestimmt ist; seine Angabe entscheidet über die Tragweite des Schutzes; Muster für Schrifttypen können daher je nach der Anmeldung gegen die Nachbildung als plastische Typen oder als gedruckte Buchstaben Schutz erhalten; R.G. 8. Juni 85.

Nach Nr. 3 muß immer ein „Schriftwerk" vorliegen; ein reines Musterbuch ist hier nicht verstanden. Wo die Grenze liegt, ist Thatfrage. Angabe der Quelle, woraus die Muster entnommen, ist nicht erforderlich; vgl. dagegen Ges., betreffend das Urheberrecht an Schriftwerken ꝛc.,

11. Juni 70 §. 44, B.G.B. 339, Gef., betreffend das Urheberrecht an Werken der bildenden Kunst, 9. Jan. 76 §. 6, R.G.B. 4.

§. 7.

Der Urheber eines Musters oder Modells genießt den Schutz gegen Nachbildung nur dann, wenn er dasselbe zur Eintragung in das Musterregister angemeldet und ein Exemplar oder eine Abbildung des Musters 2c. bei der mit Führung des Musterregisters beauftragten Behörde niedergelegt hat.

Die Anmeldung und Niederlegung muß erfolgen, bevor ein nach dem Muster oder Modelle gefertigtes Erzeugniß verbreitet wird.

Der gesetzliche Schutz an sich wird durch die Anmeldung und Niederlegung des Musters erworben. Die Verbreitung der Waare vor der Anmeldung ist dagegen ein Umstand, welcher den Schutz nicht eintreten läßt. Diesen Gesichtspunkt hat der Richter nur im Falle eines desfallsigen Einwandes zu erörtern. R.G. 1. Juni 81.

Vor der Anmeldung erfolgte Nachbildungen sind auch bei nachheriger Verbreitung straflos.

Der Schutz tritt ein mit der Anmeldung, nicht erst mit der Eintragung; jene muß aber, soll sie nicht wirkungslos bleiben, vollständig sein; Vervollständigung ist bis zu dem im Abs. 2 bezeichneten Zeitpunkt möglich; erst mit dem Augenblick, wo sie geschehen, tritt der Schutz ein. Zur Vollständigkeit der Anmeldung gehört nicht die Gebührenzahlung nach §. 12, wohl aber die Niederlegung des Musters, ebenso die Angabe seiner gewerblichen Bestimmung; vgl. zu §. 6, sowie §. 8 P.G. u. §. 2 Gebr.-M.Sch.G.

Ist ein Gebrauchsmuster zu Unrecht in das Geschmacksmusterregister eingetragen und wird der Schutzgegenstand als gesetzlich geschützt bezeichnet, so liegt ein Eingriff in den Rechtskreis aller derjenigen Personen vor, die solche Waaren gewerblich herstellen oder vertreiben, indem sie dieselben in berechtigten gewerblichen Dispositionen stören, ihren Absatz beeinträchtigen und deren rechtlich erlaubte Erwerbshandlungen mit dem Scheine der Ungesetzlichkeit belegen. Dem in solcher Weise in der Freiheit seiner gewerblichen Thätigkeitsentwicklung Beeinträchtigten und damit zugleich in seinen vermögensrechtlichen Interessen Verletzten steht ein Klagerecht auf Feststellung der mangelnden Berechtigung zu. R.G. 26 Sept. 94 (94/95 S. 94).

Ein „Exemplar" des Musters ist eine Probe des danach gefertigten Erzeugnisses.

Die Verbreitung ist erfolgt, sobald ein nach dem Muster gefertigtes Erzeugniß zugänglich gemacht ist; ob dies durch den Urheber oder ohne sein Wissen durch einen anderen geschehen, ist gleich, R.G. 19. März 81. Sie kann unter Umständen durch die Herausgabe auch nur eines nach dem Muster gefertigten Erzeugnisses begründet werden. Veröffentlichung oder Verbreitung des Musters selbst, z. B. behufs Beschaffung von Aufträgen, ist dem Urheber nicht nachtheilig; auch nicht jede Versendung von „Proben", R.G. 11. Jan. 82. Vgl. ferner zu §. 5.

Bezeichnung der Waaren mit Marken, welche die Eintragung des Musters bekunden sollen, ist rechtlich bedeutungslos und auch dann, wenn die Eintragung fehlt, straflos.

Gehörig angemeldete Muster sind geschützt, auch ohne daß deren Ausführung erfolgt; vgl. zu §. 16.

Wegen des Musterregisters § 9; wegen der Form der Anmeldungen Bestimmungen über die Führung des Musterregisters 29. Febr. 76 unten unter Ausführungsbestimmungen.

§. 8.

Der Schutz des gegenwärtigen Gesetzes gegen Nachbildung wird dem Urheber des Musters oder Modells nach seiner Wahl ein bis drei Jahre lang, vom Tage der Anmeldung (§. 7) ab, gewährt.

Der Urheber ist berechtigt, gegen Zahlung der im §. 12 Absatz 3 bestimmten Gebühr, eine Ausdehnung der Schutzfrist bis auf höchstens fünfzehn Jahre zu verlangen. Die Verlängerung der Schutzfrist wird in dem Musterregister eingetragen.

Der Urheber kann das ihm nach Absatz 2 zustehende Recht außer bei der Anmeldung auch bei Ablauf der dreijährigen und der zehnjährigen Schutzfrist ausüben.

Ist bei der Anmeldung eine kürzere als 3 jährige Schutzfrist gewählt, so kann diese jeder Zeit bis auf drei Jahre verlängert werden. Ist die Schutzfrist länger als drei Jahre und kürzer als 10 Jahre, so kann sie bei Ablauf der ersten 3 Jahre, aber nicht mehr später, verlängert werden; gleiches gilt entsprechend nach Ablauf von 10 Jahren, für mehr als 10- und weniger als 15 jährige Fristen. Ueber die hier schon erwähnte 10 jährige Schutzfrist bestimmt erst §. 12.

Der Tag der Anmeldung ist der des Eingangs der Anmeldung bei der zuständigen Behörde. Ueber Fristberechnung von solchen Terminen ab vgl. zu §. 7 des Patentgesetzes und §. 8 Gebrauchsmusterschutzgesetzes.

Ueber das Musterregister §. 9 und Bestimmungen über die Führung des Musterregisters 29. Febr. 76 unten unter Ausführungsbestimmungen.

§. 9.

Das Musterregister wird von den mit der Führung der Handelsregister beauftragten Gerichtsbehörden geführt.

Der Urheber hat die Anmeldung und Niederlegung des Musters oder Modells bei der Gerichtsbehörde seiner Hauptniederlassung, und falls er eine eingetragene Firma nicht besitzt, bei der betreffenden Gerichtsbehörde seines Wohnortes zu bewirken.

Urheber, welche im Inlande weder eine Niederlassung, noch einen Wohnsitz haben, müssen die Anmeldung und Niederlegung bei dem Handelsgericht in Leipzig bewirken.

Die Muster oder Modelle können offen oder versiegelt, einzeln oder in Packeten niedergelegt werden. Die Packete dürfen jedoch nicht mehr als 50 Muster oder Modelle enthalten und nicht mehr als 10 Kilogramm wiegen. Die näheren Vorschriften über die Führung des Musterregisters erläßt das Reichskanzler-Amt.

Die Eröffnung der versiegelt niedergelegten Muster erfolgt drei Jahre nach der Anmeldung (§. 7), beziehentlich, wenn die Schutzfrist eine kürzere ist, nach dem Ablaufe derselben.

Die Eintragung und die Verlängerung der Schutzfrist (§. 8 Alinea 2) wird monatlich im Deutschen Reichsanzeiger bekannt gemacht. Die Kosten der Bekanntmachung hat der Anmeldende zu tragen.

„Handelsgericht" ist jetzt das Amtsgericht.

Wo die Hauptniederlassung liegt, ist nach den Vorschriften des H.G.B. zu beantworten. Liegt im Inlande nur eine Zweigniederlassung, so erfolgt die Anmeldung gemäß Abs. 3; vgl. R.G. 28. Febr. 88. — Vgl. zu §. 2 Gebr.M.Sch.Ges.

Die Eröffnung verschlossener Muster erfolgt nach 3 Jahren auch dann, wenn die Schutzfrist länger ist.

Im Uebrigen vgl. Bestimmungen über die Führung des Musterregisters 29. Febr. 76 unten unter Ausführungsbestimmungen.

§. 10.

Die Eintragungen in das Musterregister werden bewirkt, ohne daß eine zuvorige Prüfung über die Berechtigung des Antragstellers oder über die Richtigkeit der zur Eintragung angemeldeten Thatsachen stattfindet.

Der „Antragsteller" ist der Anmeldende, nicht der etwaige Vertreter. Ein Vertreter muß sich als solcher ausweisen. Der Antragsteller soll seine Identität nachweisen, §. 5 Bestimmungen über die Führung des Musterregisters 29. Febr. 76 unten unter Ausführungsbestimmungen. Vgl. zu §. 2 Gebr.M.Sch.G.

Die „Richtigkeit der angemeldeten Thatsachen" ist die Uebereinstimmung der angemeldeten mit den niedergelegten Mustern. Soweit diese fehlt, ist die Anmeldung wirkungslos.

Die Gerichte können eine Anmeldung auch dann nicht zurückweisen, wenn diese überhaupt ein Muster nicht betrifft; Gutachten des Preuß. gewerbl. Sachverständigen-Vereins 15. Dez. 77 (78, 83).

Die durch §. 10 ausgeschlossene Prüfung erfolgt erst im Falle eines Prozesses.

§. 11.

Es ist Jedermann gestattet, von dem Musterregister und den nicht versiegelten Mustern und Modellen Einsicht zu nehmen und sich beglaubigte Auszüge aus dem Musterregister ertheilen zu lassen. In Streitfällen darüber, ob ein Muster oder Modell gegen Nachbildung geschützt ist, können zur Herbeiführung der Entscheidung auch die versiegelten Packete von der mit der Führung des Musterregisters beauftragten Behörde geöffnet werden.

Die Oeffnung kann nur auf Antrag des Urhebers oder auf Ersuchen des Richters geschehen; inwieweit sie auf Ersuchen geschehen muß, regeln die allgemeinen Bestimmungen über Rechtshülfe. Vgl. zu §. 3 Abs. 5 Gebr.M.Sch.G.

Die Frage, ob nicht thatsächlicher Irrthum seitens des Verfertigers einer Nachbildung entschuldbar sei, kann nur nach den konkreten Umständen des einzelnen Falles und auf Grund der hieraus sich ergebenden thatsächlichen Schlußfolgerungen beantwortet werden. Entschuldbarkeit des Irrthums ist nicht unbedingt anzunehmen, wenn der Verfertiger der Nachbildung sich vergewissert hat, ob ein Muster oder Modell im Musterregister eingetragen ist. R.G. 17. Jan. 84.

§. 12.

Alle Eingaben, Verhandlungen, Atteste, Beglaubigungen, Zeugnisse, Auszüge ꝛc., welche die Eintragung in das Musterregister betreffen, sind stempelfrei.

Für jede Eintragung und Niederlegung eines einzelnen Musters oder eines Packets mit Mustern rc. (§. 9) wird, insofern die Schutzfrist auf nicht länger als drei Jahre beansprucht wird (§. 8 Absatz 1), eine Gebühr von 1 Mark für jedes Jahr erhoben.

Nimmt der Urheber in Gemäßheit des §. 8 Absatz 2 eine längere Schutzfrist in Anspruch, so hat er für jedes weitere Jahr bis zum zehnten Jahre einschließlich eine Gebühr von 2 Mark, von elf bis fünfzehn Jahren eine Gebühr von 3 Mark für jedes einzelne Muster oder Modell zu entrichten. Für jeden Eintragungsschein, sowie für jeden sonstigen Auszug aus dem Musterregister wird eine Gebühr von je 1 Mark erhoben.

Abs. 1 umfaßt auch solche Eingaben u. s. w., welche die Anmeldung für das Musterregister betreffen, und nicht ausschließlich Schriftstücke, welche vor dem Gerichte des Musterregisters ausgefertigt werden; vgl. §. 42 Ges., betreffend das Urheberrecht an Schriftwerken u. s. w., 11. Juni 70 B.G.B. 339.

Die Gebühr wird „für jedes Jahr", aber zu Anfang der ganzen Frist auf einmal erhoben. Jahresabschnitte werden als ganze Jahre berechnet.

Für die Schutzjahre über drei hinaus ist die Gebühr nicht für das Packet, sondern für jedes einzelne Muster zu zahlen; sind die Packete verschlossen niedergelegt, so kann die Gebühr erst nach Ablauf der 3 Jahre erhoben werden.

Eine Zahlungsfrist ist nicht gegeben; durch Unterlassen der Zahlung wird der Schutz nicht hinfällig.

„Sonstige Auszüge" sind die Bescheinigungen über die

Eintragungen anderer Interessenten. Der Eintragungsschein wird nur auf Verlangen ausgestellt.

Im Uebrigen vgl. wegen der Kosten Bestimmungen 29. Februar 76 §§. 8, 9 unten unter Ausführungsbestimmungen.

Vgl. zu §. 8 Gebr.M.Sch.G.

§. 13.

Derjenige, welcher nach Maßgabe des §. 7 das Muster oder Modell zur Eintragung in das Musterregister angemeldet und niedergelegt hat, gilt bis zum Gegenbeweise als Urheber.

Der Gegenbeweis kann von dem wirklichen Urheber, aber auch von jedem Dritten geführt werden; er kann darauf gerichtet sein, daß das Muster nicht neu und eigenthümlich oder daß es einem Anderen entlehnt sei. Gelingt der Gegenbeweis und wird der Musterschutz damit hinfällig, so wird dies gleichwohl in dem Musterregister nicht vermerkt. Letzteres giebt daher keine Auskunft darüber, ob ein eingetragenes Schutzrecht noch besteht.

Unter mehreren Anmeldungen entscheidet nicht die Priorität; die mehreren sind nicht gegen einander, wohl aber gegen dritte schutzberechtigt. Wird eine frühere unvollständige Anmeldung innerhalb der im §. 7 Absatz 2 bezeichneten Zeit ergänzt, so steht sie einer späteren, von vornherein vollständigen Anmeldung gleich.

Eine Bestimmung zu Gunsten dessen, welcher vor der Anmeldung mit der Fabrikation nach dem Muster begonnen hat, fehlt.

Die durch §. 13 begründete Vermuthung ist ausdrücklich aufrecht erhalten durch §. 16 Einführungsgesetz zur C.P.O. 30. Jan. 77, R.G.B. 244. Die Vermuthung gilt auch in dem Strafverfahren, der Angeschuldigte muß seine Schuldlosigkeit darthun; R.G. 3. Okt. 82.

Ebenso gilt bis zum Erweise des Gegentheils das von dem Antragsteller zur Eintragung angemeldete Muster oder Modell als neu. O.H.G. 10. Febr. 79.

§. 14.

Die Bestimmungen in den §§. 18—36, 38 des Gesetzes vom 11. Juni 1870, betreffend das Urheberrecht an Schriftwerken 2c. (Bundes-Gesetzbl. 1870 S. 339), finden auch auf das Urheberrecht an Mustern und Modellen mit der Maßgabe entsprechende Anwendung, daß die vorräthigen Nachbildungen und die zur widerrechtlichen Vervielfältigung bestimmten Vorrichtungen nicht vernichtet, sondern auf Kosten des Eigenthümers und nach Wahl desselben entweder ihrer gefährdenden Form entkleidet, oder bis zum Ablauf der Schutzfrist amtlich aufbewahrt werden.

Die Sachverständigen-Vereine, welche nach §. 31 des genannten Gesetzes Gutachten über die Nachbildung von Mustern und Modellen abzugeben haben, sollen aus Künstlern, aus Gewerbtreibenden verschiedener Gewerbzweige und aus sonstigen Personen, welche mit dem Muster- und Modellwesen vertraut sind, zusammengesetzt werden.

§. 37 Ges. v. 11. Juni 70 betrifft nur die Verjährung der Uebertretung, nach §. 24 und hat mit letzterem keine Bedeutung für das Gebrauchsmusterschutzgesetz.

Die besonderen Prozeßvorschriften sind aufrecht erhalten durch §. 18 Einführungsgesetz zur C.P.O. 30. Jan. 77, R.G.B. 224.

Die bezeichneten Vorschriften des Nachdrucksgesetzes regeln die civil- und strafrechtlichen Folgen verbotener Nachbildung. Mehrere dieser Vorschriften sind jedoch inzwischen erledigt: §. 19 und §. 29 Abs. 1 durch die entsprechenden allgemeinen Grundsätze in C.P.O. §§. 259 f., §. 28 durch die entsprechenden allgemeinen Grundsätze des St.G.B., §. 82 durch die Grundsätze des G.B.G., §. 85 durch die allgemeine Regel in St.G.B. §. 61. Außerdem ist §. 24 überhaupt nicht anwendbar, weil der darin vorausgesetzte Fall beim Musterschutz nicht vorgesehen ist, §. 28 Abs. 2 und 8, weil dafür §. 18 des Musterschutzgesetzes Besonderes vorgeschrieben hat, §. 21 und §. 81 Abs. 1 zum Theil, insoweit durch §. 14 des Musterschutzgesetzes ersetzt oder sonst gegenstandslos.

Wer auf Grund einer Eintragung im Musterregister einen Andern wegen Zuwiderhandlung gegen das Musterschutzgef. belangt, ist ohne Rücksicht auf ein ihm zur Last fallendes Verschulden verpflichtet, dem freigesprochenen Beschuldigten die in der Untersuchung aufgewendeten Vertheidigungskosten und den durch eine Beschlagnahme des als gesetzwidrige Nachbildung bezeichneten Musters entstandenen Schaden zu ersetzen. R.G. 8. Okt. 82.

Die Bestrafung des Thäters bei Nachbildungen, welche fremde Musterrechte verletzen, ist ausgeschlossen, falls derselbe auf Grund entschuldbaren thatsächlichen Irrthums in gutem Glauben gehandelt hat. R.G. 17. Jan. 84. Der Nachbildende muß gewußt oder sich fahrlässig in Unkenntniß befunden haben, daß das nachgemachte Muster ein gesetzlich geschütztes sei. R.G. 8. Juli 80 u. 27. Jan. 81. Eine schuldhafte Fahrlässigkeit liegt vor, wenn der Beschuldigte es an der den Umständen nach gebotenen Aufmerksamkeit hat fehlen lassen und wenn er bei Anwendung dieser Aufmerksamkeit die Vorstellung von der rechtsverletzenden Kausalität seines Handelns hätte gewinnen können. R.G. 24. Jan. 90.

Der der strafbaren Nachbildung Beschuldigte steht mit

demjenigen, welcher der gewerbsmäßigen Verbreitung unbefugt hergestellter Nachbildungsexemplare beschuldigt wird, nicht in einem derartigen Verhältniß der Betheiligung an derselben Handlung, daß der gegen den einen gestellte Strafantrag ohne Weiteres auch den anderen ergreift und die Zurücknahme des Antrages gegen den einen die Einstellung des Verfahrens auch gegen den anderen zur Folge hat. R.G. 17. Feb. 96 (Str. 28, 176).

Bildung und Beaufsichtigung der Sachverständigen-Vereine ist Landessache; vgl. Bestimmungen über die Zusammensetzung und den Geschäftsbetrieb der ... gewerblichen Sachverständigen-Vereine 29. Febr. 76 unten unter Ausführungsbestimmungen. Vereine bestehen in Berlin für Preußen, in München für Bayern, in Dresden für Sachsen, in Stuttgart für Württemberg, Baden und Hessen, in Weimar und in Hamburg. In den kleineren Bundesstaaten wendet man sich meist an einen dieser Vereine.

Das Gutachten eines Sachverständigen-Vereins, in welchem wissenschaftlich und namentlich ästhetisch gebildete Männer mit Gewerbetreibenden zusammenwirken, welche in Berücksichtigung bewährter Befähigung und geachteter Stellung ausgewählt sind, bildet eine zuverlässigere Grundlage für die richterliche Beurtheilung, als Meinungsäußerungen noch so vieler, von den Interessenten bekannter, angeblich sachverständiger Personen. O.H.G. 10. Febr. 79.

§. 15.

Bürgerliche Rechtsstreitigkeiten, in welchen auf Grund der Bestimmungen dieses Gesetzes eine Klage wegen Entschädigung, Bereicherung oder Einziehung angestellt wird, gelten im Sinne der Reichs- und Landesgesetze als Handelssachen.

Jetzt ist maßgebend G.V.G. §. 101, 3 c und bezüglich

der Zuständigkeit des Reichsgerichts §. 8 Abs. 2, Einführungsgesetz zum G.V.G. 27. Jan. 77 R.G.B. 77. Die Vorschrift hat nur prozeßrechtliche Bedeutung; die Rechtsverhältnisse selbst werden nicht nach Handelsrecht beurtheilt.

Vgl. zu §. 12 Gebr.M.Sch.G.

§. 16.

Das gegenwärtige Gesetz findet Anwendung auf alle Muster und Modelle inländischer Urheber, sofern die nach den Mustern oder Modellen hergestellten Erzeugnisse im Inlande verfertigt sind, gleichviel ob dieselben im Inlande oder Auslande verbreitet werden.

Wenn ausländische Urheber im Gebiete des Deutschen Reichs ihre gewerbliche Niederlassung haben, so genießen sie für die im Inlande gefertigten Erzeugnisse den Schutz des gegenwärtigen Gesetzes.

Im Uebrigen richtet sich der Schutz der ausländischen Urheber nach den bestehenden Staatsverträgen.

Die Bestimmungen sind ungenau gefaßt. Auch ohne Fabrikation sind Muster geschützt, inländische wie ausländische. Die danach gefertigten Fabrikate sind dagegen nur geschützt, wenn sie aus dem Inlande stammen, dann aber gegen Nachbildung im Inlande und Auslande, gegen Nachbildung im Auslande freilich unter der Voraussetzung, daß der Nachbildner Inländer ist. Nachbildung im Auslande durch Inländer ist untersagt durch §§. 22, 25 des Ges., betreffend das Urheberrecht an Schriftwerken ꝛc., 11. Juni 70 B.G.B. 339 in Verbindung mit §. 14 dieses Gesetzes. Nachbildung durch Ausländer im Auslande ist nach St.G.B. §. 4 nicht strafbar. Der Ausländer braucht das Fabrikat im Inlande nicht in seiner Fabrik herstellen zu lassen, dagegen muß er eine eigene Niederlassung dort haben.

„Inländer" ist, wer in einem Theile des Rechsgebietes die Staatsangehörigkeit besitzt; R.V. Art. 3. Domizil im Inlande ist unnöthig. Die Staatsgehörigkeit muß bei Eingang der Anmeldung vorhanden sein; nachträglicher Verlust derselben bewirkt auch den Verlust des Schutzrechtes.

Mit Belgien, Frankreich, Großbritannien, Italien, Oesterreich-Ungarn, Portugal, der Schweiz, Serbien, den Vereinigten Staaten von Amerika ist die Behandlung der Angehörigen des anderen Landes gleich den Inländern vereinbart; Uebereinkunft mit Belgien 12. Dez. 83 R.G.B. 84, 188. Uebereinkunft zu dem Friedensvertrage mit Frankreich 12. Okt. 71 Art. 11 R.G.B. 368. Handelsvertrag mit Großbritannien 30. Mai 65 Art. 6 nebst Deklaration 14. April 75 R.G.B. 199. Uebereinkommen mit Italien 8. Jan. 92 R.G.B. 293. Uebereinkommen mit Oesterreich-Ungarn 6. Dez. 91 R.G.B. 92, 289. Handels- und Schiffahrtsvertrag mit Portugal 2. März 72 Art. 10 R.G.B. 254. Uebereinkunft mit dem Königreich Serbien 8. Juli 86 R.G.B. 87, 151. Konsularkonvention mit den Vereinigten Staaten von Amerika 11. Dez. 71 Art. 17 R.G.B. 72, 95. Durch diese Bestimmungen ist der Schutz der Ausländer nur insoweit verstärkt, als derselbe nicht mehr eine gewerbliche Niederlassung in Deutschland voraussetzt; die Fabrikation der Erzeugnisse muß nach wie vor in Deutschland erfolgen. Mit Spanien ist dagegen der Schutz vereinbart unabhängig davon, ob die Fabrikation im Inlande erfolgt: Handels- und Schiffahrtsvertrag mit Spanien 12. Juni 83 Art. 7 R.G.B. 307. Verlängert durch Deklar. 16. Jan. 92 R.G.B. 307. Hiernach genügt es zum Schutz, daß die Erzeugnisse in Deutschland oder Spanien hergestellt sind; dem deutschen Inländer kommt für das Inland dies nicht zu Statten, so daß in Deutschland der Deutsche ungünstiger als der Spanier behandelt wird. Nach dem deutsch-spanischen Vertrage dauert der Schutz im Auslande nicht länger als im Inlande. Er kann danach auch nicht erworben werden für Muster, die im Ursprungslande in freiem Gebrauche sind, was nach deutschem Recht selbstverständlich ist.

In den Verträgen ist zum Theil nur von Mustern die Rede; doch sind dadurch auch die Modelle gedeckt.

Mit der Schweiz ist am 13. April 92 (872) ein dem mit Oesterreich-Ungarn und Italien getroffenen gleiches Uebereinkommen getroffen. Mit der Dominikanischen Republik, Griechenland, Rumänien und der Südafrikanischen Republik sind Vereinbarungen über den künftigen Abschluß von Schutzverträgen getroffen: Handelsvertrag mit der Dominikanischen Republik 30. Jan. 85. Art. 5 R.G.B. 86, 3. Handels- und Schiffahrtsvertrag mit Griechenland 9. Juli 84 Art. 7 R.G.B. 85, 28. Handelskonvention mit Rumänien 14. Nov. 77 Art. 16 R.G.B. 81, 199. Freundschafts- und Handelsvertrag mit der Südafrikanischen Republik 22. Jan. 85 At. 6 R.G.B. 86, 209.

§. 17.

Das gegenwärtige Gesetz tritt mit dem 1. April 1876 in Kraft. Es findet Anwendung auf alle Muster und Modelle, welche nach dem Inkrafttreten desselben angefertigt worden sind.

Muster und Modelle, welche vor diesem Tage angefertigt worden sind, genießen den Schutz des Gesetzes nur dann, wenn das erste nach dem Muster rc. gefertigte Erzeugniß erst nach dem Inkrafttreten des Gesetzes verbreitet worden ist.

Muster und Modelle, welche schon bisher landesgesetzlich gegen Nachbildung geschützt waren, behalten diesen Schutz; jedoch kann derselbe nur für denjenigen räumlichen Umfang geltend gemacht werden, für welchen er durch die Landesgesetzgebung ertheilt war.

Die im vorsteh. §. enthaltenen Uebergangsbestimmungen haben ihre praktische Bedeutung verloren.

2. Gesetz, betreffend das Urheberrecht an Schriftwerken etc.

Vom 11. Juni 1870.

(B.G.B. 339.)

§. 18.

Wer vorsätzlich oder aus Fahrlässigkeit einen Nachdruck (§§. 4 ff.) in der Absicht, denselben innerhalb oder außerhalb des Norddeutschen Bundes zu verbreiten, veranstaltet, ist den Urheber oder dessen Rechtsnachfolger zu entschädigen verpflichtet und wird außerdem mit einer Geldstrafe bis zu Eintausend Thalern bestraft.

Die Bestrafung des Nachdrucks bleibt jedoch ausgeschlossen, wenn der Veranstalter desselben auf Grund entschuldbaren, thatsächlichen oder rechtlichen Irrthums in gutem Glauben gehandelt hat.

Kann die verwirkte Geldstrafe nicht beigetrieben

werden, so wird dieselbe nach Maaßgabe der allgemeinen Strafgesetze in eine entsprechende Freiheitsstrafe bis zu sechs Monaten umgewandelt.

Statt jeder aus diesem Gesetze entspringenden Entschädigung kann auf Verlangen des Beschädigten neben der Strafe auf eine an den Beschädigten zu erlegende Geldbuße bis zum Betrage von zweitausend Thalern erkannt werden. Für diese Buße haften die zu derselben Verurtheilten als Gesammtschuldner.

Eine erkannte Buße schließt die Geltendmachung eines weiteren Entschädigungsanspruches aus.

Wenn den Veranstalter des Nachdrucks kein Verschulden trifft, so haftet er dem Urheber oder dessen Rechtsnachfolger für den entstandenen Schaden nur bis zur Höhe seiner Bereicherung.

Hier wie weiterhin ist unter Norddeutscher Bund das Reich, unter Nachdruck unzulässige Nachbildung zu verstehen.

Veranstalter ist, wer die Nachbildung für eigene Rechnung anfertigt oder anfertigen läßt, nicht der Zeichner, Drucker u. s. w., welcher im Auftrag arbeitet; letztere können Gehülfen sein; vgl. §. 20 u. O.H.G. 12. Jan. 75, R.G. 25. Juni 86. Ueber „Verbreiten" vgl. zu §§. 5, 6.

Abweichend vom §. 36 Patentgesetz, §. 10 Gesetz, betr. den Schutz von Gebrauchsmustern und §. 14 Ges. über Markenschutz begründet hier auch Fahrlässigkeit die Strafbarkeit. Gewinnsüchtige Absicht ist nicht vorausgesetzt.

Abs. 2 ist allgemein gültiger Grundsatz, soweit es sich um thatsächlichen Irrthum handelt. Rechtsirrthum liegt nur vor bei unrichtiger Beurtheilung der gesetzlichen Vorschriften, nicht der einzelnen Rechtsverhältnisse; R.G.

15. Febr. 87. Die Entschädigungspflicht wird durch Rechtsirrthum nicht ausgeschlossen; O.H.G. 16 Mai 78. Die Strafbarkeit besteht auch, wenn kein Vermögensschaden eingetreten ist.

Wegen Umwandlung der Geldstrafe: St.G.B. §. 28 f. St.P.O. §§. 491, 494.

Die Buße hängt nicht von einer genauen Schadensermittelung ab; der Richter ist nicht genöthigt, dem Antrag auf Buße stattzugeben, sondern kann die Schadensfrage auf den Civilprozeß verweisen; R.G. 9. März 88. Wegen des Verfahrens bei dem Antrag auf Buße, welcher von den Erben des Beschädigten nicht gestellt werden kann, St.P.O. §. 443 ff.

Bis zur Höhe der Bereicherung haftet auch, wer durch den für seine Rechnung von einem Anderen veranstalteten Nachdruck Gewinn gezogen hat; R.G. 24. März 84.

Vgl. auch das zu §. 14 Gesagte.

§. 19.

Darüber, ob ein Schaden entstanden ist, und wie hoch sich derselbe beläuft, desgleichen über den Bestand und die Höhe einer Bereicherung, entscheidet das Gericht unter Würdigung aller Umstände nach freier Ueberzeugung.

§. 19 hat seine praktische Bedeutung verloren, da nunmehr im Civilprozeß wie im Strafverfahren (§. 259 C.P.O. u. §. 200 Str.P.O.) der Richter überhaupt nach seiner freien, an keine Beweisregeln gebundenen Ueberzeugung entscheidet.

§. 20.

Wer vorsätzlich oder aus Fahrlässigkeit einen Anderen zur Veranstaltung eines Nachdrucks veranlaßt, hat die im §. 18 festgesetzte Strafe verwirkt und ist den Urheber oder dessen Rechtsnachfolger nach Maaßgabe der §§. 18 und 19 zu entschädigen verpflichtet, und zwar selbst dann, wenn der Veranstalter des Nachdrucks nach §. 18 nicht strafbar oder ersatzverbindlich sein sollte.

Wenn der Veranstalter des Nachdrucks ebenfalls vorsätzlich oder aus Fahrlässigkeit gehandelt hat, so haften Beide dem Berechtigten solidarisch.

Die Strafbarkeit und die Ersatzverbindlichkeit der übrigen Theilnehmer am Nachdruck richtet sich nach den allgemeinen gesetzlichen Vorschriften.

Ergänzt die allgemeinen Bestimmungen des St.G.B. §. 47 ff. über Theilnahme; vgl. auch wegen Begünstigung St.G.B. § 257. An Stelle des §. 19 gelten jetzt die allgemeinen Grundsätze C.P.O. § 259 f.

Befand sich der Beschuldigte in einem thatsächlichen Irrthum, so muß ihm nach allgemeinen strafrechtlichen und strafprozessualen Grundsätzen nachgewiesen werden, daß der Irrthum ein verschuldeter, d. h. ein bei Aufwendung der von ihm zu verlangenden Aufmerksamkeit vermeidbarer war. R.G. 24. Jan. 90 (182).

„Veranlassen" deckt sich mit dem „anstiften" des St.G.B. § 48; O.H.G. 25. Jan. 75. Es trifft namentlich den ein fremdes Muster verkaufenden Zeichner. Der besondere Grund für die Strafausschließung des §. 18 Abs. 2, entschuldbarer Irrthum gilt auch für den Veranlasser einer verbotenen Nachbildung. (R.G. 2. Juli 81. Dagegen befreit Rechtsirrthum des Veranlassers eines Nachdrucks bezw. einer verbotenen Nachbildung denselben, wenn er aus Fahrlässigkeit gehandelt hat, ebensowenig wie den Veranstalter von der Verpflichtung zum Schadensersatz.

Ein Bediensteter kann auch den Geschäftsherrn „veranlassen“ (R.O.G. 12. Jan. 75 und R.G. 25. Juni 86.)

Liegt kein Verschulden vor, so haftet, abweichend von §. 18, der Thäter nicht einmal auf Höhe der Bereicherung.

§. 21.

Die vorräthigen Nachdrucks-Exemplare und die zur widerrechtlichen Vervielfältigung ausschließlich bestimmten Vorrichtungen, wie Formen, Platten, Steine, Stereotypabgüsse rc., unterliegen der Einziehung. . . .

Wenn nur ein Theil des Werkes als Nachdruck anzusehen ist, so erstreckt sich die Einziehung nur auf den als Nachdruck erkannten Theil des Werkes und die Vorrichtungen zu diesem Theile.

. . . Die Einziehung tritt auch dann ein, wenn der Veranstalter oder Veranlasser des Nachdrucks weder vorsätzlich noch fahrlässig gehandelt hat (§. 18). Sie erfolgt auch gegen die Erben desselben.

Es steht den Beschädigten frei, die Nachdrucks-Exemplare und Vorrichtungen ganz oder theilweise gegen die Herstellungskosten zu übernehmen, insofern nicht die Rechte eines Dritten dadurch verletzt oder gefährdet werden.

Die Einziehung erfolgt nicht ohne besonderen Antrag; R.G. 14. Jan. 86.

Einziehbar ist nicht, was auch zu anderen Zwecken dienen kann. Die Einziehung kann auf Grund vorläufiger Beschlagnahme oder ohne solche, aber nie, wie diese, ohne Urtheil geschehen. St.G.B. §. 41. Ueber das Verfahren weiterhin §. 26. Vgl. auch St.G.B. §. 42 St.P.O. §. 477 ff. Liegt nur die Befürchtung der künftigen Begehung eines Nachdrucks oder einer Nachbildung vor, und sind Nachdruckexemplare oder zu widerrechtlicher Vervielfältigung ausschließlich bestimmte Vorrichtungen noch nicht hergestellt, so ist eine Einziehung unzulässig. O.H.G. 9. Juni 76.

Satz 2 des Abs. 1 und Abs. 5 nicht abgedruckt, weil die Verfügung über die eingezogenen Sachen durch §. 14 des Musterschutzgesetzes geregelt ist. Abs. 8 nicht abgedruckt, weil die Einziehung gegenüber allen, die nach §§. 18, 20 haften, selbstverständlich zur Anwendung kommt, im Uebrigen aber der Inhalt hier nicht anwendbar ist.

§. 22.

Das Vergehen des Nachdrucks ist vollendet, sobald ein Nachdrucks-Exemplar eines Werkes den Vorschriften des gegenwärtigen Gesetzes zuwider, sei es im Gebiete des Norddeutschen Bundes, sei es außerhalb desselben, hergestellt worden ist.

Im Falle des bloßen Versuchs des Nachdrucks tritt weder eine Bestrafung noch eine Entschädigungsverbindlichkeit des Nachdruckers ein. Die Einziehung der Nachdrucksvorrichtungen (§. 21) erfolgt auch in diesem Falle.

Verbreitung ist zur Vollendung nicht nöthig; doch muß erhellen, daß die gewerbsmäßige Verbreitung beabsichtigt war.

Die Bestrafung eines Nachdrucks (einer Nachbildung eines Musters) wird dadurch nicht ausgeschlossen, daß sie zum Zweck der Verbreitung in einem Lande geschieht, in welchem ein Schutz des geistigen Eigenthums nicht besteht. R.G. 1. Okt. 88.

Ueber „Versuch" St.G.B. §§. 43 ff. Im Falle des Versuchs werden die in Arbeit befindlichen Nachbildungen nicht eingezogen.

Jede Herstellung weiterer Nachdrucksexemplare nach dem ersten enthält die Fortsetzung des Vergehens, falls es sich nicht um eine neue Veranstaltung oder eine neue selbständige Strafthat handelt. R.G. 1. Okt. 88.

§. 23.

Wegen Rückfalls findet eine Erhöhung der Strafe über das höchste gesetzliche Maaß (§. 18) nicht statt.

Wegen Rückfalls können überhaupt nur die dieserhalb besonders festgesetzten Strafandrohungen Anwendung finden.

§. 24.

Wenn in den Fällen des §. 7 Littr. a. die Angabe der Quelle oder des Namens des Urhebers vorsätzlich oder aus Fahrlässigkeit unterlassen wird, so haben der Veranstalter und der Veranlasser des Abdrucks eine Geldstrafe bis zu 20 Thalern verwirkt.

Eine Umwandlung der Geldstrafe in Freiheitsstrafe findet nicht statt.

Eine Entschädigungspflicht tritt nicht ein.

Vorstehende Bestimmung bezieht sich nur auf das Gesetz, betr. das Urheberrecht an Schriftwerken u. s. w., 11. Juni 70. B.G.B. 339.

§. 25.

Wer vorsätzlich Exemplare eines Werkes, welche den Vorschriften des gegenwärtigen Gesetzes zuwider angefertigt worden sind, innerhalb oder außerhalb des Norddeutschen Bundes gewerbemäßig feilhält, verkauft oder in sonstiger Weise verbreitet, ist nach Maaßgabe des von ihm verursachten Schadens den Urheber oder dessen Rechtsnachfolger zu entschädigen verpflichtet und wird außerdem mit Geldstrafe nach §. 18 bestraft.

Die Einziehung der zur gewerbemäßigen Verbreitung bestimmten Nachdrucks-Exemplare nach Maaßgabe des §. 21 findet auch dann statt, wenn der Verbreiter nicht vorsätzlich gehandelt hat.

Der Entschädigungspflicht, sowie der Bestrafung wegen Verbreitung unterliegen auch der Veranstalter und Veranlasser des Nachdrucks, wenn sie nicht schon als solche entschädigungspflichtig und strafbar sind.

Die Verbreitung wird hiernach als selbständiges Vergehen, nicht als Theilnahme bestraft. Die Strafe tritt aber, ebenso wie die Pflicht zur Entschädigung oder Herausgabe der Bereicherung, nur bei vorsätzlichem Handeln ein; Motive. Der Grundsatz des §. 18 Abs. 2 gilt auch hier; R.G. 15. April 87.

Das Vergehen ist vollendet, sobald ein Exemplar verbreitet ist; vgl. zu §. 22.

Ueber das „gewerbsmäßige" vgl. O.H.G. 29. April 73 und 20. Juni 74. Auch das „Verbreiten" muß gewerbsmäßig sein, kann so aber schon in einem einzigen Fall erscheinen; R.G. 28. April 84.

Erfolgt die Verletzung des Urheberrechts gewerbsmäßig rücksichtlich mehrerer Schriftwerke, so ist für jedes Werk besonders auf Strafe zu erkennen. R.G.Str. 29. März 81. Diese Entscheidung ist auf den Muster- und Modellschutz zu erstrecken.

Geldbuße kann, wie nach §. 18, auch hier beantragt werden.

Ueber die Einziehung vgl. zu §. 21.

Abs. 3 trifft die Fälle, wo die Verbreitung erfolgt, nachdem wegen Nachbildung verurtheilt oder freigesprochen bezw. abgewiesen ist; Motive.

§. 26.

Sowohl die Entscheidung über den Entschädigungsanspruch, als auch die Verhängung der im gegenwärtigen Gesetze angedrohten Strafen und die Einziehung der Nachdrucks-Exemplare ꝛc. gehört zur Kompetenz der ordentlichen Gerichte.

Die Einziehung der Nachdrucks-Exemplare ꝛc. kann sowohl im Strafrechtswege beantragt, als im Civilrechtswege verfolgt werden.

Ueber die Kompetenz der begutachtenden Sachverständigen-Vereine §. 30 f. u. das zu §. 14 a. E. Gesagte.

Wegen des Antrags auf Einziehung vgl. zu §. 21.

Vgl. G.V.G. §§. 12, 23, 70, C.P.O. §§. 13, 22, St.P.O. §. 2 ff., 7 ff.

§. 27.

Das gerichtliche Strafverfahren ist nicht von Amtswegen, sondern nur auf den Antrag des

Verletzten einzuleiten. Der Antrag auf Bestrafung kann bis zur Verkündung eines auf Strafe lautenden Erkenntnisses zurückgenommen werden.

Vgl. zu §. 10 Abs. 2 Gebr.M.Sch.G.

Der Antrag ist sowohl im Falle der §§. 18, 20, als auch des §. 25 nöthig. Antrag auf Bestrafung gemäß §. 18 zieht Bestrafung gemäß §. 20 nach sich; §. 25 verlangt dagegen besonderen Antrag gemäß St.G.B. §. 63. Mündlicher Antrag, Antrag durch mündlich Bevollmächtigte und Antrag bei der Polizei genügt.

Im Uebrigen vgl. St.G.B. §. 61 ff. St.P.O. §§. 156, 259, 448 ff.

§. 28.

Die Verfolgung des Nachdrucks steht Jedem zu, dessen Urheber- oder Verlagsrechte durch die widerrechtliche Vervielfältigung beeinträchtigt oder gefährdet sind. . . .

Verlagsrechte sind die Rechte der Rechtsnachfolger des Urhebers.

Abs. 2 u. 3 sind ersetzt durch Musterschutzgesetz §. 18.

§. 29.

. . . Ebenso ist der Richter bei Entscheidung der Frage: ob der Nachdrucker oder der Veranlasser des Nachdrucks (§§. 18, 20) fahrlässig gehandelt hat, an die in den Landesgesetzen vorgeschriebenen verschiedenen Grade der Fahrlässigkeit nicht gebunden.

Ob die Rechtsverletzung aus Fahrlässigkeit begangen ist,

ist vom Richter auf Grund freier, durch Unterscheidung von Fahrlässigkeitsgraden nicht beschränkter Würdigung zu entscheiden. O.H.G. 16. Mai 73.

Der in Abs. 1 ausgesprochene Satz ist aber später durch die allgemeine Prozeßregel C.P.O. §§. 259, 260 gedeckt worden.

§. 30.

Sind technische Fragen, von welchen der Thatbestand des Nachdrucks oder den Betrag des Schadens oder der Bereicherung abhängt, zweifelhaft oder streitig, so ist der Richter befugt, das Gutachten Sachverständiger einzuholen.

Das Gutachten bindet den Richter nicht. Der Richter ist überhaupt nicht verpflichtet, Gutachten Sachverständiger einzuholen, weder behufs Bemessung des zu ersetzenden Schadens, O.H.G. 25. Jan. 75, noch überhaupt für den Fall, daß er durch eigene Prüfung zu einer festen Ueberzeugung gelangt; er hat andererseits das Recht der selbständigen Prüfung des eingeholten Gutachtens. O.H.G. 24 Mai 72. Ebensowenig ist der Richter bei Einholung des Gutachtens behufs Feststellung einer Nachbildung an die im §. 31 bezeichneten Vereine gebunden, R.G. 28 Okt. 87; doch empfiehlt es sich, an sie sich zu wenden, sie sind nicht lediglich für Obergutachten geschaffeu; Pr.Min. 5. Juli 82.

Zu den technischen Fragen soll alles gehören, was nicht Rechtsfrage ist; R.T.B. 75.

§. 31.

In allen Staaten des Norddeutschen Bundes sollen . . . Sachverständigen-Vereine gebildet werden, welche, auf Erfordern des Richters, Gutachten über die an sie gerichteten Fragen abzugeben verpflichtet sind. Es bleibt den einzelnen Bundesstaaten überlassen, sich zu diesem Behufe an andere Staaten des Norddeutschen Bundes anzuschließen, oder auch mit denselben sich zur Bildung gemeinschaftlicher Sachverständigen-Vereine zu verbinden.

Die Sachverständigen-Vereine sind befugt, auf Anrufen der Betheiligten über streitige Entschädigungsansprüche und die Einziehung nach Maaßgabe der §§. 18 bis 21 als Schiedsrichter zu verhandeln und zu entscheiden.

Das Bundeskanzler-Amt erläßt die Instruktion über die Zusammensetzung und den Geschäftsbetrieb der Sachverständigen-Vereine.

Die Vereine sind Sachverständige im Sinne der C.P.O. §. 369 und St.P.O. §. 73; R.G. 28. Okt. 81.

Die in Abs. 1 weggelassenen Worte sind ersetzt durch §. 14 Abs. 2 des Mustergesetzes.

Die Verhandlung des Abs. 2 erfolgt gemäß C.P.O. §. 851 ff.

§. 33.

Die Strafverfolgung des Nachdrucks und die Klage auf Entschädigung wegen Nachdrucks, einschließlich der Klage wegen Bereicherung (§. 18), verjähren in drei Jahren.

Der Lauf der Verjährung beginnt mit dem Tage, an welchem die Verbreitung der Nachdrucks-Exemplare zuerst stattgefunden hat.

Abs. 2 weicht, da das Vergehen schon vor der Verbreitung vollendet ist, von dem Grundsatze des St.G.B. §. 67 ab. Solange mit der Verbreitung nicht begonnen ist, läuft die Verjährung nicht. (Vgl. auch O.H.G. 80. Nov. 78. Unbef. Auff. dram. Werke.)

Bei der Berechnung der Frist ist der erste Tag der Verbreitung mitzurechnen; ihr Ende tritt mit dem Beginn des jenem Tage entsprechenden Kalenderjahres ein.

§. 34.

Die Strafverfolgung der Verbreitung von Nachdrucks-Exemplaren und die Klage auf Entschädigung wegen dieser Verbreitung (§. 25) verjähren ebenfalls in drei Jahren.

Der Lauf der Verjährung beginnt mit dem Tage, an welchem die Verbreitung zuletzt stattgefunden hat.

Abs. 2 ist nur anwendbar im Fall des sog. fortgesetzten Vergehens, nicht wenn mehrere durch zeitliche Unterbrechung getrennte Vergehen vorliegen.

Die Verjährung kann solange nicht beginnen, als die Verbreitung (der nachgebildeten Copien) noch dauert. O.H.G. 13. Juni 79.

§. 36.

Der Antrag auf Einziehung und Vernichtung der Nachdrucks-Exemplare, sowie der zur widerrechtlichen Vervielfältigung ausschließlich bestimmten Vorrichtungen (§. 21) ist so lange zulässig, als solche Exemplare und Vorrichtungen vorhanden sind.

Vernichtung ist hier ausgeschlossen nach §. 14 des

Musterschutzgesetzes. Nach Ablauf der Schutzfrist ist der Antrag nicht mehr zulässig.

§. 38.

Die allgemeinen gesetzlichen Vorschriften bestimmen, durch welche Handlungen die Verjährung unterbrochen wird.

Die Einleitung des Strafverfahrens unterbricht die Verjährung der Entschädigungsklage nicht, und eben so wenig unterbricht die Anstellung der Entschädigungsklage die Verjährung des Strafverfahrens.

Vgl. St.G.B. §. 68, St.P.O. §. 453, C.P.O. §§. 239, 190, 243.

IV.

Bestimmungen

über die

Führung des Musterregisters.

Vom 29. Februar 1876.

(C.B. 123.)

§. 1.

Das Musterregister wird von den mit der Führung der Handelsregister beauftragten Gerichtsbehörden geführt . . . Soweit im Nachstehenden nichts Abweichendes bestimmt ist, kommen die Vorschriften über die Führung des Handelsregisters auch bei dem Musterregister zur Anwendung.

§. 2.

Das Musterregister wird nach dem anliegenden Formular A. eingerichtet. Zu demselben ist ein Verzeichniß anzulegen, welches die eingetragenen Namen, beziehungsweise Firmen in alphabetischer Reihenfolge enthält.

Formular ist nicht abgedruckt; es enthält die Spalten: 1. laufende Nummer, 2. Name des Anmeldenden, 3. Zeit der Anmeldung, 4. Bezeichnung des Musters, 5. Angabe, ob für plastische oder Flächen-Erzeugnisse bestimmt, 6. Schutzfrist, 7. Verlängerung der Frist, 8. Akten über das Musterregister, 9. Bemerkungen.

Jedes Muster oder Modell, welches einzeln niedergelegt wird, und jedes niedergelegte Packet mit Mustern u. s. w. erhält eine besondere Nummer; Bekanntmachung 28. Dez. 85 C.B. 418.

§. 3.

Zu dem Musterregister werden Akten angelegt, in welche, nach der Zeitfolge, alle dasselbe betreffenden Eingaben, Verhandlungen, Urkunden rc., gebracht werden.

Eingaben und Verhandlungen, in welchen ein Antrag auf Eintragung in das Musterregister enthalten ist, müssen mit dem Vermerke versehen werden, an welchem Tage und zu welcher Stunde sie bei dem Gerichte eingegangen sind.

§. 4.

Die Exemplare und Abbildungen der Muster rc., welche in Gemäßheit des §. 7 des Gesetzes beim Gerichte niedergelegt werden, sind in einem besonderen, leicht zugänglichen Behältnisse sicher aufzubewahren und mit einem Papierstreifen zu versehen, auf welchem das betreffende Blatt des Musterregisters und der Akten angegeben ist.

§. 5.

Die Anträge auf Eintragung in das Musterregister können schriftlich oder mündlich zu Protokoll gestellt werden. Im ersteren Falle muß die Echtheit der Unterschrift des Antragstellers von einer zur Führung eines öffentlichen Siegels berechtigten Person, unter Beidrückung dieses Siegels, amtlich beglaubigt sein; im letzteren Falle muß die Identität der Person des Antragstellers, sofern derselbe dem Gericht nicht bekannt ist, durch einen bekannten und glaubhaften Zeugen erwiesen werden.

§. 6.

Bei der Anmeldung muß bestimmt angegeben werden, ob das Muster rc., dessen Eintragung verlangt wird, für Flächenerzeugnisse oder für plastische Erzeugnisse bestimmt ist .... Wenn der Anmeldende eine solche Angabe unterlassen hat, so ist er zur nachträglichen Beibringung derselben mit dem Bemerken aufzufordern, daß die Eintragung des Musters rc. vor Abgabe dieser Erklärung nicht erfolgen könne. Die Anmeldung eines und desselben Musters rc. für Flächenerzeugnisse und für plastische Erzeugnisse ist unzulässig.

Vgl. über die Wirkung unterlassener oder unrichtiger Angaben zu §. 6 des Gesetzes. Der Richter kann die Ergänzung der Angabe nicht erzwingen.

Anmeldung desselben Musters für plastische und Flächen-Erzeugnisse ist nur ausgeschlossen, wenn sie mittelst einer Eingabe erfolgt; zwei gesonderte Anmeldungen sind zulässig.

§. 7.

Die Muster können offen oder versiegelt, einzeln oder in Packeten niedergelegt werden. Die Packete dürfen aber nicht mehr als 50 Muster rc. enthalten und nicht mehr als 10 Kilogramm wiegen ...

Wenn bei der Gerichtsbehörde ein Packet eingeht, welches mehr als 10 Kilogramm wiegt, oder welches — nach der Aufschrift bezw. nach dem Anschreiben — mehr als 50 Muster enthält, so ist dasselbe zurückzusenden und die Eintragung in das Musterregister zu verweigern. Auf den Packeten muß äußerlich angegeben sein, wieviel Muster rc. in denselben enthalten sind.

Außerdem müssen an jedem Muster, beziehungsweise an jedem Packete mit Mustern die Fabriknummern oder die Geschäftsnummern, unter welchen die Muster in den Geschäftsbüchern des Urhebers oder seines Rechtsnachfolgers eingetragen sind, angegeben sein.

§. 8.

Alle Eingaben, Verhandlungen, Atteste, Beglaubigungen, Zeugnisse, Auszüge rc., welche die Eintragung in das Musterregister betreffen, sind stempelfrei.

Die Gebühren, welche für die Eintragung und Niederlegung der Muster rc. entrichtet werden müssen, sind im §. 12 des Gesetzes angegeben.

Außerdem hat der Anmeldende nach §. 9 des Gesetzes die Kosten der Bekanntmachung im Deutschen Reichsanzeiger zu tragen . . . Eintragsscheine werden nur auf ausdrückliches Verlangen des Anmeldenden ertheilt. Für jeden solchen Schein, sowie für jeden sonstigen Auszug aus dem Musterregister wird eine Gebühr von 1 M. erhoben.

Die Gebühren sind entweder baar an das Gericht einzusenden oder, auf Verlangen des Anmeldenden, durch Postvorschuß von demselben einzuziehen.

Die weggelassenen Bestimmungen über die Kosten sind aufgehoben; die Kosten werden, außer den Kosten für Belagblatt und Porto, nach dem Raum berechnet, und sind erst nach Empfang der Kostenrechnung einzuzahlen; Bekanntmachung 28. Dez. 86 C.B. 418.

§. 9.

Wenn in Gemäßheit des §. 8 des Gesetzes eine Verlängerung der Schutzfrist beantragt wird, so ist diese Verlängerung im Musterregister in der Spalte 7 einzutragen.

Die Verlängerung der Schutzfrist wird ebenfalls im Deutschen Reichsanzeiger bekannt gemacht ...

Auch hier gilt die Bemerkung zu §. 8.

§. 10.

Die Eintragung und die Verlängerung der Schutzfrist wird monatlich im Deutschen Reichsanzeiger bekannt gemacht ... Die mit der Führung des Musterregisters betraute Behörde hat am Schlusse jedes Monats ein Verzeichniß der von ihr im Laufe des verflossenen Monats bewirkten Eintragungen an die „Expedition des Deutschen Reichs- und Preußischen Staatsanzeigers in Berlin“ portofrei einzusenden ...

Die Expedition des Deutschen Reichsanzeigers 2c. übersendet dem Gerichte über die erfolgte Bekanntmachung kostenfrei ein Belagsblatt, welches zu den Akten zu bringen ist.

Die Bekanntmachung ist nach folgendem Muster abzufassen:

A. In das Musterregister ist eingetragen:

No. 1. Firma Schmidt u. Co. in Leipzig: 1 Muster für Teppiche; offen; Flächenmuster; Fabriknummer 100; Schutzfrist 1 Jahr; Angemeldet am 1. April 1876, Vormittags 9 Uhr.

No. 2. Fabrikant Schulz in Leipzig: 1 Packet mit 20 Mustern für Tapeten; Flächenmuster; Fabriknummer 10—29; Schutzfrist 3 Jahre; Angemeldet am 2. April 1876, Vormittags 10 Uhr.

No. 3. Glasfabrik von Müller in Leipzig: 1 Glaskrone; versiegelt; Muster für plastische Erzeugnisse; Fabriknummer 20; Schutzfrist 10 Jahre; Angemeldet am 3. April 1876, Vormittags 11 Uhr.

Leipzig, den 30. April 1876.

Königliches Handelsgericht.

B. In das Musterregister ist eingetragen:

bei No. 1. Firma Schmidt u. Co. in Leipzig hat für das unter No. 1 eingetragene Teppichmuster die Verlängerung der Schutzfrist bis auf 3 Jahre angemeldet.

Leipzig, den 31. Dezember 1876.

Königliches Handelsgericht.

Auch hier gilt die Bemerkung zu §. 8.

§. 11.

Die versiegelt niedergelegten Muster ꝛc. werden nach Ablauf der Schutzfrist, oder, falls die Schutzfrist drei Jahre übersteigt, nach Ablauf von drei Jahren, von der Anmeldung ab gerechnet, von Amtswegen eröffnet und können alsdann von jedermann eingesehen werden.

Damit die Eröffnung rechtzeitig erfolge, ist über die versiegelt niedergelegten Muster ein besonderes Verzeichniß zu führen, in welchem der Tag vermerkt wird, an welchem die amtliche Eröffnung vorzunehmen ist. Ueber die erfolgte Oeffnung ist eine kurze Verhandlung aufzunehmen, welche bei den Akten verbleibt.

§. 12.

Die niedergelegten Muster u. s. w., sowie deren Abbildungen werden vier Jahre nach Ablauf der Schutzfrist aufbewahrt. Demnächst ist an den Urheber, bezw. seinen Rechtsnachfolger die Aufforderung zu richten, die Muster u. s. w. binnen vier Wochen in Empfang zu nehmen, widrigenfalls über dieselben anderweitig verfügt werden würde. Die Aufforderung gilt mit der Aufgabe zur Post, selbst wenn sie als unbestellbar zurückkommt, als bewirkt. Wird ihr nicht entsprochen, so sind die Muster u. s. w., sofern sie einen Werth nicht besitzen, zu vernichten, im übrigen aber einer öffentlichen Sammlung oder Anstalt zu überweisen oder auf geeignetem Wege zu veräußern. Die Landesregierungen bezeichnen die Kasse, welcher der Erlös aus der Veräußerung zuzuführen ist.

Fassung beruht auf der Bekanntmachung 12. Nov. 88, C.B. 325.

V.

Bestimmungen

über die

Zusammensetzung und den Geschäftsbetrieb der . . . gewerblichen Sachverständigen-Vereine.

Vom 29. Februar 1876.

(C.B. 117.)

Die hier und im Folgenden weggelassenen Worte beziehen sich auf die künstlerischen und photographischen Vereine.

§. 1.

In Gemäßheit . . .

c) des §. 14 des Gesetzes vom 11. Januar 1876, betreffend das Urheberrecht an Mustern und Modellen (Reichs-Gesetzblatt S. 11),

werden . . .

c) gewerbliche . . .

Sachverständigen Vereine gebildet. In keinem Bundesstaate darf mehr als ein . . . gewerblicher Sachverständigen-Verein bestehen.

§. 2.

Der . . . gewerbliche Sachverständigen-Verein besteht aus zehn Mitgliedern, einschließlich des Vorsitzenden. Für den Fall der Verhinderung einzelner Mitglieder wird eine Anzahl Stellvertreter ernannt.

§. 3.

Die Ernennung der Mitglieder und Stellvertreter erfolgt durch die zuständige Centralbehörde, welche auch den Vorsitzenden und dessen Stellvertreter aus der Zahl der Vereinsmitglieder bestimmt. Die Mitglieder und Stellvertreter werden als Sachverständige ein für alle Mal gerichtlich vereidet.

§. 4.

Die Vereine haben das von ihnen verlangte Gutachten nur dann abzugeben, wenn von dem ersuchenden Gerichte

1. in dem Ersuchungsschreiben die zu begutachtenden Fragen einzeln aufgeführt,

2. dem Vereine übersendet sind

a) die gerichtlichen Akten,

b) die zu vergleichenden Gegenstände, deren

Identität durch Anhängung des Gerichtssiegels oder auf andere Art außer Zweifel gestellt und gegen Verwechselung gesichert ist.

Jetzige Fassung beruht auf der Bekanntmachung 16. Juli 79, C.B. 490.

§. 5.

Sobald der Antrag auf Erstattung eines Gutachtens von Seiten des Vereins an den Vorsitzenden desselben gelangt ist, ernennt der letztere nach seinem Ermessen ein oder zwei Mitglieder zu Referenten, welche ihre Meinung schriftlich abzugeben und in einer demnächst anzuberaumenden Sitzung des Vereins vorzutragen haben. Nach stattgehabter Berathung erfolgt durch Stimmenmehrheit der Beschluß. Bei Stimmengleichheit giebt die Stimme des Vorsitzenden den Ausschlag.

Jetzige Fassung beruht auf der Bekanntmachung 25. Okt. 82, C.B. 417.

§. 6.

Zur Fassung eines gültigen Beschlusses ist bei dem ... gewerblichen Sachverständigen-Verein die Anwesenheit von wenigstens sieben Mitgliedern, einschließlich des Vorsitzenden und der etwa zugezogenen Stellvertreter, erforderlich.

Es dürfen bei dem ... gewerblichen Verein nicht mehr als zehn Mitglieder an dem Beschlusse Theil nehmen.

§. 7.

Nach Maßgabe des gefaßten Beschlusses wird das Gutachten ausgefertigt, von den bei der Beschlußfassung anwesend gewesenen Mitgliedern des Vereins unterschrieben und mit dem dem Vereine zu überweisenden Siegel untersiegelt. Die etwaige Verwendung von Stempeln zu dem Gutachten richtet sich nach den Gesetzen der einzelnen Bundesstaaten.

§. 8.

Jeder Verein ist befugt, für das von ihm abgegebene Gutachten an Gebühren 30 bis 300 Mark zu liquidiren, welche vom requirirenden Gerichte sofort nach Eingang des Gutachtens dem Vorsitzenden des Vereins kostenfrei übersandt werden.

§. 9.

Wenn die betheiligten Parteien in Gemäßheit des §. 31 Absatz 2 des Gesetzes vom 11. Juni 1870 einen Sachverständigen-Verein als Schiedsrichter anzurufen beabsichtigen, so haben sie ihre desfallsigen Anträge in beglaubigter Form an den Verein gelangen zu lassen.

Die in den §§. 4 bis 8 enthaltenen Bestimmungen kommen auch in diesem Falle entsprechend zur Anwendung.

Register.

(Die Zahlen bezeichnen die Seiten.)

A.

B.

C.

D.

E.

Kolibri 360 GmbH
Ferdinand-Jühlke-Straße 7
99095 Erfurt, Deutschland
produktsicherheit@kolibri360.de